普通高等教育"十一五"国家级规划教材

高等院校信息安全专业系列教材

电子物证检验与分析

汤艳君 主编
高洪涛 罗文华 副主编

Information
Security

清华大学出版社
北京

内 容 简 介

本书以电子物证检验分析过程中所需要的知识为主线展开,从电子数据、电子数据取证、电子物证检验等相关概念入手,介绍了电子物证检验与分析基本过程、制作电子数据的保全备份的方法、常用的电子物证检验工具的使用方法、不同操作系统环境下电子数据的检验方法以及手机信息的检验方法。特别是在最后章节中结合目前比较典型的案件(如网络赌博、网络敲诈、伪造证件印章、网上非法制造假发票、有害信息传播、侵犯知识产权、窃取商业机密等)开展检验,从而为从事电子物证的检验人员提供有益的帮助。

本书的特点是实用性强,内容全面,注重理论与实践的结合,突出专业特色。本书既可作为网络犯罪侦查和电子物证检验相关专业学生的教材,也可作为从事网络犯罪侦查和电子物证检验人员的参考书。

本书封面贴有清华大学出版社防伪标签,无标签者不得销售。
版权所有,侵权必究。举报: 010-62782989,beiqinquan@tup.tsinghua.edu.cn。

图书在版编目(CIP)数据

电子物证检验与分析/汤艳君主编. 一北京: 清华大学出版社,2014(2024.2重印)
高等院校信息安全专业系列教材
ISBN 978-7-302-34883-2

Ⅰ. ①电… Ⅱ. ①汤… Ⅲ. ①计算机应用-物证-司法鉴定-高等学校-教材 Ⅳ. ①D919.2-39

中国版本图书馆 CIP 数据核字(2013)第 311406 号

责任编辑: 张 民 薛 阳
封面设计: 傅瑞学
责任校对: 李建庄
责任印制: 宋 林

出版发行: 清华大学出版社
网　　址: https://www.tup.com.cn, https://www.wqxuetang.com
地　　址: 北京清华大学学研大厦 A 座　　邮　编: 100084
社 总 机: 010-83470000　　邮　购: 010-62786544
投稿与读者服务: 010-62776969, c-service@tup.tsinghua.edu.cn
质量反馈: 010-62772015, zhiliang@tup.tsinghua.edu.cn
课件下载: https://www.tup.com.cn, 010-83470236

印 装 者: 小森印刷霸州有限公司
经　　销: 全国新华书店
开　　本: 185mm×260mm　　印　张: 16.25　　字　数: 402 千字
版　　次: 2014 年 2 月第 1 版　　印　次: 2024 年 2 月第14次印刷
定　　价: 49.00 元

产品编号: 056206-03

高等院校信息安全专业系列教材

编审委员会

顾问委员会主任：沈昌祥（中国工程院院士）
特别顾问：姚期智（美国国家科学院院士、美国人文及科学院院士、
　　　　　　中国科学院外籍院士、"图灵奖"获得者）
　　　　　　何德全（中国工程院院士）　蔡吉人（中国工程院院士）
　　　　　　方滨兴（中国工程院院士）
主　　任：肖国镇
副 主 任：封化民　韩　臻　李建华　王小云　张焕国
　　　　　　冯登国　方　勇
委　　员：（按姓氏笔画为序）

马建峰	毛文波	王怀民	王劲松	王丽娜
王育民	王清贤	王新梅	石文昌	刘建伟
刘建亚	许　进	杜瑞颖	谷大武	何大可
来学嘉	李　晖	汪烈军	吴晓平	杨　波
杨　庚	杨义先	张玉清	张红旗	张宏莉
张敏情	陈兴蜀	陈克非	周福才	宫　力
胡爱群	胡道元	侯整风	荆继武	俞能海
高　岭	秦玉海	秦志光	卿斯汉	钱德沛
徐　明	寇卫东	曹珍富	黄刘生	黄继武
谢冬青	裴定一			

策划编辑：张　民
本书责任编委：秦玉海

出版说明

21世纪是信息时代,信息已成为社会发展的重要战略资源,社会的信息化已成为当今世界发展的潮流和核心,而信息安全在信息社会中将扮演极为重要的角色,它会直接关系到国家安全、企业经营和人们的日常生活。随着信息安全产业的快速发展,全球对信息安全人才的需求量不断增加,但我国目前信息安全人才极度匮乏,远远不能满足金融、商业、公安、军事和政府等部门的需求。要解决供需矛盾,必须加快信息安全人才的培养,以满足社会对信息安全人才的需求。为此,教育部继2001年批准在武汉大学开设信息安全本科专业之后,又批准了多所高等院校设立信息安全本科专业,而且许多高校和科研院所已设立了信息安全方向的具有硕士和博士学位授予权的学科点。

信息安全是计算机、通信、物理、数学等领域的交叉学科,对于这一新兴学科的培养模式和课程设置,各高校普遍缺乏经验,因此中国计算机学会教育专业委员会和清华大学出版社联合主办了"信息安全专业教育教学研讨会"等一系列研讨活动,并成立了"高等院校信息安全专业系列教材"编审委员会,由我国信息安全领域著名专家肖国镇教授担任编委会主任,指导"高等院校信息安全专业系列教材"的编写工作。编委会本着研究先行的指导原则,认真研讨国内外高等院校信息安全专业的教学体系和课程设置,进行了大量前瞻性的研究工作,而且这种研究工作将随着我国信息安全专业的发展不断深入。经过编委会全体委员及相关专家的推荐和审定,确定了本丛书首批教材的作者,这些作者绝大多数都是既在本专业领域有深厚的学术造诣、又在教学第一线有丰富的教学经验的学者、专家。

本系列教材是我国第一套专门针对信息安全专业的教材,其特点是:

① 体系完整、结构合理、内容先进。

② 适应面广,能够满足信息安全、计算机、通信工程等相关专业对信息安全领域课程的教材要求。

③ 立体配套,除主教材外,还配有多媒体电子教案、习题与实验指导等。

④ 版本更新及时,紧跟科学技术的新发展。

为了保证出版质量,我们坚持宁缺毋滥的原则,成熟一本、出版一本,并保持不断更新,力求将我国信息安全领域教育、科研的最新成果和成熟经验反映到教材中来。在全力做好本版教材、满足学生用书的基础上,还经由专家的推荐和审定,遴选了一批国外信息安全领域优秀的教材加入到本系列教材中,以进一步满足大家对外版书的需求。热切期望广大教师和科研工作者加入我们的队伍,同时也欢迎广大读者对本系列教材提出宝贵意见,以便我们对本系列教材的组织、编写与出版工作不断改进,为我国信息安全专业的教材建设与人才培养做出更大的贡献。

"高等院校信息安全专业系列教材"已于 2006 年年初正式列入普通高等教育"十一五"国家级教材规划(见教高[2006]9 号文件《教育部关于印发普通高等教育"十一五"国家级教材规划选题的通知》)。我们会严把出版环节,保证规划教材的编校和印刷质量,按时完成出版任务。

2007 年 6 月,教育部高等学校信息安全类专业教学指导委员会成立大会暨第一次会议在北京胜利召开。本次会议由教育部高等学校信息安全类专业教学指导委员会主任单位北京工业大学和北京电子科技学院主办,清华大学出版社协办。教育部高等学校信息安全类专业教学指导委员会的成立对我国信息安全专业的发展将起到重要的指导和推动作用。"高等院校信息安全专业系列教材"将在教育部高等学校信息安全类专业教学指导委员会的组织和指导下,进一步体现科学性、系统性和新颖性,及时反映教学改革和课程建设的新成果,并随着我国信息安全学科的发展不断修订和完善。

我们的 E-mail 地址 zhangm@tup.tsinghua.edu.cn;联系人:张民。

清华大学出版社

前 言

在网络犯罪以及涉网络的违法犯罪案件中,计算机扮演着重要的角色。通常计算机既是犯罪分子攻击的目标,也是犯罪分子作案的工具。但无论作为哪种角色,计算机及其外设以及电子设备中都会留下大量与犯罪相关的数据。而对于打击网络犯罪而言,最重要的就是利用电子物证检验方法和技术检验出与犯罪活动相关的电子数据,证明犯罪事实,为有力地打击犯罪提供有效的证据。

为了培养高素质的电子物证检验人员,我们编写本书,全书共分 8 章。第 1 章电子物证检验与分析概述,简要介绍什么是电子数据、电子数据取证、电子物证检验等相关概念和电子物证封存与固定方法;第 2 章电子物证检验与分析基本过程,主要内容包括电子物证检验与分析的对象、电子物证检验与分析条件、电子物证检验与分析过程等;第 3 章制作电子数据的保全备份,主要内容包括存储介质的擦除、保全备份、数据完整性校验等内容;第 4 章常用电子物证检验工具,主要内容包括 EnCase 检验工具、X-Ways 检验工具、FTK 检验工具,特别针对目前主流的电子物证检验工具各自特点进行了比较;第 5 章 Windows 系统的检验方法,主要内容包括不同类型文件的检验方法,如松弛空间、自由空间、未分配空间中数据的检验方法,日志文件、注册表、交换文件、Internet Explorer 的访问历史记录、临时文件、回收站、打印脱机文件、隐藏文件、聊天记录、电子邮件文件等文件的检验方法等;第 6 章 UNIX/Linux 系统的检验方法,主要内容包括 UNIX/Linux 环境下文件系统、日志文件、用户账号与用户组信息、系统启动任务、特殊文件的检验方法;第 7 章手机的检验,主要内容包括收缴手机制的保管与封装、手机常用信息的获取、手机信息的检验等内容;第 8 章典型案例分析与检验,主要针对目前比较典型的案件如网络赌博、网络敲诈、伪造证件印章、网上非法贩卖枪支弹药、非法制造假发票、有害信息传播、侵犯知识产权、窃取商业机密等案件开展检验,从而为从事电子物证检验人员提供有益的帮助。

本书的特点是实用性强,内容全面,注重理论与实践的结合,突出专业特色。本书既可作为网络犯罪侦查和电子物证检验相关专业学生的教材,也可作为从事网络犯罪侦查和电子物证检验人员的参考书。

本书由汤艳君主编、统稿并编写了第 1 章、第 3.1~3.2 节、第 5 章、第 8.7 节;范德宝编写了第 2 章;于晓聪编写了第 3.3 节;高洪涛编写了第 4 章、第 8.1~8.3 节;罗文华编写了第 6 章、第 8.8~8.11 节;马贺男编写了第 7 章、

第 8.4 节，高杨编写了第 8.5 节，李子川编写了第 8.6 节。

在编写本书的过程中我们参考和吸收了国内外同行的研究成果，在此一并表示感谢！

尽管在编写此书过程中作者做了很多努力，但由于水平有限，书中难免有错漏之处，敬请读者批评指正。

编　者
2014 年 1 月

目 录

第1章　电子物证检验与分析概述 …………………… 1
　1.1　电子数据 ………………………………………………… 1
　　　1.1.1　电子数据定义 …………………………………… 2
　　　1.1.2　电子数据特点 …………………………………… 2
　　　1.1.3　电子数据的审查 ………………………………… 3
　1.2　电子数据的法律地位 …………………………………… 5
　　　1.2.1　电子数据相关的证据 …………………………… 5
　　　1.2.2　电子数据的法律地位 …………………………… 6
　1.3　电子数据取证 …………………………………………… 9
　　　1.3.1　电子数据取证的概念 …………………………… 9
　　　1.3.2　电子数据取证的原则 …………………………… 9
　1.4　电子物证 ………………………………………………… 11
　　　1.4.1　物证 ……………………………………………… 11
　　　1.4.2　电子物证 ………………………………………… 11
　　　1.4.3　电子物证的特点 ………………………………… 12
　　　1.4.4　电子物证的封存方法 …………………………… 12
　　　1.4.5　电子物证的固定方法 …………………………… 12
　1.5　电子物证检验 …………………………………………… 13
　　　1.5.1　什么是电子物证检验 …………………………… 13
　　　1.5.2　电子物证检验的基本原则 ……………………… 13
　　　1.5.3　电子物证检验的常用技术和工具 ……………… 14
　　　1.5.4　电子物证检验的难点及有利因素 ……………… 15
　习题1 …………………………………………………………… 16

第2章　电子物证检验与分析基本过程 …………………… 17
　2.1　电子物证检验与分析的对象 …………………………… 17
　　　2.1.1　单机系统中的电子数据 ………………………… 17
　　　2.1.2　网络系统中的电子数据 ………………………… 18
　　　2.1.3　其他电子设备中的电子数据 …………………… 18
　2.2　电子物证检验与分析条件 ……………………………… 19

2.2.1　电子物证检验与分析人员条件 ………………………………… 19
　　　2.2.2　电子物证检验与分析实验室条件 ……………………………… 19
　2.3　电子物证检验与分析过程 …………………………………………………… 22
　　　2.3.1　案件受理 …………………………………………………………… 22
　　　2.3.2　检材的保存及处理 ………………………………………………… 26
　　　2.3.3　检验与分析 ………………………………………………………… 26
　　　2.3.4　鉴定文书的形成与签发 …………………………………………… 29
　　　2.3.5　出庭 ………………………………………………………………… 30
　2.4　影响电子物证检验与分析结果的因素 ……………………………………… 31
　习题2 …………………………………………………………………………………… 31

第3章　制作电子数据的保全备份 …………………………………………………… 32
　3.1　存储介质的擦除 ……………………………………………………………… 32
　　　3.1.1　存储介质的擦除标准 ……………………………………………… 32
　　　3.1.2　命令擦除法 ………………………………………………………… 33
　　　3.1.3　软件擦除法 ………………………………………………………… 34
　　　3.1.4　硬件擦除法 ………………………………………………………… 34
　3.2　保全备份 ……………………………………………………………………… 34
　　　3.2.1　命令备份法 ………………………………………………………… 34
　　　3.2.2　软件备份法 ………………………………………………………… 34
　　　3.2.3　硬件备份法 ………………………………………………………… 35
　3.3　数据完整性校验 ……………………………………………………………… 35
　　　3.3.1　Hash ………………………………………………………………… 36
　　　3.3.2　MD5 算法 …………………………………………………………… 36
　　　3.3.3　SHA 算法 …………………………………………………………… 36
　　　3.3.4　CRC 算法 …………………………………………………………… 37
　习题3 …………………………………………………………………………………… 37

第4章　常用电子物证检验工具 ……………………………………………………… 38
　4.1　EnCase 检验工具 ……………………………………………………………… 38
　　　4.1.1　EnCase 工具概述 …………………………………………………… 39
　　　4.1.2　EnCase 工具的安装及设置 ………………………………………… 42
　　　4.1.3　EnCase 工具界面介绍 ……………………………………………… 45
　　　4.1.4　案例管理及证据操作 ……………………………………………… 48
　　　4.1.5　证据的分析及检验 ………………………………………………… 51
　　　4.1.6　关键字搜索 ………………………………………………………… 54
　　　4.1.7　索引搜索 …………………………………………………………… 57
　　　4.1.8　书签的制作及使用 ………………………………………………… 58

        4.1.9　RAID 磁盘重建 …………………………………………… 60
　4.2　X-Ways 检验工具 ……………………………………………………… 62
        4.2.1　配置软件 …………………………………………………… 62
        4.2.2　X-Ways 工具界面介绍 ……………………………………… 63
        4.2.3　创建案件 …………………………………………………… 68
        4.2.4　X-Ways 基本操作 …………………………………………… 69
        4.2.5　磁盘快照 …………………………………………………… 71
        4.2.6　文件过滤 …………………………………………………… 73
        4.2.7　数据搜索 …………………………………………………… 74
        4.2.8　案件报告 …………………………………………………… 75
        4.2.9　数据恢复 …………………………………………………… 76
        4.2.10　安全擦除 …………………………………………………… 78
        4.2.11　特定类型文件恢复 ………………………………………… 78
　4.3　FTK 检验工具 …………………………………………………………… 79
        4.3.1　FTK 的安装 ………………………………………………… 79
        4.3.2　FTK 案例和证据管理 ……………………………………… 79
        4.3.3　FTK 视图 …………………………………………………… 81
        4.3.4　数据过滤 …………………………………………………… 83
        4.3.5　数据搜索 …………………………………………………… 84
　习题 4 …………………………………………………………………………… 85

第 5 章　Windows 系统的检验方法

　5.1　文件系统和存储层 ……………………………………………………… 86
        5.1.1　物理层 ……………………………………………………… 86
        5.1.2　数据分类层 ………………………………………………… 87
        5.1.3　分配单元层 ………………………………………………… 87
        5.1.4　存储空间管理层 …………………………………………… 87
        5.1.5　信息分类层 ………………………………………………… 87
        5.1.6　应用级存储层 ……………………………………………… 87
　5.2　文档内容浏览 …………………………………………………………… 87
        5.2.1　Quick View Plus 软件介绍 ………………………………… 88
        5.2.2　Quick View Plus 软件主要功能 …………………………… 90
        5.2.3　Quick View Plus 浏览文档内容方法 ……………………… 91
　5.3　日志文件的检验 ………………………………………………………… 92
        5.3.1　Windows 操作系统日志检验 ……………………………… 92
        5.3.2　网络服务器日志检验 ……………………………………… 95
        5.3.3　常见数据库日志检验 ……………………………………… 99
　5.4　注册表文件的检验 ……………………………………………………… 101

	5.4.1 注册表中的重要键值	101
	5.4.2 注册表的检验	104
5.5	交换文件的检验	107
	5.5.1 交换文件的显示与设置	107
	5.5.2 交换文件的检验	108
5.6	办公文档碎片的检验	108
	5.6.1 办公文档碎片的文本检验	109
	5.6.2 办公文档碎片的图片检验	109
5.7	打印脱机文件的检验	109
	5.7.1 打印脱机文件的设置	109
	5.7.2 打印脱机文件的类型	110
	5.7.3 打印脱机文件的存放位置	110
	5.7.4 打印脱机文件的检验	110
5.8	删除文件的检验	113
	5.8.1 删除文件的方法	113
	5.8.2 删除文件的检验	113
5.9	回收站的文件检验	115
	5.9.1 回收站的特点	115
	5.9.2 回收站的文件检验	115
5.10	IE 访问痕迹的检验	117
	5.10.1 Cookies 文件的检验	117
	5.10.2 历史记录文件的检验	119
	5.10.3 Internet 临时文件的检验	120
	5.10.4 Index.dat 文件的检验	120
5.11	电子邮件的检验	123
	5.11.1 电子邮件传输原理	124
	5.11.2 电子邮件的检验	124
5.12	隐藏数据的检验	126
	5.12.1 磁盘特殊空间隐藏数据的检验	126
	5.12.2 NTFS 流文件隐藏数据的检验	126
5.13	聊天记录的检验	127
	5.13.1 QQ 聊天记录的检验	127
	5.13.2 MSN 聊天记录的检验	129
	5.13.3 其他聊天记录的检验	130

习题 5 · 131

第 6 章 UNIX/Linux 系统的检验方法 · 132
6.1 UNIX/Linux 环境下文件系统的检验 · 132

6.1.1　UNIX/Linux 文件系统简介 ………………………………………………… 132
　　6.1.2　The Sleuth Kit 软件包使用说明 …………………………………………… 133
　　6.1.3　利用 TSK 工具包检验实例分析 ……………………………………………… 142
　　6.1.4　利用系统命令进行搜索 ……………………………………………………… 144
　　6.1.5　Linux 环境下的数据删除与恢复 …………………………………………… 145
6.2　日志文件检验 ……………………………………………………………………… 150
　　6.2.1　日志配置文件检验 …………………………………………………………… 151
　　6.2.2　日志管理文件检验 …………………………………………………………… 152
　　6.2.3　日志文件检验 ………………………………………………………………… 153
　　6.2.4　进程记账信息检验 …………………………………………………………… 158
　　6.2.5　日志分析工具的使用 ………………………………………………………… 159
6.3　用户账号与用户组信息检验 ……………………………………………………… 161
　　6.3.1　用户账户检验 ………………………………………………………………… 161
　　6.3.2　用户组检验 …………………………………………………………………… 162
6.4　系统启动任务的检验 ……………………………………………………………… 163
6.5　特殊文件检验 ……………………………………………………………………… 164
　　6.5.1　隐藏文件与 tmp 文件夹检验 ………………………………………………… 164
　　6.5.2　特殊属性的文件检验 ………………………………………………………… 165
　　6.5.3　配置文件的检验 ……………………………………………………………… 166
　　6.5.4　文件真实属性检验 …………………………………………………………… 167
习题 6 ……………………………………………………………………………………… 167

第 7 章　手机的检验 ……………………………………………………………………… 169
7.1　手机的操作系统简介 ……………………………………………………………… 169
　　7.1.1　Symbian ……………………………………………………………………… 169
　　7.1.2　Windows Mobile ……………………………………………………………… 170
　　7.1.3　Windows Phone ……………………………………………………………… 170
　　7.1.4　Android ……………………………………………………………………… 171
　　7.1.5　iPhone OS …………………………………………………………………… 171
　　7.1.6　BlackBerry OS ………………………………………………………………… 171
　　7.1.7　Linux OS ……………………………………………………………………… 172
7.2　收缴手机的保管与封装 …………………………………………………………… 172
7.3　手机常用信息的获取 ……………………………………………………………… 173
　　7.3.1　IMEI、ESN 与 PSID 的获取方法 …………………………………………… 173
　　7.3.2　手机出厂日期的检验方法 …………………………………………………… 175
　　7.3.3　手机规格信息的查询 ………………………………………………………… 175
　　7.3.4　运营商网络包含的证据信息 ………………………………………………… 176
7.4　手机信息的检验 …………………………………………………………………… 177

7.4.1 SIM卡信息的检验 …………………………………………………… 177
   7.4.2 手机机身内存信息的检验 ……………………………………………… 182
   7.4.3 手机扩展卡信息的检验 ………………………………………………… 192
习题7 …………………………………………………………………………………… 193

第8章 典型案例分析与检验 …………………………………………………………… 194
8.1 网络赌博案件的检验 ……………………………………………………………… 194
   8.1.1 简要案情 ………………………………………………………………… 194
   8.1.2 网络赌博案件检验步骤及方法 ………………………………………… 195
   8.1.3 检验时需注意的问题 …………………………………………………… 198
8.2 网络敲诈案件的检验 ……………………………………………………………… 199
   8.2.1 简要案情 ………………………………………………………………… 199
   8.2.2 网络敲诈案件检验步骤及方法 ………………………………………… 199
   8.2.3 检验时需注意的问题 …………………………………………………… 200
8.3 伪造证件、印章案件的检验 ……………………………………………………… 201
   8.3.1 简要案情 ………………………………………………………………… 202
   8.3.2 伪造证件、印章案件的检验步骤及方法 ……………………………… 202
   8.3.3 检验时需注意的问题 …………………………………………………… 204
8.4 网上非法贩卖枪支弹药案件的检验 ……………………………………………… 204
   8.4.1 简要案情 ………………………………………………………………… 204
   8.4.2 网上非法贩卖枪支弹药案件的检验步骤及方法 ……………………… 204
   8.4.3 检验时需注意的问题 …………………………………………………… 209
8.5 非法制造假发票案件的检验 ……………………………………………………… 209
   8.5.1 简要案情 ………………………………………………………………… 209
   8.5.2 非法制造假发票案件的检验步骤及方法 ……………………………… 210
   8.5.3 检验时需注意的问题 …………………………………………………… 212
8.6 KTV寻衅滋事案件的检验 ………………………………………………………… 212
   8.6.1 简要案情 ………………………………………………………………… 212
   8.6.2 KTV寻衅滋事案件的检验步骤及方法 ………………………………… 212
   8.6.3 检验时需注意的问题 …………………………………………………… 215
8.7 赌博游戏代理服务器的检验 ……………………………………………………… 216
   8.7.1 简要案情 ………………………………………………………………… 216
   8.7.2 赌博游戏代理服务器的检验步骤及方法 ……………………………… 216
   8.7.3 检验时需注意的问题 …………………………………………………… 220
8.8 非法入侵政府网站案件的检验 …………………………………………………… 221
   8.8.1 简要案情 ………………………………………………………………… 221
   8.8.2 非法入侵政府网站案件的检验步骤及方法 …………………………… 221
   8.8.3 检验时需注意的问题 …………………………………………………… 224

8.9	侵犯知识产权案件的检验	225
	8.9.1 简要案情	225
	8.9.2 侵犯知识产权案件检验步骤及方法	225
	8.9.3 检验时需注意的问题	230
8.10	有害信息传播案件的检验	231
	8.10.1 简要案情	231
	8.10.2 有害信息传播案件的检验步骤及方法	231
	8.10.3 检验时需注意的问题	235
8.11	窃取公司商业机密案件的检验	235
	8.11.1 简要案情	236
	8.11.2 窃取公司商业机密案件的检验步骤及方法	236
	8.11.3 检验时需注意的问题	241
习题 8		241

参考文献 ………………………………………………………………………………… 242

第1章 电子物证检验与分析概述

在网络犯罪以及涉网络的违法犯罪案件中,计算机扮演着重要的角色。通常计算机既是犯罪分子攻击的目标,也是犯罪分子作案的工具。但无论作为哪种角色,计算机及其外设中都会留下大量与犯罪相关的数据。而对于打击网络犯罪而言,最重要的就是利用电子物证检验方法和技术检验出与犯罪活动相关的电子数据,证明犯罪事实,为有力地打击犯罪提供有效的证据。

本章将从什么是电子数据、电子物证检验以及电子物证检验与分析的原则、步骤等方面进行介绍。

1.1 电子数据

十一届全国人大第五次会议于 2012 年 3 月 14 日表决通过了关于修改《中华人民共和国刑事诉讼法》的决定,时任国家主席胡锦涛签署第 55 号主席令予以公布。修改后的刑事诉讼法于 2013 年 1 月 1 日开始施行。修改后的刑事诉讼法的第五章第四十八条规定:可以用于证明案件事实的材料,都是证据。证据包括:(一)物证;(二)书证;(三)证人证言;(四)被害人陈述;(五)犯罪嫌疑人、被告人供述和辩解;(六)鉴定意见;(七)勘验、检查、辨认、侦查实验等笔录;(八)视听资料、电子数据。证据必须经过查证属实,才能作为定案的根据。

十一届全国人大第二十八次会议于 2012 年 8 月 31 日表决通过了关于修改《中华人民共和国民事诉讼法》的决定,时任国家主席胡锦涛签署第 59 号主席令予以公布。修改后的刑事诉讼法于 2013 年 1 月 1 日开始施行。修改后的民事诉讼法的第六章第六十三条规定,证据包括:(一)当事人的陈述;(二)书证;(三)物证;(四)视听资料;(五)电子数据;(六)证人证言;(七)鉴定意见;(八)勘验笔录。证据必须查证属实,才能作为认定事实的根据。

人们常说"事实胜于雄辩",证据作为诉讼的核心,正是事实的体现和反映。此次《中华人民共和国刑事诉讼法》和《中华人民共和国民事诉讼法》均增加了电子数据作为证据法定形式,又为客观反映案情增加了一种重要体现形式。

虽然在修改后的《中华人民共和国刑事诉讼法》和《中华人民共和国民事诉讼法》中均增加了电子数据作为证据的法定形式,但没有明确什么是电子数据。有关电子数据的定义应该有广义和狭义之分。

1.1.1 电子数据定义

从广义上来讲,只要是以电子形式存储、处理、传输的信息都是电子数据。而狭义上的电子数据即刑事诉讼法和民事诉讼法中所规定的电子数据,应该是指"由电子设备产生、存储或传输的有证据价值的电子数据",即电子数据证据,简称电子证据。这一定义具有以下三个方面的含义:

第一,电子数据既包括以电子形式存在的数据,也包括其派生物。所谓电子形式就是一种以程序、文本、声音、图像、视频等形式存在的信息。可以将其概括为"由介质、磁性物、光学设备、计算机内存或类似设备生成、发送、接收、存储的任一信息的存在形式"。它是一种由电子技术带来的存在形式,无法为人眼或人耳直接阅读或聆听,必须予以转换才能为人所知。"

在实际工作中,还常常会遇到那些由电子形式材料转化而来的附属材料,即派生物。如将计算机内部文件打印在纸面或胶片上得来的计算机打印输出,虽然表面上同传统纸质文件没有太大的不同,但绝不能一概地视为书证,而应作具体分析。如果该打印输出具有独立性,则作传统书证处理;如果该打印输出不具有独立性,即其能否证明待证事实取决于能否同计算机系统内部的证据鉴证一致,则应当视为处于派生证据地位的电子证据。

第二,电子数据是借助信息技术或信息设备形成的。随着科学技术的发展,信息技术与设备已出现了很多种类,而且还将以人类难以想象的速度继续发展。信息技术包括但不局限于计算机技术,信息设备包括但不局限于电子计算机设备。

第三,电子数据必须与案件有联系,且具有证据价值。

电子数据必须是客观存在的,且与需要证明的案情之间有一定的关系或联系,由法定机关、法定人员依照法定程序收集和取得的证据才能称为电子数据,否则不能作为法定证据来使用。

1.1.2 电子数据特点

电子数据的承载介质是包括硬盘、磁盘、光盘等在内的存储媒介,存储媒介必须通过包括计算机硬件在内的电子设备才能访问,主要具有如下的特点。

1. 表现形式的多样性与复杂性

电子数据的外在表现形式具有多样性,不仅可以表现为文字、图像、声音或它们的组合,还可以是交互式的、可编译的,因此电子数据能够更加直观、清晰、生动、完整地反映特征事实及其形成过程。

2. 依赖介质性与无形性

电子数据需要借助一定的介质存在,如硬盘、光盘等。在介质上保存实质上是由按照一定编码规则以0和1的序列保存,其记录的内容不但肉眼看不到,具有无形性,而且凭人的思维也很难解读,只有在经过一系列的处理程序后通过屏幕显示或打印机打印才能为人识别,而且丝毫不会受到感情、经验等多种主观因素的影响。

3. 易破坏性

电子数据极容易被篡改、伪造、破坏或毁灭,电子数据或信息是以"比特"形式存在的,是非连续的。数据或信息被人为地篡改后,如果没有可对照的副本、映像文件则难以查清、判断信息是否被破坏。

4. 易复制性

可以方便地进行复制,如果不考虑人为篡改、差错和故障等因素,电子数据可以精确地进行复制,复件内容与原件内容完全一致,且可长期无损保存。

5. 时限性

某些电子数据具有时限性,当满足一定的时间设置会自动被删除。如在软件或程序中人为设置的"逻辑炸弹",到了设定时限即会自动删除满足条件的电子数据。

6. 易传播性

电子数据可以通过网络无限地快速传播,如电子邮件可以瞬间扩散到世界各个角落。

1.1.3 电子数据的审查

由于电子数据具备表现形式多样性与复杂性、依赖介质性与无形性、易破坏性、易复制性、时限性、易传播性等特点,要将电子数据作为定案的依据必须从证据的客观性、关联性、合法性等方面进行审查。

1. 电子数据客观性审查

证据的客观性是指证据不以人们的意志为转移的客观存在的事实。这是证据的本质特征。

由于电子数据极易被改动且具有隐蔽性,所以导致其容易被伪造、篡改且不易被发现,这往往使电子数据的真实性受到怀疑。那么又该如何审查它的客观性呢?一方面可以通过我国证据法学中的"印证证明"原理,所谓的"印证证明"是指认定案件的事实必须由若干份证据构成一个相互印证的体系,又称"孤证不能定案"原则。理论上通过数份证据与电子数据进行相互印证,如果数份证据的内容与电子数据的内容取得一致,就说明该电子数据具有客观性、真实性,否则即为不客观、不真实。另一方面也可以通过相关检验技术进行检验和验证电子数据的客观性、真实性。

2. 电子数据的关联性审查

证据的关联性,或称相关性,是指证据和需要证明的案情之间必须有一定的关系或联系。

审查电子数据的关联性,就是审查电子数据与案件的事实是否具有一定的联系,是否具有证明作用。司法人员对电子数据关联性的审查可从三个方面着手:一个是所移送审查的电子数据是用来证明什么的;第二所证明的事实是否与案件待证事实有实质性联系;第三要审查该电子数据对证明案件中的争议事实有多大的实质性意义,对证明案件性质、犯罪手段等基本案件事实是否具有客观的联系。只有证明电子数据的关联性存在,才能将其作为定案依据。

另外,电子数据具有海量存储性,如何在大量的电子数据中找到与案件具有实质关联的证据,是司法者普遍遇到的一项难题。由于电子数据关联性的认定需要很专业的知识,导致在审查关联电子数据过程中遭遇知识瓶颈。为此就需要通过电子物证检验的专业人员或具备相关专业知识的人员协助进行审查。另外,也可以有计划、有步骤地培养既具有深厚法律知识又具有较高电子物证检验专业知识的专业型司法工作人员。

3. 电子数据法律性审查

证据的法律性,或称合法性,指证据是由法定机关、法定人员依照法定程序收集、审查、判断的。法律性是客观性和关联性的保障。

证据的合法性包括主体合法、形式合法以及取证程序合法,因此对电子数据的合法性审查应着重从以下几个方面进行。

(1) 取证主体是否合法。电子数据的技术性特点决定了其收集主体是以司法技术人员为主,其他法定主体为辅。在审查电子数据的合法性时应该首先审查电子数据的收集主体是否是上述主体,如果是其他主体收集的证据,该证据不具有合法性。

(2) 取证程序是否合法。电子数据收集、取证必须严格依照法定的程序与方法。对于通过不合法的方法和程序获得的电子数据应不予采纳。例如,搜查、扣押电子数据时没有见证人在场;现场勘验、检查不制作相应的司法文书;采用直接侵害公民的人身自由、健康、生命、财产等宪法性权利的手段获取的电子数据;明显超出收集、取证范围;所采取的收集、取证程序和方法严重失误导致数据错误的;使用盗版软件或者有缺陷的方法、设备进行收集,导致电子数据真实性无法判断的;未经依法授权,刑事侦查或技术人员秘密对他人的计算机及其网络系统进行数据监控、数据截取或者非法侵入他人设备、场所中对电子数据进行复制、窃听、录像所获取的电子数据。

此外,审查电子数据证明力,还可以从电子数据的生成、存储、收集、一致性等方面进行审查,获取相应的辅助证据,构成完整的证据链,从而判断该电子数据证明力的大小。

(1) 审查电子数据的来源。审查电子数据的生成环节,主要审查电子数据的形成是否正常、电子数据生成时的操作规范是否被严格遵守、生成过程是否受到人为因素或客观因素的影响等。在审查过程中,司法人员要重点提取、审查系统日志和人工操作记录等证据。

(2) 审查电子数据的取证过程。司法人员不仅应对电子数据收集技术人员的主体资格和专业资格进行审查,还要对收集、取证所采用方法的科学性、准确性以及收集过程中出现的异常情况和人为干扰等外界因素进行审查。在审查过程中,司法人员应重点审查技术人员在收集工作中制作的勘验、检查笔录和工作记录等证据。

(3) 审查电子数据的存储方式。审查电子数据的存储环节,主要审查电子数据存储时的操作是否规范,存储电子数据的介质是否可靠、稳定,存储人员是否具有相应的专业资格及能否做到公正、客观,所存储的电子数据是否遭受未经授权的接触、修改等。在审查过程中,司法人员要重点提取、审查系统数据的备份及备份、存储工作记录等证据。

(4) 审查电子数据的一致性。一致性是审查电子数据证明力的重要标准。审查电子数据的一致性,即审查电子数据在取证、存储、传输中保持不被过失或故意地进行添加、删减、修改、伪造等破坏性操作。如果电子数据在取证、存储、传输过程中遭受过上述篡改操作,则该电子数据的证明力将存在很大的疑问。

1.2 电子数据的法律地位

电子数据作为一种新型的证据,目前在世界范围内不但对其含义的理解众说纷纭,就连表述方式也大相径庭。在国际上与电子数据相关的说法有多种,如 Electronic Evidence(电子证据)、Computer Evidence(计算机证据)、Digital Evidence(数字证据)等,虽然这些表述不尽相同,但所界定的内容都有一定的联系。其中计算机证据是数字证据的子集,数字证据又是电子证据的子集。

1.2.1 电子数据相关的证据

与电子数据相关的各种表述及其含义如下。

(1) 电子材料说。电子证据是以电子形式存在的、用作证据使用的一切材料及其派生物。或者说,借助电子技术或电子设备而形成的一切证据。

电子材料说中的电子形式依照印度1999年信息技术法第2条第1款第18项的规定,可将其概括为"由介质、磁性物、光学设备、计算机内存或类似设备生成、发送、接收、存储的任一信息的存在形式"。它是一种由电子技术带来的存在形式,无法为人眼或人耳直接阅读或聆听,必须予以转换才能为人所知。电子证据之所以是以电子形式存在的,是因为它是由电子技术和电子设备形成的。随着科学技术的不断发展,电子技术和电子设备种类繁多,而且还将以人类难以想象的速度继续发展,电子证据的种类和存在形式也将多种多样。

在实际生活中,还常常遇到那些由电子形式材料转化而来的附属材料,即派生物,普遍认为它们也属于电子证据。例如,将计算机内部文件打印在纸面或胶片上得来的计算机打印输出,虽然表面上看同传统纸面文件没有太大不同,但绝不能一概地视为纸面书证,而应作个体分析。电子材料说能较好地反映电子证据的本质特征,即以电子形式存在的、用作证据使用的一切材料,但外延太宽泛。

(2) 电子物品说。电子证据是指以存储的电子化信息资料来证明案件真实情况的电子物品或者电子记录。

电子物品说界定以电子化(模拟和数字)形式存在的信息资料及其载体均可以作为电子证据。在其存在的形式和适用的范围上,不仅仅包括计算机设备中的电子资料,也包括其他电子设备产生的资料;不仅包括电子记录,即电子产品所产生、存储的电子数据,而且还包括产生、存储这些电子数据的设备和存储介质;不仅包括模拟信号的电子信息,还包括数字信息。这个定义涵盖了电子证据的全部内容,既包括模拟信号,又包括数据电文,但没有反映法律含义上电子证据的本质特征,即以0和1两个二进制数构成的电文。

(3) 计算机证据说。计算机证据是指在计算机或计算机系统运行过程中产生的以其记录的内容来证明案件事实的电、磁、光信息。

计算机证据说采取"计算机证据"概念来表述数字化过程中形成的证据,从目前存在的主流电子证据角度来看,具有一定的合理性,因为计算机及以计算机为主导的网络是数据化运行的主要设备,并且目前数字化信息也大多存储于电磁性介质中。从数字化所使用的设备角度来归纳此类证据的共性,在外延上能够涵盖绝大多数此类证据。然而,虽然计算机设备是当前数字化处理的主要设备,计算机中存储的资料也是当前此类证据中的主要部分,但是计算机这一设备并不是数字化的唯一设备,例如,扫描仪、数码摄像机这些设备均是数字化处理不可或缺的设备,但并不能认为这些也是属于计算机行列。从国外立法来看,采用这种概念的学者在论述中往往兼用了其他的概念。所以,"计算机证据"概念从事物外形上进行定义具有一定合理性,但是"计算机证据"概念未能归纳出数字化过程中形成的可以作为证明案件事实情况的证据共性,只是涵盖了当前数字化过程中产生的大多数却不是全部的信息资料,而且在法律上也不能对将来出现的证据类型预留出弹性空间。因而,总体上来说,还不是一个很准确的概念。

(4) 数字证据说。数字证据是指信息数字化过程中形成的以数字形式读写的能够证明案件事实情况的资料。

数字证据说中所说的"数字"与日常用语中的"数字"语义并不相同,虽并不如"电子"更为人们熟悉和容易理解,但重要的是根据科学的需要和借助于专门术语的表达,使用科学的概念来清晰地定义相关事物,况且"数字"概念在现今信息时代也并不是一个新概念,早已为人们广泛接受和使用。来势汹涌的全球信息化潮流实际上就是对事物的数字化(digitalization)处理过程,区别于纸质信件、电话、传真等传统信息交流方式,这种采用新的信息处理、存储、传输的数字方式在现代社会包括日常交往与商业贸易中逐步建立了其不可替代的地位。毋庸置疑的是,数字技术还会不断地发展,因此在进行法律调整之时就更不能限定所使用的技术与存储的介质,从而在法律上为技术的发展留存一个宽松的空间。

1.2.2 电子数据的法律地位

法律是打击和控制犯罪中最具强制性的手段。长期以来,我国有关电子数据的立法工作也是随着打击网络犯罪力度的加大而逐渐完善的。

1.《中华人民共和国刑法》

中华人民共和国第十一届全国人民代表大会常务委员会第七次会议于2009年2月28日表决通过了《中华人民共和国刑法修正案(七)》,时任国家主席胡锦涛签署第十号主席令予以公布,且于公布之日起施行。其中与电子数据相关的法条包括以下几条。

第二百八十五条 【非法侵入计算机信息系统罪;非法获取计算机信息系统数据、非法控制计算机信息系统罪;提供侵入、非法控制计算机信息系统程序、工具罪】违反国家规定,侵入国家事务、国防建设、尖端科学技术领域的计算机信息系统的,处三年以下有期徒刑或者拘役。

违反国家规定,侵入前款规定以外的计算机信息系统或者采用其他技术手段,获取该计算机信息系统中存储、处理或者传输的数据,或者对该计算机信息系统实施非法控制,情节严重的,处三年以下有期徒刑或者拘役,并处或者单处罚金;情节特别严重的,处三年以上七年以下有期徒刑,并处罚金。

提供专门用于侵入、非法控制计算机信息系统的程序、工具,或者明知他人实施侵入、非法控制计算机信息系统的违法犯罪行为而为其提供程序、工具,情节严重的,依照前款的规定处罚。

第二百八十六条 【破坏计算机信息系统罪】违反国家规定,对计算机信息系统功能进行删除、修改、增加、干扰,造成计算机信息系统不能正常运行,后果严重的,处五年以下有期徒刑或者拘役;后果特别严重的,处五年以上有期徒刑。

违反国家规定,对计算机信息系统中存储、处理或者传输的数据和应用程序进行删除、修改、增加的操作,后果严重的,依照前款的规定处罚。

故意制作、传播计算机病毒等破坏性程序,影响计算机系统正常运行,后果严重的,依照第一款的规定处罚。

第二百八十七条 【利用计算机实施犯罪的提示性规定】利用计算机实施金融诈骗、盗窃、贪污、挪用公款、窃取国家秘密或者其他犯罪的,依照本法有关规定定罪处罚。

其中第二百八十五条第二款和第三款是在此次修正案中增加的内容,使得打击网络犯罪更具有可操作性。

2.《中华人民共和国刑事诉讼法》

中华人民共和国第十一届全国人民代表大会常务委员会第五次会议于2012年3月14日表决通过了关于修改《中华人民共和国刑事诉讼法》的决定,时任国家主席胡锦涛签署第五十五号主席令予以公布。修改后的刑事诉讼法于2013年1月1日开始施行。在修改后的刑事诉讼法中第五章第四十八条规定:可以用于证明案件事实的材料,都是证据。证据包括:(一)物证;(二)书证;(三)证人证言;(四)被害人陈述;(五)犯罪嫌疑人、被告人供述和辩解;(六)鉴定意见;(七)勘验、检查、辨认、侦查实验等笔录;(八)视听资料、电子数据。证据必须经过查证属实,才能作为定案的根据。在此次刑事诉讼法修改过程中明确了电子数据作为法定的证据类型。

3.《中华人民共和国民事诉讼法》

中华人民共和国第十一届全国人民代表大会常务委员会第二十八次会议于2012年8月31日表决通过了关于修改《中华人民共和国民事诉讼法》的决定,时任国家主席胡锦涛签署第五十九号主席令予以公布。修改后的刑事诉讼法于2013年1月1日开始施行。在修改后的民事诉讼法第六章第六十三条规定,证据包括:(一)当事人的陈述;(二)书证;(三)物证;(四)视听资料;(五)电子数据;(六)证人证言;(七)鉴定意见;(八)勘验笔录。证据必须查证属实,才能作为认定事实的根据。

人们常说"事实胜于雄辩",证据作为诉讼的核心,正是事实的体现和反映。此次《中华人民共和国刑事诉讼法》和《中华人民共和国民事诉讼法》中均增加了电子数据作为证据的法定形式,又为客观反映案情增加了一种重要体现形式。

4. 最高人民法院关于适用《中华人民共和国刑事诉讼法》的解释

2012年11月5日由最高人民法院审判委员会第1559次会议通过的《最高人民法院关于适用〈中华人民共和国刑事诉讼法〉的解释》,自2013年1月1日起施行。其中与电子数据相关解释包括以下几条。

第九十三条 对电子邮件、电子数据交换、网上聊天记录、博客、微博客、手机短信、电子签名、域名等电子数据,应当着重审查以下内容:

(一)是否随原始存储介质移送;在原始存储介质无法封存、不便移动或者依法应当由有关部门保管、处理、返还时,提取、复制电子数据是否由二人以上进行,是否足以保证电子数据的完整性,有无提取、复制过程及原始存储介质存放地点的文字说明和签名;

(二)收集程序、方式是否符合法律及有关技术规范;经勘验、检查、搜查等侦查活动收集的电子数据,是否附有笔录、清单,并经侦查人员、电子数据持有人、见证人签名;没有持有人签名的,是否注明原因;远程调取境外或者异地的电子数据的,是否注明相关情况;对电子数据的规格、类别、文件格式等注明是否清楚;

(三)电子数据内容是否真实,有无删除、修改、增加等情形;

(四)电子数据与案件事实有无关联;

(五)与案件事实有关联的电子数据是否全面收集。

对电子数据有疑问的,应当进行鉴定或者检验。

第九十四条 视听资料、电子数据具有下列情形之一的,不得作为定案的根据:

(一)经审查无法确定真伪的;

(二)制作、取得的时间、地点、方式等有疑问,不能提供必要证明或者作出合理解释的。

5.《关于办理死刑案件审查判断证据若干问题的规定》

于2010年7月1日起开始实施由最高人民法院、最高人民检察院、公安部、国家安全部和司法部联合制定的《关于办理死刑案件审查判断证据若干问题的规定》。在该规定的第二十九条中规定,对于电子邮件、电子数据交换、网上聊天记录、网络博客、手机短信、电子签名、域名等电子证据,应当主要审查以下内容:

(一)该电子证据存储磁盘、存储光盘等可移动存储介质是否与打印件一并提交;

(二)是否载明该电子证据形成的时间、地点、对象、制作人、制作过程及设备情况等;

(三)制作、存储、传递、获得、收集、出示等程序和环节是否合法,取证人、制作人、持有人、见证人等是否签名或者盖章;

(四)内容是否真实,有无剪裁、拼凑、篡改、添加等伪造、变造情形;

(五)该电子证据与案件事实有无关联性。

对电子证据有疑问的,应当进行鉴定。

对电子证据,应当结合案件其他证据,审查其真实性和关联性。

通过以上立法可以看出,我国关于电子数据的立法也是越来越完善,打击网络犯罪的力度也会越来越强。

1.3 电子数据取证

电子数据通常表现为以文字、图片、声音、图像等形式存在于不同环境中的与犯罪活动相关的电子痕迹，以及可以使原始信息发生转移的计算机、计算机网络系统、存储介质（如硬盘、U盘、各类存储卡等）、应用产品（IPAD、电子通讯录）、通信产品（手机、传真机、电话机）之中的信息及数据的痕迹。打击网络犯罪的关键是如何将犯罪嫌疑人遗留的"痕迹"检验出来，作为有效的电子数据提供给法院或作为案件的侦查线索，以便将犯罪嫌疑人绳之以法。此领域所涉及的便是电子数据取证。它是一门计算机领域和法学领域的交叉科学。

1.3.1 电子数据取证的概念

与电子数据取证一词密切相关的是计算机取证，计算机取证这一术语是在1991年美国召开的国际计算机专家会议上首次提出的，目前关于计算机取证的定义有多种。

Lee Garber 在 IEEE Security 发表的文章中认为，计算机取证是分析硬盘驱动、光盘、软盘、Zip和Jazz磁盘、内存缓冲以及其他形式的存储介质以发现犯罪证据的过程。

计算机取证资深专家 Judd Robbins 对此给出了如下的定义：计算机取证是将计算机调查和分析技术应用于对潜在的、有法律效力的证据的确定与获取。

计算机紧急事件响应组和取证咨询公司 New Technologies 进一步扩展了该定义：计算机取证包括了对以磁介质编码信息方式存储的计算机证据的保护、确认、提取和归档。

SANS 公司则归结为：计算机取证是使用软件和工具，按照一些预先定义的程序，全面地检查计算机系统，以提取和保护有关网络犯罪的证据。

从以上定义可以看出，计算机取证主要是围绕计算机证据而言的。综合上述定义，本书中将电子数据取证定义为：对能够为法庭接受的、足够可靠和有说服力的、存在于计算机和相关外设或电子设备中的电子数据的确定、收集、保护、分析、归档以及法庭出示的过程。

电子数据取证通常包括现场勘验检查、远程勘验、电子物证检验。它们所处环境和针对的对象不同。

现场勘验检查是指在犯罪现场实施勘验，以提取、固定现场存留的与犯罪有关的电子数据和其他相关证据。

远程勘验是指通过网络对远程目标系统实施勘验，以提取、固定远程目标系统的状态和存留的电子数据。

电子物证检验是对已扣押、封存、固定的电子物证的检验，以发现和提取与案件相关的线索和证据。

1.3.2 电子数据取证的原则

为了使电子数据取证工作顺利进行，获得有效的电子数据，在取证时应遵循以下原则。

1. 及时性原则

在办理案件过程中,一旦涉及电子数据的线索,当事人或办案人员应尽快赶赴现场,及时采取保护措施,并立即着手处置现场,一旦错过时机,电子数据就可能不复存在。

2. 合法性原则

合法性原则是一项基本要求,在现行法律框架下主要是保证证据的连续性和邀请专业人士取证。具体来说,调查人员在证据被正式提交给法庭时,必须能够说明证据从最初的获取状态到在法庭上出现的状态之间的任何变化及其原因,当然最好是没有任何变化;取证工作应在计算机专业人士的见证下进行。

3. 全面性原则

既收集存在于计算机软硬件上的电子数据,也收集其他相关外围设备中的电子数据;既收集文本,也收集图形、图像、动画、音频、视频等各种信息。

4. 专业人士取证或协助的原则

即取证人员必须掌握计算机与网络的专业知识和技能。遇到高难度的取证问题时,应聘请专家协助。实践证明,技术专家可在下列几方面起到帮助作用。

(1) 从获取某电子数据的困难程度和最终的可能结果分析,给出是否提取该电子数据的建议;

(2) 制定提取电子数据的方案、步骤,以及相应的要领;

(3) 协助搜查、扣压计算机硬件,寻找潜在的电子数据并依法定的程序提取,从技术的角度确保证据的原始性、真实性和完整性;

(4) 恢复被删除的电子数据所蕴涵的信息;

(5) 协助保管电子数据,确保其不遭改动;

(6) 作为专家证人出庭作证,介绍收集、保全电子数据时技术过程的可靠性,解决相关技术问题,并接受对方当事人和律师的质询等;

(7) 对有关电子数据的专门问题给出鉴定意见。

5. 潜在证人协助的原则

电子数据的潜在证人是指虽然对案件事实不能起到证明作用,但是可以对电子计算机的真实性及其内容起到一定证明作用的人。潜在证人一般包括用计算机及外记录及其营业管理活动状况的人,监视数据输入的管理人,对于计算机及外设的硬件和程序编制的负责人。在收集电子数据的过程中,办案人员必须取得这些潜在证人的协助。

6. 利用专用技术工具取证的原则

电子数据的取证需要依托于计算机技术、存储技术、网络技术而存在,是以数字化信息编码的形式出现的。它的产生、存储和传输的每一过程,都必须借助高新技术。在没有外界蓄意篡改或差错的影响下,电子数据一般能够准确存储并反映有关案件的真实情况。正是有这种高新技术为依托,它很少受主观因素影响,其精确性决定了电子数据具有较强的证明力。因此,为了保证电子数据的证明力,在收集电子数据时应使用专门的技术工具,而且这种技术常常是尖端的科学技术。

7. 保全备份和固定原则

对存储介质操作前应先进行写保护,并打封签字,避免介质损坏或被修改,取证后封存。由于电子数据可能被不留痕迹地修改或破坏,应用适当的存储介质进行原始介质的保全备份。对收集的电子数据应妥善保管,远离磁场、高温环境,避免静电、潮湿、灰尘和试剂的腐蚀。

8. 保密原则

电子数据取证人员在取证过程中,往往会接触涉及国家秘密、商业机密、个人隐私等方面的信息。取证人员应该在自己的本职工作范围内进行取证,不查阅与取证无关的其他信息,若因工作需要了解上述信息,应对信息进行严格保密。

1.4 电子物证

电子物证与传统物证相比,既有区别,也有联系。

1.4.1 物证

在诉讼法规定的证据中均明确了物证这一证据类型。所谓物证是指能够以其外部特征、物质属性、所处位置以及状态证明有关案件真实情况的客观存在。它具有以下几个特点。

(1)物证是目前使用比较广泛的一种证据。从理论上讲,任何一个诉讼案件,都不可能没有物证。即使伪造、毁灭、隐匿证据,也会留下相应的物质痕迹。如果没有收集到物证,一般并不是因为客观上不存在物证,而是由于客观条件的变化或限制,或司法人员主观条件不满足等而未收集到物证。

(2)物证具有多种表现形式与表现形态。从表现形式来说,在刑事案件中,它可能是犯罪所使用的工具和留有犯罪痕迹的物品,也可能是犯罪所侵犯的客体或其他可供揭露犯罪、查获犯罪人的物品。从表现形态说,可能是有生命的,也可能是无生命的,可能是固态的,也可能是液态的,或者是气态的等。

(3)物证具有较强的真实性、客观性,比较容易查证核实,因此具有较强的证明力。

1.4.2 电子物证

从现有法律所规定的证据类型中并不存在电子物证这一证据类型,但在司法界该词经常使用,那么到底什么是电子物证,它与物证、电子数据等法定证据是什么关系呢?

本书将电子物证定义为保存与案/事件相关电子数据的电子设备、存储介质。通过定义可以看出,电子物证应该是电子设备或存储介质,但在办理诉讼案件过程中,并不是所有的电子设备或存储介质都是电子物证,要看这个电子物证中是否保存与案/事件相关的电子数据。如果是通过电子设备、存储介质中的电子数据证明案件事实,此时的电子设备或存储介质就应理解为电子物证,而不是简单的物证。它需要通过电子物证检验技术对其进行检验和分析,得到与案/事件相关的电子数据,才能作为证据使用。如果电子设备、存储介质本身即可作为证据使用,与其中存储的电子数据无关,此时就应视其为物证而不是电子物证。

1.4.3 电子物证的特点

电子物证与传统证据相比较,主要有以下几个特点。

1. 高科技性

电子物证中存储的与案/事件相关的电子数据通常需要使用具有高科技性的设备和技术才能提取,且需要取证技术人员具备与电子物证检验相关的专业知识与技能。

2. 提交形式多样性

电子设备和存储介质的形式多样性,导致电子物证提交形式多样性。如常见的存储介质包括光盘、U盘、硬盘等,而电子设备更是五花八门,如摄像机、照相机、计算机、手机、掌上电脑、路由器、交换机等。随着电子技术的飞速发展,电子物证的提交形式将会更加多样。

3. 数据易变性

存在于电子物证中的电子数据一经生成会客观真实地记录案件事实情况,但由于电子数据自身的一些特点,如易破坏性、易复制性、时限性、易传播性等特点,导致数据极易发生变化,所以需要作好封存和固定工作。另外也会受到环境的影响导致数据发生变化。所以对电子物证的保存需要做到防磁、防静电、防震等。

4. 存在的广域性

电子物证因行为人使用的网络不同或目的不同而使得电子数据会同时存在于不同的电子设备、存储介质或网络环境中。基于电子物证的这一特性,收集和固定电子物证活动将常常不局限于一个地点、一个地区、一个国家。

1.4.4 电子物证的封存方法

电子物证的封存方法如下。

（1）采用的封存方法应当保证在不解除封存状态的情况下,无法使用被封存的电子物证。

（2）封存前后应当拍摄被封存电子物证的照片并制作《封存电子物证清单》,照片应当从各个角度反映设备封存前后的状况,清晰反映封口或张贴封条处的状况。

1.4.5 电子物证的固定方法

电子物证的固定方法如下。

（1）完整性校验方法。是指计算电子数据和存储媒介的完整性校验值,并制作、填写

《固定电子数据清单》。

(2) 备份方法。是指复制、制作原始存储媒介的备份,并按照上述所说的封存电子物证的方法进行封存。

(3) 封存方法。对于无法计算存储媒介完整性校验值或制作备份的情形,应当按照上述所说的封存电子物证的方法封存,并在勘验、检查笔录上注明不计算完整性校验值或制作备份的理由。

1.5 电子物证检验

在1.3节中介绍了关于现场电子数据取证的概念和原则,其中电子数据取证中所涉及的现场勘验检查和远程勘验主要是在线地对现场或远程的电子数据进行的保护、收集、固定、保存和运输,而其他大量的与案件相关的电子数据需要通过公安司法鉴定机构进行检验和鉴定,即电子物证检验,它也是电子数据取证的一部分。

在本书中所涉及的主要是电子物证检验与分析方法。

1.5.1 什么是电子物证检验

电子物证检验是指公安司法鉴定机构的电子数据鉴定人员按照技术规程,运用专业知识、仪器设备和技术方法,对受理委托鉴定的检材进行检查、验证、鉴别、判定,并出具检验鉴定意见的过程。

公安司法鉴定机构从事电子数据鉴定的人员,必须经过公安司法部门所组织的有关考试、考核,并取得公安司法部门颁发的《电子数据鉴定人资格证书》方可从事电子物证检验工作。

电子物证检验过程分为四个阶段:提取数据、检验数据、分析数据并得出结果、形成鉴定文书。

1.5.2 电子物证检验的基本原则

为了保证电子数据的法律有效性,在电子物证检验过程中,要遵循下面的基本原则。

(1) 不要对原始数据进行直接分析。由于证据必须要求原始性,所以,检验技术的关键是要在不破坏原始介质的前提下,对所获取的数据进行分析,从而提取出有效的证据。因此,在进行检验分析前,必须对原始证据进行保全备份,然后对这个备份的介质或文件进行分析。

(2) 检验分析数据的计算机系统及辅助软件必须保证安全、可信。如果不能保证分析数据的主机及使用的辅助软件安全可信,那么由此得出的证据无法做到可信。

(3) 分析前对数据进行签名。因为电子数据很容易被更改、破坏,为了说明获取数据的原始性,必须对原始数据进行数字签名,每做一个分析操作,都要生成数据签名,以和分析前的比较,看是否有改变,这样就保证了获取证据的可信性。

(4) 必须对检验过程中计算机系统的原始状态、周围环境、分析时的方法、具体操作、产生的结果等进行详细描述和记录,并将文件归档,这些文件必须注明人员的姓名、操作时间、地点等附加说明,这些文件可证明在分析过程中,数据没有被破坏、更改,是获取电子数据具有法律效力的必备条件。

(5) 必须对进行检验的检材做好防水、防磁、防静电、防振保护,交接要有记录。对获取的电子数据必须妥善保存,制作电子数据的哈希值,以保证电子数据的真实性、有效性和完整性。

1.5.3 电子物证检验的常用技术和工具

电子物证检验中所使用的技术和工具很多,而且随着时间的推移发展的速度也会更快,本节主要介绍目前常用的技术和工具。

1. 保全备份技术及工具

电子数据或存储介质的保全备份,是电子物证检验中最重要的一个环节,也是保证电子数据有效性的最重要技术。在进行检验之前,必须对被检验的存储介质或文件进行完整、精确的无损备份,它可以是硬件克隆也可以通过软件制作镜像文件。

常用的保全备份工具有软件制作镜像文件,如 Linux 操作系统的 dd 命令,EnCase、Forensic ToolKit、SafeBack、NTI 等软件的制作证据文件功能;硬件克隆常用的设备,如 The Forensic Dossier、DC8201、Image MASSter Solo-IV 等。

2. 数据擦除技术及工具

为了使用于制作保全备份的目标磁盘不被数据污染,在制作保全备份之前,必须对目标磁盘进行数据擦除。所有制作保全备份的工具均可进行数据擦除。

3. 数据恢复技术及工具

在电子物证检验过程中,经常需要通过数据恢复技术对被删除的文件、格式化的磁盘、访问过的网页等进行数据恢复,恢复的效果取决于删除或格式化后再次存放数据的多少和位置。

常用的数据恢复工具有 FinalData、EasyRecovery、FileRecovery、PhotoRecovery、EnCase、Forensic ToolKit、GetFree、R-Studio 等。

4. 数据搜索技术及工具

在海量的存储介质中,要找到需要的信息并不是一件容易的事,通常采用的方法就是数据搜索技术。数据搜索是指对电子物证中的电子数据按照已知的内容或关键字进行搜索。该搜索技术不但可以对文件进行搜索,还可以对磁盘上的文件残留数据、磁盘空闲空间、磁盘备份文件、镜像文件、交换文件等进行搜索。

常用的数据搜索工具有 EnCase、Forensic ToolKit、X-Ways Forensic、操作系统提供的资源管理器等。

5. 密码破解技术及工具

电子物证检验过程中,若遇到与案件相关的文件、聊天记录、电子邮箱等有密码时,即需要使用密码破解技术对其进行解密。

常用的密码破解工具有 EnCase、Forensic ToolKit、X-Ways Forensic、Advanced IE Password Recovery、Advanced Office XP Password Recovery、Advanced PDF Password Recovery Pro、Advanced Archive Password Recovery 等。

6. 文件一致性检验技术及工具

电子物证检验过程中,用于检验鉴定两个文件内容是否完全一致时使用此项技术。主要方法就是计算两个文件的哈希值,若两件文件的哈希值相等,则可断定两个文件的内容完全相同。

常用的文件一致性检验工具有 EnCase、Forensic Toolkit、X-Ways Forensic、MD5SUM 等。

1.5.4 电子物证检验的难点及有利因素

由于电子数据的一些特点,导致电子物证检验具有一定的难度,但同时也为电子物证检验带来了有利因素。

1. 电子物证检验的难点

由于电子数据具有表现形式多样性与复杂性、依赖介质性与无形性、易破坏性易复制性、时限性、易传播性等特点,为电子物证检验工作带来了一定的难度。主要表现如下:

(1) 需要随时跟踪最新技术。电子技术和电子设备发展速度极快且受市场驱动,电子物证检验技术必须及时跟随发展。

(2) 电子数据极易损坏。在检验中很可能因为不适当的处置或检验而改变、损坏电子数据。

(3) 电子物证检验有时也需进行现场的在线检验,从而增加了检验的难度。

(4) 电子物证检验检材性质和状况差异较大。这是因为市场上电子设备有多种操作系统、不同存储方式和各种应用程序。每个检材需要的检验方法和技术条件也不同。

(5) 电子物证的检验更加依赖于案件侦查的情况。电子物证检验的检材可能含有大量信息,常常需要根据案件调查掌握的情况决定检验查找信息的方式和关键词语,有针对性地查找出与案件相关的、有证据价值的信息。

(6) 由于电子数据极易复制和修改,电子物证检验的电子数据的真实性更加容易受到置疑。

2. 电子物证检验的有利因素

电子物证检验的有利因素主要表现为如下几点。

(1) 当完全"消除"电子数据时,其拷贝可能在别的地方存在。

(2) 完全消除证据相对困难,即使从磁盘上"删除",也可以通过工具进行"恢复"。

(3) 通过计算哈希值等办法可以检验电子数据是否被修改或破坏。

(4) 可以精确地复制,复制证据可以与原证据完全相同,检验时可以对复制证据进行检验,避免了对原证据损坏的危险。

习题 1

1. 什么是证据？《刑事诉讼法》中规定的八种证据类型是什么？
2. 证据的三个法律特征是什么？
3. 什么是计算机证据？什么是数字证据？什么是电子证据？
4. 什么是电子数据？电子数据定义的含义是什么？
5. 电子数据的特点是什么？
6. 电子设备和存储介质的封存方法有哪些？
7. 存储介质和电子数据的固定方法是什么？
8. 电子数据取证主要包括哪几个方面？
9. 什么是电子物证检验？电子物证检验的基本原则是什么？
10. 电子物证检验有哪些有利因素和难点？

第 2 章 电子物证检验与分析基本过程

电子物证检验与分析的过程中,检验人员要严格按照国家标准、行业标准或操作规范要求进行检验,以保证检验结果的客观、公正。本章主要介绍电子物证检验与分析的基本过程,从电子物证检验与分析的对象与应具备的条件入手,重点介绍电子物证检验与分析的规范流程、注意事项等。

2.1 电子物证检验与分析的对象

据统计,美国 FBI 处理的案件中 50% 涉及至少一种电子物证检验与分析,通常电子物证检验与分析的结论中 12% 提供证据,85% 提供线索,还有 3% 是无结论的。电子物证检验与分析的对象是各种电子设备或存储介质。这些电子设备或存储介质作为检验对象可能有四种原因:它们被作为犯罪活动的工具;它们是犯罪活动侵害的目标;它们是犯罪活动的赃物;它们保存记录了与犯罪活动相关的电子信息。检验这些电子设备中或存储介质中的电子数据,有可能找到能够证明它们与犯罪活动相关联的证据,或找到能够说明犯罪活动事实的依据。

电子数据可以广泛地存在于各种电子设备或存储介质中。对电子数据存在的环境进行分类,可以分为计算机单机系统、计算机网络系统和其他电子设备三种。

2.1.1 单机系统中的电子数据

单机系统中的电子数据主要存储在包括计算机硬盘、内存及其他存储介质中。其他存储介质包括可移动硬盘、U 盘、各类软盘、磁带、光盘(CD/DVD)、各种存储卡(CF 卡、MMC 卡、SD 卡、记忆棒系列、XD 图像卡、SM 卡)等,如图 2-1 所示。

图 2-1 主要存储介质

在电子物证检验与分析的各种对象中计算机硬盘与其他存储介质占据检验与分析对

象的绝大多数，内存数据因为其断电后信息丢失需要在现场阶段就进行检验与分析。

计算机硬盘作为计算机的外部存储设备存储大量信息，是电子物证检验与分析的一个重要对象。在硬盘中主要存储两类数据，一类是计算机自动创建的文件，如备份文件、日志文件、配置文件、浏览记录、交换文件、系统文件、被删除文件、注册表、各种临时文件等，这些信息对提供证据或线索意义重大。另一类是计算机硬盘中存储的由用户建立的各种文档，如Office办公文档、图片、音频、视频、数据库文件、应用程序及其源代码等，这一类文件也是检验与分析的重点，不同案件所要分析的内容各有不同，例如伪造证件、印章案件的检验主要分析用户创建的与证件、印章有关的图片，利用黑客程序进行违法犯罪活动主要检验用户使用的应用程序及其源代码以及上网记录。此外在计算机硬盘的检验与分析的过程中会遇到各种受密码保护的文件及隐藏文件、采用超强加密软件TrueCrypt加密等情况，这对于检验与分析是极大的挑战。

其他存储介质包括可移动硬盘、U盘、各类软盘、磁带、光盘、各种存储卡（CF卡、MMC卡、SD卡、记忆棒系列、XD图像卡、SM卡）。这些存储设备主要存储用户创建的各类文档，如Office办公文档、图片、音频、视频、数据库文件、应用程序及其源代码等。

2.1.2　网络系统中的电子数据

电子数据具有易传播性，可在非常短的时间内通过计算机的网络设备将大量电子数据传播到网络的各个角落。因此，计算机网络设备中可能包含大量的电子数据，这些设备有调制解调器、网卡、集线器、交换机、路由器以及各种网络接口设备等，如图2-2所示。

图2-2　路由器、交换机

路由器中主要包括用户登录信息、路由器的正常运行时间、路由器的端口开放信息、路由器配置、路由表信息、接口配置信息、ARP缓存信息等。

交换机中主要包括流缓存条目、MAC地址表等。

从网络体系结构上分，这些电子数据主要集中存储在计算机网络的应用层、传输层、网络层、数据链路层和物理层上。主要存储如访问的历史记录、电子邮件、聊天记录、各种账号、网友列表、各类源IP地址和目标IP地址等。

2.1.3　其他电子设备中的电子数据

虽然电子数据主要存储在计算机及其网络中，但其他电子设备中同样也会包含大量的电子数据，这些设备有：

（1）数码相机及各种摄像、视频采集、可视电话设备：这些设备中可能会留有数码相片、视频、摄制的时间等内容。

（2）便携电子设备：包括PDA即掌上电脑、电子记事本等，其中可能包含地址、密码、计划表、电话号码本、个人档案、声音等内容。

(3) 手机：普通手机可能包含电话本、短消息、通话记录等内容，智能手机可以包括用户创建的各种文档，如文本、图片、音频、视频、上网记录及聊天信息等。

(4) 读卡机：有些读卡机中可能存有银行卡的卡号、有效期、用户姓名、用户地址等内容。

(5) 打印机：包括各种激光、喷墨、热敏、针式等打印机。目前很多打印机都设有缓存装置，打印时可以接收并存储很多页文档内容，有的打印机甚至还带有硬盘装置，其中可能有打印文档的内容、时间、网络身份识别、使用日志等内容。

(6) 扫描仪：扫描仪设有缓存设备，可能存储有关的文档内容。

(7) 复印机：一些复印机带有缓存设备，在这些设备中可能存有复印文档、用户使用日志、时间信息等内容。

(8) 自动应答设备：如具有留言功能的电话机，可能存留言的时间和留言录音，还可能存储打电话人的身份信息、电子号码，甚至打电话人姓名、被删除的信息、近期电话通信记录等内容。

(9) 传真机：可能存有预先设置的电话号码、传送和接收的历史记录等内容。

此外各种工控设备与电磁辐射中（显示器辐射、通信线路辐射、主机辐射、其他输出设备辐射）获取的数据也常常是电子物证检验与分析的对象。

2.2 电子物证检验与分析条件

在开展电子物证检验与分析工作时，要严格保证人员条件和实验室条件，使得该项工作能够顺利有效地进行。

2.2.1 电子物证检验与分析人员条件

从事电子物证检验与分析的人员，应该具有从事电子物证检验与分析所需的专业知识和工作经验，经过公安司法部门的专业培训并考试合格，取得公安司法部门颁发的《电子数据鉴定人资格证书》后方可从事电子物证检验与分析工作。另外，根据检验鉴定需要，也可以聘请相关学科的专业人员参与电子物证检验与分析工作，但需要与公安司法部门签订保密协议。

电子物证检验与分析人员应具有良好的职业道德，应当依法独立、客观、公正地进行鉴定，并对自己作出的检验鉴定结论负责。电子物证检验与分析人员应当保守在检验过程中知悉的国家秘密、商业秘密，不得泄露个人隐私。同时在检验活动中应当依照有关诉讼法律规定实行回避，经人民法院依法通知，应当出庭作证，回答与鉴定事项有关的问题。

2.2.2 电子物证检验与分析实验室条件

1. 环境条件

实验室的设施、检验场地及能源、照明、通风、温度湿度应满足检验需要。对可能影响检验结果的各种因素如电磁干扰、电源电压波动、噪声及其他强烈的震动要给予足够的重视,在相邻区域内的工作相互之间有不利影响时,应采取隔离措施。实验室应配置停电、防火等应急设施。对进入实验室的人员应有明确的控制和限制。电子物证检验与分析实验室,如图2-3所示,内部分区要明确,分为设取证/获取区、数据恢复区、鉴定分析区、中心设备区、卷宗介质保存区等。

图2-3　电子物证检验与分析实验室

2. 实验室的设备条件

实验室应配备的基本设备包括计算机、打印机、网络设备、扫描设备、数码相机、光盘刻录设备、局域网、各种类型的接口设备、读卡器、碎纸机、复印机等。

除了上述基本设备以外还需要配备用于电子物证检验与分析的专业的设备,主要有:

(1) 硬盘复制设备,如图2-4所示。新型的硬盘复制设备除具备硬盘复制功能外,还能实现哈希值校验、制作硬盘DD Image镜像文件等操作。还可实现在不拆卸被调查计算机硬盘的情况下,利用光盘或U盘启动对方计算机或直接进入系统进行硬盘复制。

图2-4　硬盘复制设备

(2) 只读锁。只读锁从硬件层阻止了写入通道,能有效保护存储介质中的数据在获取以及分析过程中不会被修改,从而保证司法有效性与数据完整性。

(3) 数据擦除设备。它可以彻底地擦除存储介质(如USB存储设备、数码存储卡、IDE硬盘、SATA硬盘等)中的数据,防止因电子数据被恢复而造成信息泄露和用于复制的目标盘与源盘之间的数据污染。

(4) 动态仿真设备。针对目标硬盘动态取证需求的取证系列产品。系统采用虚拟仿真技术可实现脱离目标计算机硬件的依赖,只需获取目标硬盘就能重现完整的、可运行的目标操作系统,仿真运行的目标操作系统与原系统具有完全一致的权限和用户环境,是服务器调查、数据库调查、木马程序调查的理想工具。

(5) 密码解析设备。可以快速解密调查取证工作中遇到的各种加密硬盘。硬盘解密采用了替换固件的方式,解密速度快,其中一些型号的硬盘还可以实现"无损"解密,解密后的硬盘可以恢复最初的加密密码。设备采用便携式设计,方便各种现场的解密复制工作。

(6) 专用机/综合勘查平台,如图 2-5 所示。可以实现证据只读、高速硬盘复制、快速镜像、万兆网络镜像、高速并行分析、全方位信息显示阵列支持等功能。

图 2-5　专用机/综合勘查平台

(7) 手机取证设备。用于手机数据提取和恢复并进行深度分析及数据检索的调查取证设备,能支持大多数智能机系统,支持多种国内外手机品牌和山寨机,支持已删除数据恢复,支持多种应用程序痕迹记录解析,包括 QQ、微信、移动飞信、MSN、上网记录、邮箱等信息的解析和提取。支持手机机身、扩展卡等存储的通讯录、通话记录、短信等信息的提取与关联。

电子物证检验与分析的设备应明确标识设备状态是良好还是有缺陷,同时要妥善保存仪器设备的技术资料,包括设备名称、型号、序列号、购买日期、启用日期、放置地点、仪器设备接收时的状态及验收记录、设备损坏或故障维修记录。

3. 用于检验与分析的软件条件

为了使电子物证检验与分析工作能够顺利并高效地开展,对软件有着很高的要求。首先各种操作系统、系统软件、工具软件应是正版软件或经过权威部门认证,软件的全部技术资料应建档妥善保存。用于检验与分析的软件主要有:

(1) 操作系统。Windows/98/2000/XP/Vista/7/8、UNIX、Linux 等。

(2) 保全备份工具。Linux 操作系统的 DD 命令、EnCase、Forensic ToolKit、SafeBack、NTI 等软件工具。

(3) 文件有效性检验工具。EnCase、Forensic ToolKit、X-Ways Forensic、NTI、MD5 等。

(4) 文件浏览器。Quick View Plus、DataViz、ThumbsPlus 等软件。

(5) 硬盘检验工具。PC-3000、Winhex(硬盘分区浏览工具,用于检测硬盘的分区结构)。

（6）数据恢复工具。FinalData、EasyRecovery、FileRecovery、PhotoRecovery、GetFree、R-studio 等。

（7）常用应用软件及开发工具。办公软件（Office、WPS 等），图像处理软件（Photoshop、CorelDRAW）等、程序开发工具（Visual Basic、Visual C++、C++ 等），数据库软件（SQL Server、Oracle、MySQL 等），各种病毒检测软件等。

（8）取证软件：EnCase、Forensic ToolKit、X-Ways Forensic、取证大师等。

（9）其他：虚拟机（VMware）、网络抓包工具（Sniffer、Wireshark）等。

4. 实验室管理

实验室是电子物证检验与分析的重要场所，必须有专门的人员进行管理，管理人员（或技术主管）具有履行其职责所需的权利，其职责是制定相关的措施和案件检验流程，保证案件的检验人员在任何情况下能够独立、科学、客观、公正地办案；对案件检验的结论进行审核与监督；对实验室中的设备、组织、有关人员进行调整和校准。

2.3 电子物证检验与分析过程

电子物证检验与分析的整个过程主要包括案件受理、检材的保存及处理、检验与分析、相关文书的形成与签发、出庭等。

2.3.1 案件受理

案件的受理采取程序受理与技术受理相结合的方式。电子物证检验与分析的管理部门对委托鉴定的案件进行程序审核，案件的检验鉴定部门对委托鉴定的案件进行技术审核，符合规定的应予受理。

1. 程序审核

鉴定委托单位送检时应当向电子物证检验与分析鉴定机构提交下列材料。

1）鉴定委托书

《鉴定委托书》应当包括委托鉴定单位，送检人姓名、职务、证件名称及号码、联系电话，委托时间，检验鉴定机构名称，送检的检材的名称、数量、特征，检材的来源、封存固定记录等其他说明信息，委托鉴定单位的鉴定要求和诚信声明。提出复核鉴定或者重新鉴定的，应当附带原鉴定书。鉴定委托书样张如表 2-1 所示。

2）委托鉴定的检材

委托鉴定的存储介质应当是复制原始存储介质得到的备份存储介质。因特殊原因，委托鉴定的检材是原始存储介质或原始电子设备的，委托单位应当提供相应的《固定电子证据清单》和《封存电子证据清单》。委托单位未对原始存储介质或原始电子设备进行封存或固定的，应当在《委托鉴定检材清单》中注明。委托单位已使用过委托鉴定的原始存储介质和电子设备的，应当介绍使用的情况，并提交相应的《原始证据使用记录》。

表 2-1 鉴定委托书

鉴定委托书

编号：[ ]第 号

委托鉴定单位				委托时间	
送检人	姓　名		职务		证件名称及号码	
	姓　名		职务		证件名称及号码	
	通信地址			邮政编码	
	联系电话			传真号码	
鉴定机构名称					
案（事）件名称				案件编号	
案（事）件简要情况	
原鉴定情况	
送检的检材和样本情况	
委托鉴定单位的鉴定要求和诚信声明	负责人签字：　　　　　　　　　　　　　（单位印章）　　年　月　日

3）证明送检人身份的有效证件

送检人员应提供能够证明送检人身份的有效证件（如身份证、警官证、律师证等）和送检单位的介绍信。

4）鉴定人要求提供的与鉴定有关的其他材料。

2. 技术审核

案件的检验鉴定部门应了解与案件有关的情况，并对照鉴定委托书所填写的内容，对送检的检材等逐一核对、清点,审核鉴定要求是否超出本部门的技术条件和鉴定能力。

3. 鉴定单位与委托单位签订鉴定协议

经审核具备检验鉴定条件后,鉴定单位与委托鉴定单位签订鉴定协议。即由委托单位送检人员在鉴定单位填写好《鉴定受理登记表》,如表 2-2 所示,并在相应的位置上签字,共一式三份送交鉴定机构的管理部门签字盖章,其中一份作为回执交委托单位,一份交鉴定管理部门存档,一份交鉴定单位保存备查。此项工作为必选项。

表 2-2　鉴定受理登记表

鉴定受理登记表

受理号:

声明:1. 送检人应忠于事实真相,送检的材料真实。如有虚假,愿意承担全部法律责任。
　　　2. 本中心对所送检材及样本自鉴定文书发出之日起保存六个月,逾期未取,视为放弃!

签字:

受理日期	年　月　日	收案人	
委托单位			
通信地址		邮政编码	
送 检 人	证件号码	联系电话	
案　　由			
简要案情			
鉴定要求			

原鉴定情况(原鉴定单位及结论)

重新鉴定理由

备　注	是否同意破坏或损耗样品: □同意　　　　　　　　　　□不同意 剩余样品处理: □送检后带回　　　　　　　□取鉴定书时带回 □与检验报告一起邮寄　　　□存放鉴定单位 送检人签名

续表

受理号：					
送检(补充)检材和样本					
检材和样本名称	包装和性状	数量	不予使用（送检人确认）	检材和样本编号	备注
检材和样本受理人签名		日 期		年 月 日	

检材和样本移交情况记录

检材和样本编号	检材和样本变化情况	移交人	接收人	交接时间	备注
				月 日	
				月 日	
				月 日	
				月 日	
				月 日	
				月 日	
				月 日	

鉴定文书发还情况	年 月 日		收费情况		元
退案理由					
	退案人签名	授权签字人签名		退案时间	年 月 日

本表一式三份，第一联随卷，第二联返委托单位，第三联存管理单位

4. 不予受理案件

若具有下面情况之一的可以不予受理：委托事项超出本机构司法鉴定业务范围的；鉴定材料不真实、不完整、不充分或者取得方式不合法的；鉴定事项的用途不合法或者违

背社会公德的,鉴定要求超出本机构技术条件和鉴定能力的;其他不符合法律、法规、规章规定情形的。若因不符合受理范围或缺少必要的证明文件等原因不能进行鉴定的,原则上不开具《不予受理函》,因技术上原因不能进行鉴定的,由鉴定单位报请管理部门开具《不予受理函》。具体样式如表2-3所示。

表2-3 不予受理函

不予受理函	
	编号:(20)第 号
_____：	
你单位_____同志于____年__月__日送来_____案件有关检材:_____。要求对_____进行检验。由于_____原因,不具备检验条件,不予受理。所送材料全部退还。	
特此函告	
	年　月　日

2.3.2 检材的保存及处理

送检材料实行谁鉴定谁保管的原则。受理过程中,要认真清点,并填入《鉴定受理登记表》附表《送检(补充)检材和样本》记录表中,此记录表待鉴定工作结束后,一份报鉴定管理部门与其他档案材料一并存档,另一份交委托单位带回,剩余一份留鉴定单位保存备查。按检材、比对样本的登记编号,在检材、比对样本封装袋上做好标记,保证检材、比对样本不致混淆、污染。

鉴定部门应设置专用的送检材料保管器具,保管器具必须设锁,有条件的应设专用的物证保管室。鉴定工作完成后,送检材料退还委托单位,由专人取走的应在案件受理登记表中送检材料处理情况中签名。应委托单位请求,鉴定单位可对送检材料暂时保存,但保存期限一般不超过6个月。对于废弃、超期保存的送检材料,书面通知送检单位,无反馈意见的,鉴定部门可进行销毁。

2.3.3 检验与分析

在电子物证检验与分析过程中,检验人员要严格按照国家标准、行业标准及操作规范要求进行检验。具体步骤如下。

(1) 检材和样本编号

对送检的检材和样本按"收案号+序号"进行编号。

(2) 检材及样品拍照

将送检的检材及样本逐一拍照记录。

(3) 检材及样品保全备份

原则上应将送检的检材及样本进行完整数据保全备份,保全备份可以通过硬件复制或通过软件复制工具实现。

(4) 数据检验

① 将检材(若已保全备份,使用保全备份的存储设备)接到电子物证检验工作站只读接口。

② 根据检验要求选择相应的检验方法进行检验。

(5) 将检验结果数据文件拷贝到检验专用的存储介质中

(6) 检出数据刻录

① 将检验出的数据刻录在 CD-R 或 DVD-R、DVD+R 空白光盘上,要采用封盘刻录。

② 对该光盘进行编号,编号格式为"ssssssss-v",其中 ssssssss 代表收案号,v 代表光盘序号。

③ 贴上盘签。

(7) 出具检验与分析的文书

根据电子物证检验与分析的结论选择出具鉴定书、检验报告、检验意见书。

① 鉴定书。对送检的检材,依据送检要求,经技术检验后,能够得出认定或否定的明确结论。

② 检验报告。对送检的检材,依据送检要求,经技术检验后,只给检出内容,不作主观评价。

③ 检验意见书。对送检的检材,依据送检要求,经技术检验后,不能得出明确结论,但可以包含检验人员的分析意见和主观评价。

说明:鉴定书、检验报告、检验意见书都是电子物证检验与分析的鉴定文书,是一种法定的证据形式。鉴定书由于具有明确的鉴定结论,容易被法庭采信。检验报告和检验意见书,其证据的证明力虽不如鉴定书,但可以为侦查提供方向。

(8) 填写检验与分析阶段需记录的内容

填写实验室《鉴定管理流程表》,如表 2-4 所示。《鉴定管理流程表》主要用于记录被检样品鉴定、检验状态,参检人员、检验与分析工作进行情况等信息。

认真填写实验室环境记录、设备使用记录、检验过程记录。

(9) 检验鉴定的类型

① 初次鉴定:司法鉴定机构接受委托后,由司法鉴定机构指定的司法鉴定人或者由委托人申请并经司法鉴定机构同意的司法鉴定人完成委托事项。

② 补充鉴定:发现新的相关鉴定材料或原鉴定项目有遗漏,司法鉴定机构可以接受委托,进行补充鉴定。

③ 重新鉴定:有下列情形之一的,司法鉴定机构可以接受委托,进行重新鉴定:

- 司法鉴定机构、司法鉴定人超越司法鉴定业务范围或者执业类别进行鉴定的。
- 送检的材料虚假或者失实的。
- 原鉴定使用的标准、方法或者仪器设备不当,导致原鉴定结论不科学、不准确的。
- 原鉴定结论与其他证据有矛盾的。
- 原司法鉴定人应当回避而没有回避的。
- 原司法鉴定人因过错出具错误鉴定结论的。

表 2-4　鉴定管理流程表

鉴定管理流程表

案件受理号		受理日期	
案件名称		鉴定项目	
介质制作人			年　月　日
检验、分析人			年　月　日
复核人			年　月　日
案件签发人			年　月　日
案卷材料返还			年　月　日
备　　注			

④ 复核鉴定：对鉴定结论有异议需进行复核鉴定的，其他资质较高司法鉴定机构可以接受委托，进行复核鉴定。复核鉴定除需提交鉴定材料外，还应提交原司法鉴定文书。

(10) 检验与分析中要注意的事项

① 对送检的检材，如硬盘、U 盘等存储介质，需用专用的设备或软件进行保全备份，以便保持原始电子信息的完整性。

② 检验与分析工作必须在专用的实验室内进行，需要外单位协作或使用外单位设备的，需要鉴定管理部门同意、主管领导批准。

③ 检验与分析过程要有详细的书面记录。记录内容应包括检验的环境，使用的检验方法，实验数据及检验结果等。提供一套完整的取证流程监管系统，它会详细记录取证人

员分析取证的全过程,并且可以形成完整的流程监管报告。

④ 检验与分析工作实行两人鉴定制度,出具的鉴定文书需两名或两名以上人员签字有效。

⑤ 对于鉴定意见不一致的案件,检验与分析部门的技术负责人应组织有关人员进行检验和讨论,仍不能形成统一意见时,原则上不出具鉴定文书。如案件需要,可经主管领导批准组织会检。

2.3.4 鉴定文书的形成与签发

完成对电子物证的检验鉴定后,鉴定人员应提供一份完整的、成文的证据链分析报告,即鉴定文书。该文书包括检验鉴定人员提供的分析结果、鉴定流程及使用的设备(软件、硬件)等详细描述。通常电子物证鉴定文书的容量较大,要求的报告形式也多种多样,可能包括图片、声音、影像等。因此,除提供纸页式的鉴定报告外,还会将大量数据资料作为附件存放在光盘之中。

1. 鉴定文书的形成

(1) 决定受理的案件,经检验鉴定和审批审核后,鉴定人应及时制作鉴定文书(需要注意的是不具备鉴定人资格的人员不能出具鉴定文书)。

(2) 鉴定文书主要内容包括委托单位,写明委托单位的全称;送检人,写明送检人姓名;送检时间,写明检材送达时间;简要案情,写明案件的基本情况;送检材料,写明送检材料的名称、提取时间、数量、包装及其他必要的描述;检验鉴定要求,写明送检单位要解决的问题;检验,写明技术检验过程及实验结果;论证,写明对实验结果进行综合评断及得出鉴定结论的科学依据,不需进行综合评断时可省略;鉴定人签名,在鉴定文书结尾的技术职务、姓名处,由鉴定人用黑色签字笔或钢笔签名。

(3) 鉴定文书审批完成后进行打印,经鉴定人校对无误后,加盖物证鉴定专用章,并用专用封面装订。

(4) 鉴定文书一式三份,一份交委托单位,另两份由鉴定单位和管理部门存档。

2. 鉴定文书的签发

(1) 授权签字人认真审核鉴定文书及相关材料。

(2) 检材、比对样本处理情况填写检材、样本登记表,并请委托单位人员签名。

(3)《鉴定文书审批单》"授权签字人审批"栏目以上各项由鉴定单位填写,并与其他鉴定材料一并上报鉴定机构管理部门。《鉴定文书审批单》如表 2-5 所示。

(4) 鉴定单位清点鉴定文书并填写备考表后上报鉴定管理部门审批,备考表如表 2-6 所示。

(5) 鉴定管理部门签发鉴定书。签发人员审核鉴定文书是否符合规定要求,辅助材料是否齐全。审核是否有授权签字人,相关负责人签字。签发鉴定文书,并作好鉴定文书及辅助材料存档。

表 2-5　鉴定文书审批单

鉴定文书审批单

鉴定受理号：

主送单位			
抄送单位			
主办单位		拟稿人	
发文数量		提交审批时间	
附　件	介绍信　□　鉴定受理登记表　□　检验记录　□ 全貌照片　□　检材样本复印件　□　检验图表　□ 其他：		
发文形式	鉴定书□　　检验报告□　　检验意见书□		
鉴定文书编号			
授权签字人审批	认可项目□　　非认可项目□		年　月　日
程序审核人审核			年　月　日
中心领导审批			年　月　日
备　注			

表 2-6　备考表

鉴定书编号：

本卷情况说明：
　　本卷包括：
　　　　文字材料_____页
　　　　复制材料_____张
　　　　其　他_____页
立卷人：_____（签字）　　　　　　　　　　　　年　月　日
检查人：_____（签字）　　　　　　　　　　　　年　月　日

2.3.5　出庭

出庭是鉴定人员的法律义务，鉴定人员在接到人民法院的出庭通知书后，无特殊情况的，均应按时出庭。若因工作或身体等原因不能按时出庭的，由本人向有关管理部门说明情况，经批准后，由管理部门告知法庭。

鉴定人员出庭仅限回答与鉴定有关的技术问题,不应回答涉及国家机密或商业机密、涉及个人隐私、保密性技术手段等问题。陈述内容要客观准确,与鉴定文书内容一致。

2.4 影响电子物证检验与分析结果的因素

电子物证检验与分析人员在检验过程中,要牢固树立法律意识、证据意识和程序意识,以保证检验结果的有效性。通常影响电子物证检验与分析结果的因素有如下几个方面。

(1) 检验人员的技术水平对检验结果的影响:检验人员必须具有扎实的基础理论知识,熟悉检验方法和操作规程。任何不正确的操作很可能对电子数据造成永久的破坏。所以检验人员应通过一定的专业技术培训,并获得相应的鉴定资格。

(2) 检验方法对检验结果的影响:检验方法对检验结果起着至关重要的作用。对于同一案件,检验方法不同,检验结果可能会有明显的差别。为此,对于使用的各种检验方法,应进行认证,包括检验方法适用的范围、检验条件、适用的检验环境等,以最大限度地提高检验质量,保证检验结果准确可靠。

(3) 检验步骤对检验结果的影响:在检验过程中,有时需要多个工具进行检验。科学合理地设立检验程序,可以提高检验质量。在检验时,必须严格按照规定的检验步骤一步一步地进行。保证同一案件由不同的检验人员进行检验时,得出的检验结果相同。

电子物证检验与分析工作需要相关人员严格按照规程操作,要有高度的责任心,分析过程中要严格按照检验的内容进行客观、准确地分析。

习题 2

1. 单机系统中的电子数据主要包括哪些内容?
2. 具备什么条件才可以拥有电子数据鉴定资格?
3. 影响电子物证检验与分析结果的因素有哪些?
4. 如果有一起网络钓鱼案件(犯罪嫌疑人租用空间,利用假网页冒充快递公司,受害者提交快递需求表单时填写的信息会将银行卡账号、密码等敏感信息填入),需要对服务器进行检验,在填写《鉴定受理登记表》中的鉴定要求一项时应如何描述?
5. 鉴定文书主要包括哪些内容?

第 3 章　制作电子数据的保全备份

在开展电子物证检验和分析之前,需要制作存储介质的保全备份。本章主要介绍存储介质的擦除、制作保全备份、数据完整性校验方法。

存储介质的擦除

存储介质的擦除是指通过相关的磁盘数据擦除技术及磁盘数据擦除工具,将磁盘上的数据彻底删除,无法恢复。

在进行存储介质的保全备份之前,需要对准备用于克隆方式制作保全备份所需的目标盘进行数据擦除,目的是避免目标盘中原有的数据与检材中的数据混在一起导致保全备份被污染。

3.1.1　存储介质的擦除标准

关于磁盘数据擦除无论是国外还是国内均有标准,其中各国的擦除标准如表 3-1 所示。最初该技术和标准主要是用于防止涉密数据泄露而采取的数据销毁工作,目前在我国应用最广的是美国国防部涉密数据销毁标准 Department of Defense(DOD) 5220.22M、US DoD 5220.22-M ECE 以及中华人民共和国国家保密局 BMB21-2007 标准。美国国防部 DoD 5220.22M 标准规定了清除存储器上的信息时,要往可存储器可寻址单元写入三次单个字符,第一次写入固定值 0xFF,接着写入固定值 0x77,最后写入随机数,通过三次数据覆盖,达到清除存储器上的信息数据的目的。DoD5220.22M 标准为清除与销毁方法参考矩阵提出了彻底销毁资料的方法,值得注意的是,从 2007 年 11 月起,数据覆盖的方式不再列为资料销毁手段,仅为清除手段。因为理论上,要彻底清除文件,必须反复覆盖数据 7 次以上,而根据 DoD 5220.22M 标准执行三次覆盖的磁盘,其后来覆盖上去的信号强度不会使存储媒介达到饱和的磁化状态,此时的信号强度还受到以前信号的影响,用当前的信号强度减去标准值就能得到被覆盖数据的副本。同时,因为每一次覆盖,磁头读写的位置不可能完全一样,因此覆盖不是百分之百的完全覆盖,这导致留在其上的影子数据仍可被还原。所以 US DoD 5220.22-M ECE 标准规定数据擦除次数为 7 次。根据中华人民共和国国家保密局 BMB21-2007 标准的要求,要擦除存储介质,必须达到数据无法还原的目的,因此 BMB21-2007 标准在使用覆盖方式来擦除存储介质数据时,要求覆盖次数达到 6 次以上,能够确保数据完全擦除。在实际使用过程中,两种标准都被经常用到,事实也证明了两种标准的有效性,在普通环境中,经过一次覆写,就能起到很好的清除数据的作用。在数据密级不同的情况下,应使用不同的或最高的存储介质擦除标准,数据清除标准名称及擦除次数如表 3-1 所示。

表 3-1　数据清除标准名称及擦除次数

序　号	数据擦除标准名称	数据擦除次数
1	US DoD 5220.22-M	3 passes，verify
2	US DoD 5220.22-M ECE	7 passes，verify
3	Canadian OPS-II	7 passes，verify
4	Russian GOST p50739-95	2 passes，verify
5	US Army AR380-19	3 passes，verify
6	US Air Force 5020	3 passes，verify
7	US Navso P-5329-26 RL	3 passes，verify
8	German VSITR	7 passes，verify
9	Peter Gutmann	35 passes，verify
10	China BMB21-2007	6 passes，verify

3.1.2　命令擦除法

在 UNIX/Linux 操作系统中，可以使用操作系统 dd 命令完成存储介质的擦除。该命令可以把成块的数据从其"输入文件"复制到"输出文件"。

命令格式：dd [options]。

命令功能：将指定的输入文件复制到指定的输出文件上。

其中[options]主要参数如下。

(1) if=input：用 if 指定输入文件内容，而非标准输入的数据；

(2) of=output：用 of 指定输出文件，而非标准输入的数据；

(3) ibs=n：指定输入块的大小为 n 个字节，默认为 512 个字节；

(4) obs=n：指定输出块的大小为 n 个字节，默认为 512 个字节；

(5) skip=n：先跳过以 ibs 为单位的指定"块数目"的输入数据；

(6) cbs=n：指定转换缓冲区的大小；

(7) bs=n：强迫 ibs=<n>及 obs=<n>；

(8) conv=关键字：根据以逗号分隔的关键字表示的方式来转换文件；

(9) count=n：只复制指定"块数目"的输入数据；

(10) seek=n：先略过以 obs 为单位的指定"块数目"的输出数据。

例如，擦除连接在 Linux 操作系统环境中的第二块硬盘(/dev/hdb)上的所有数据。

在这种情况下，把"/dev/zero"设备作为输入源，因为它将提供一连串的 NULL 值(十六进制字符 0x00)。具体的命令如下：

```
#dd if=/dev/zero  0f=/dev/hdb
```

3.1.3 软件擦除法

可以利用 EnCase、X-Ways、FTK 等取证软件对存储介质进行擦除。例如使用 EnCase 进行擦除的方法如下：

启动 EnCase,选择【工具】→【擦除驱动器】。在弹出的对话框中选择【本地驱动器】。单击【下一步】按钮,在弹出的【选择设备】对话框中选择需要擦除的驱动器,单击【下一步】按钮即可。

3.1.4 硬件擦除法

目前,用于擦除硬盘和存储介质的硬件设备有很多种,如 SF-5000 Logicube、CD-200、DC-8200Pro 等。这些常用于擦除存储介质的设备通常是硬件保全设备,其中擦除数据只是设备功能中的填充指定的数据,以达到擦除原始数据的目的。

3.2 保全备份

保全备份是指对原始数据进行完整、精确、无损的备份。上节中介绍的存储介质的擦除方法均可用于保全备份。即保全备份可以通过命令来完成,也可以通过软件来实现,当然速度最快的还应该是硬件。但需要特别注意的是在使用目标存储介质对源存储介质或文件进行保全备份时,一定要先对目标介质进行擦除。

3.2.1 命令备份法

在 UNIX/Linux 操作系统中,可以使用操作系统 dd 命令完成存储介质的保全备份。即将制作保全备份的源盘作为输入源,将其输出到目标盘上。

例如,将已连接在 Linux 操作系统中的第二块硬盘(/dev/hdb)上的所有数据保全备份到第三块硬盘上(/dev/hdc)。

具体的命令如下：

```
#dd if=/dev/hdb  Of=/dev/hdc
```

3.2.2 软件备份法

可以利用 EnCase、SafaBack 等取证软件对存储介质进行保全备份。例如使用 EnCase 进行保全备份的方法如下：

启动 EnCase,建立一个新的案例,选择菜单中的【添加设备】命令,添加需要备份的磁盘,在需要备份的磁盘位置右击鼠标,选择菜单中的【获取】命令,弹出【获取之后】的对话框,设置获取之后的相关选项,单击【下一步】按钮,弹出【选项】对话框,根据需要设置保全备份片段的大小、输出路径及文件名等选项之后,单击【完成】按钮即可。

3.2.3 硬件备份法

用于制作保全备份的硬件较多,如 The Forensic Dossier、DC8201、Image MASSter Solo-IV 等。其中由厦门美柏科资讯科技有限公司开发的 DC-8200Pro 设备结构如图 3-1 所示。

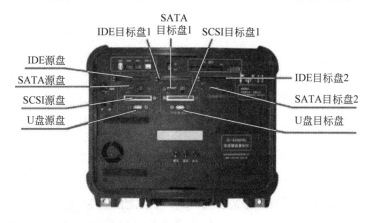

图 3-1　DC-8200Pro 设备结构

该设备具有硬盘对硬盘高速复制、U 盘对 U 盘复制、只读锁、不拆机复制、在线调查取证、数据擦除等功能,且支持 IDE、SATA、SCSI、USB 等接口。复制的最快速度可达 6.0(GB/min),具有超强的容错功能,在遇到坏扇区时可以有效跳过,在复制时可自动计算 CRC32 值。具体的制作保全备份方法如下:

按照图 3-1 所示的连接方法连接源盘和目标盘的电源线及数据线;接通设备电源;设备进行自检,自检后会发出 DO-RE-MI 的提示音;设备的默认功能状态为 Copy 功能,即硬盘复制功能,除此之外还有 Copy+Comp(复制+对比)、Compare(对比)、Quick Copy(快速复制)、Quick Copy+Comp(快速复制+对比)、Verify(检测)、Easy Erase(快速格式化硬盘)、Strong erase(低格硬盘)等功能,根据需要选择所需要的功能,如硬盘复制功能;单击【模式】键选择下一项功能,单击【执行】键执行 Copy 功能。在复制过程中若欲中断执行可单击【模式】键;复制完成后,待电源自动关闭后便可拔下硬盘;特别需要注意的是在进行 1 对 2 复制时,不能在一个接口区同时连接两块硬盘。例如同时连接 IDE 硬盘和 SATA 硬盘到 IDE1 目标盘 1 和 SATA 目标盘 1,复制机将不能正常工作,但可以将 IDE 硬盘接到 IDE 目标盘 1,SATA 硬盘接 SATA 目标盘 2,来实现 1 对 2 复制。另外,不管硬盘为源硬盘或目标硬盘,其硬盘跳线必须设为 Master,若设为 Slave 则无法工作。部分硬盘若设为 Master 模式时无法识别,则改为 Cable Select 模式即可正常工作。

3.3　数据完整性校验

在电子物证检验过程中,为了验证检验或保全备份过程中是否对原始数据进行过修改,需要进行数据完整性校验。

所谓数据完整性校验是指用一种指定的算法对原始数据计算出一个校验值,然后再对检验或保全备份的数据用同样的算法计算一次校验值,如果和原始数据计算的校验值一样,就说明数据是完整的。在进行数据完整性校验中,使用最多的算法是 Hash 算法。

3.3.1 Hash

Hash,一般翻译为"散列",也有直接音译为"哈希"的,就是把任意长度的输入,通过散列算法,变换成固定长度的输出,该输出就是散列值。简单地说,Hash 就是一种将任意长度的消息压缩到某一固定长度的消息摘要的函数。该函数将一些不同长度的信息转化成固定长度的编码,该编码称为 Hash 值。也可以说,Hash 就是找到一种数据内容和数据存放地址之间的映射关系。常见的 Hash 算法有 MD5、SHA、CRC 等。

3.3.2 MD5 算法

MD5 算法的全称是"消息摘要算法 5",即为 Message-Digest Algorithm version. 5,它是当前公认的强度最高的加密算法。在 MD5 算法之前有 MD2 和 MD4,虽然这三者的算法结构多少有点相似,但是由于 MD2 诞生于 8 位计算机的时代,因此它的设计与后来出现的 MD4、MD5 完全不同,因此不能进行简单的替代。无论是 MD2、MD4 还是 MD5,它们都是在获得一个随机长度信息的基础上产生一个 128 位信息摘要的算法。

MD5 算法以 512 位分组来处理输入的信息,且每一分组又被划分为 16 个 32 位子分组,经过了一系列的处理后,算法的输出由 4 个 32 位分组组成,将这四个 32 位分组级联后将生成一个 128 位散列值。

例如,字符串"Computer Forensic"经过 MD5 运算后得到的编码是"5925468f467f806300f3740325907cda",MD5 编码是没有系统的方法可以知道原来的文字是什么的。另外,MD5 编码具有高度的离散性,原信息的一点点变化就会导致 MD5 编码值的巨大变化。例如"Computer Forensic "(比上述字符串多了一个空格)的 MD5 编码为"c21c9f0ab8791c8e9e2489324c2c5023",差别非常大,而且之间没有任何关系,也就是说产生的 MD5 编码是不可预测的。

在电子物证检验或保全备份过程中,可以使用 Linux 操作系统的 MD5SUM 命令、HashCalc、WinHex、EnCase 等软件工具来计算 MD5 值。

3.3.3 SHA 算法

SHA 算法的全称为"安全杂凑算法",即为 Secure Hash Algorithm,是美国国家安全局于 1992 年设计、美国国家标准与技术研究院于 1995 年发布的一系列密码杂凑函数。可以对长度不超过 2^{64} 二进制位的消息产生 160 位的消息摘要输出。该算法主要思想是接收一段明文,然后以一种不可逆的方式将它转换成一段密文,也可以简单地理解为取一串输入码(称为预映射或信息),并把它们转化为长度较短、位数固定的输出序列即散列值(也称为信息摘要或信息认证代码)的过程。

SHA 共有 5 个算法,分别是 SHA-1、SHA-224、SHA-256、SHA-384、SHA-512,后四者有时并称为 SHA-2。SHA-1 在许多安全协定中广为使用,包括 TLS 和 SSL、PGP、

SSH、S/MIME 和 IPsec，被认为是 MD5 的后继者。

例如，使用 SHA-1 运算对字符串 Computer Forensic 运算后得到的编码是 e35ebc1ca0c4beed4942ace4e388d6ed584adaea，而 Computer Forensic（比上述字符串多了一个空格）的 SHA-1 编码为 264cea2f1ff8a85085d00c75d47829c72c6facc2。

在电子物证检验或保全备份过程中，可以使用 WinHex、EnCase 等软件工具来计算 SHA 值。

3.3.4 CRC 算法

CRC（Cyclic Redundancy Check，循环冗余校验）是一种根据网络数据封包或计算机中的文件等数据产生简短固定位数校验码的一种散列函数，主要用来检测或校验数据传输或者保存后可能出现的错误。生成的数字在传输或者存储之前计算出来并且附加到数据后面，然后接收方进行检验确定数据是否发生变化。一般来说，循环冗余校验的值都是 32 位的整数，所以也称为 CRC32 算法。该种算法并不能校验数据是否被篡改，它只能检测并纠正数据传输中的信道误码，但却不能防止对数据的恶意破坏。

当然，Hash 函数并不是完全可靠的，不同文件产生相同的 Hash 值的几率还是有的。2004 年 8 月 17 日的美国加州圣巴巴拉，召开的国际密码学会议（Crypto'2004）上来自山东大学的王小云教授做了破译 MD5、HAVAL-128、MD4 和 RIPEMD 算法的报告。在会场上，当她公布了 MD 系列算法的破解结果之后，报告被激动的掌声打断。王小云教授的报告轰动了全场，得到了与会专家的赞叹。王小云教授的报告之所以产生如此大的反响，是因为她的研究成果作为密码学领域的重大发现宣告了固若金汤的世界通行密码标准 MD5 的堡垒轰然倒塌，引发了密码学界的轩然大波。会议总结报告这样写道："我们该怎么办？MD5 被重创了；它即将从应用中淘汰。SHA-1 仍然活着，但也见到了它的末日。现在就得开始更换 SHA-1 了。"

习题 3

1. 常见的硬盘接口有哪几种？各是什么？
2. 简述常用的存储介质的擦除方法。
3. 什么是保全备份？简述制作保全备份的方法及步骤。
4. 什么是数据完整性校验？
5. 什么是 Hash？常用的 Hash 算法有哪几种？各是什么？

第 4 章 常用电子物证检验工具

随着国内外网络犯罪案件的不断增多,司法部门越来越需要精确、高速、智能化、适用于不同场合的电子物证检验工具来开展检验工作。近年来,国内外多家公司、科研机构、军警部门一直在开展电子物证检验技术研究,研制开发了多种检验产品。充分了解、掌握、利用这些检验工具,提高电子物证检验水平,对于有效地打击网络犯罪行为具有重要的意义。

目前,电子物证检验工具的代表是美国 Guidance 公司的 EnCase 和美国 AccessData 公司的 FTK(Forensic ToolKit),这两个工具已经发展了若干年,品质也得到了大家的公认。近两年,EnCase 发展势头很猛,从 4.0 版到 7.0 版,差不多每年推出一个新版本。而 FTK 的进展则慢了许多。最近几年来,德国 X-Ways 公司的 X-Ways Forensics 和澳大利亚 Nuix 公司的 FBI Forensic Desktop 这两个工具一经推出,立刻在世界各地受到热烈欢迎。除此之外,国际上还有 Smart、Paraben 等出色的分析工具,国内有厦门美亚公司开发的取证大师、上海盘石公司的 SafeAnalyzer 取证系统。目前比较流行的电子物证检验工具还是 EnCase、X-Ways Forensics、Forensic ToolKit 等。目前 EnCase 的最新版本是 7.0,X-Ways Forensics 的最新版本是 16.0,FTK 的最新版本是 4.0。

4.1 EnCase 检验工具

EnCase 是由美国 Guidance Software 公司开发的计算机调查和取证专业工具,被称为计算机取证行业的"瑞士军刀",其证据文件格式成为了美国公认的标准。由于其易用性而成为当今最为流行的单机司法鉴定分析工具。目前 EnCase 取证版已成为计算机取证的行业标准工具,被广泛地应用于法律机构、政府部门、商业集团、顾问咨询公司,为迅速、彻底地鉴定、查找和恢复网络犯罪证据提供了强有力的途径。

EnCase 对硬盘驱动镜像后重新组织文件结构,采用 Windows GUI 显示文件的内容,允许调查人员使用多个工具完成多个任务,能调查 Windows、Macintosh、Anux、UNIX 和 DOS 系统。

EnCase V6 主要功能有支持 64 位操作系统;更多的文件系统:Windows(FAT、exFAT、NTFS)、Macintosh(HFS、HFS+、ZFS)、Linux(EXT2/3、Reiser、LVM2)、FreeBSD(UFS2、FFS2)、IBM(JFS、AIX LVM8)、TiVo、Novell Netware、Sun Solaris;更多的磁盘镜像格式。除了支持传统的 EnCase 证据文件(.e01)、逻辑证据文件(.l01)和.dd 镜像外,EnCase V6 还支持 Vmware(.vmdk)、Virtual PC(.vhd)、SafeBack(.001)格式的磁盘镜像文件,可以直接添加并进行分析;多种文件格式直接查看:采用 Outside-In 技术,EnCase V6 可以直接阅读

390 多种常见的文件格式，无须安装第三方阅读软件。可直接查看 Word、Excel、PDF、Office 2007 文档；Vista 取证调查：事件日志（EVTX）解析、案例初始化（Windows Initialize Case）、缩略图解析、符号链接解析（Symbolic Link）；Web 邮件分析：Hotmail Webmail、Yahoo Webmail、Netscape Webmail；主流浏览器 IE、Firefox、Safari；未分配空间上网记录的搜索；Internet 历史记录调查；索引搜索；物理内存获取。

EnCase V6 新整合了 Stellent 公司的 Outside In 技术，可使得在文档（Doc）视图查看文件内容就如同使用创建这些文件类型的应用程序直接查看一样，能直接查看 Microsoft Excel 文件的单元内容，也能滚动阅读 Adobe Acrobat PDF 文件。可以创建书签及打印在文档视图看到的内容。抄本（Transcript）视图包含应用 Outside In 技术的文本提取。文本提取涉及移除文件干扰信息，如格式化信息及元数据，以便只有通过可读的内容被显示出来。抄本视图上的文本提取通常被索引引擎索引，并用于搜索用途。调查人员能够在抄本视图中加注书签。任何在文档（Doc）和抄本（Transcript）中的书签和搜索命中都应在两个面板中加亮显示。

4.1.1 EnCase 工具概述

EnCase 能对电子数据进行搜索、查看、调查、分析和报告，具体包括数据浏览、搜索、磁盘浏览、数据预览、建立案例、建立证据文件、保存案例等。可深入操作系统底层查看所有的数据，包括 Slack Space（残留空间）、未分配空间和交换分区（存有被删除的文件和其他潜在的证据）。

1. EnCase 的基本概念

（1）案例文件：包含一个案例详细信息的文本文件。该文件包括指向证据文件、设备、书签、搜索结果、分类、哈希值分析结果和签名分析等的指针。

（2）证据文件：EnCase 分析方法的核心部分是证据文件。证据文件是 EnCase 获取磁盘数据时生成的镜像文件，EnCase 接下来的分析都是基于这个证据文件，而不是基于所查获的嫌疑硬盘。证据文件包括四个基本部分（标题、校验和、数据块和 MD5 块），它们合在一起形成一个安全的、自校验的描述，说明分析时计算机磁盘的状态。

证据文件的格式如下。

EnCase 开始工作时，要生成一个实实在在物理的对于目标硬盘区的镜像比特流，绝对忠于原始的文件数据。所获取的镜像字节流文件，即证据文件，被当作只读文件或虚拟驱动器，EnCase 利用其中的镜像字节流逻辑数据来重建文件结构。这样就可以检查和核对 Windows GUI 环境下硬盘区中的内容。通过这个过程，镜像字节流通过每 32K 容量的 CRC 值和对文件中包含的所有数据进行计算所得的 MD5 哈希值将计算得到。在这种情况下，CRC 值和 MD5 哈希值立即被分配到证据文件中。

每一个文件都含有一个对磁盘扇区到扇区的准确的复制。当文件生成时，使用者提供有关所要调查文件的信息，而 EnCase 将记录此信息以及存于证据文件中有关磁盘内容的信息。并把这些信息存入证据文件的文件头中，由一个独立的 CRC 值进行自鉴定。

通过这个检验过程，EnCase 将能通过重新计算 CRC 和 MD5 哈希值，并和获取的时候所获得的值进行比较,这个过程将记录为 EnCase 报告中的文档。

一旦成为已获得的证据,它几乎不可能再被篡改。这就为研究者和合法团体提供了可靠的在法庭上使用的支持证据。

(3) 案例文件备份:是打开的案例文件自动保存的备份。备份文件保存在与打开的案例文件相同的目录下,有着相同的名字,扩展名是.cbak。当.case 文件出现错误时,就可用.cbak 文件打开。

(4) EnCase 配置文件:是一组包含 EnCase 全部设置的初始(.ini)文件。这些.ini 文件包含签名表、文件类型、文件浏览器、过滤器、关键字和文本类型。

(5) 哈希值:根据文件或磁盘内容生成的,用于描述文件唯一性的数值,是文件或磁盘内容的"数字指纹"。如果两个文件的哈希值一致,可以确定文件的内容也一致。有几个标准化的哈希算法,EnCase 程序主要使用的是 128 位 MD5 哈希算法,MD5 哈希值是一个 128 位(十六字节)的数字,重复可能性只有 $1/2^{128}$,只有在两份文件的内容完全一样时哈希值才会相等,这确保了使用不同数据集得到相同的哈希值的机会是非常小的。MD5 哈希值的作用是证实 EnCase 生成的证据文件的有效性。由 MD5 哈希值组成的集合——哈希集(Hash Sets),可用于鉴别已知文件。EnCase V6.12 版本开始支持 SHA-1 哈希算法,SHA-1 可将一个最大 2^{64} 位信息转换成 160 位哈希值。EnCase 用已命名的哈希值去寻找已知的文件。EnCase 使用 CRC 确定每一个数据区的完整性,CRC 是标准校验的一种变化形式,其工作方式也类似。大多数的硬盘为每一个扇区保存一个 CRC 值(512 字节)。

(6) 文件签名:由国际标准组织和国际电子通信协会电子通信标准化部门一起发布的唯一标识符,用来识别特殊文件类型。数以千计的文件类型中的一些已经标准化。当文件类型被标准化,一个程序能识别的签名或标头通常在数据之前。这部分能识别的签名或标头(特征码)标明了文件的类型,这就是文件的签名(特征码)。文件签名可以用来判断一个文件的真实的文件类型,判断它的扩展名是否被更改过。

在文件头部的一些信息标明了文件的类型(如 Word 文档、jpg 图形)。操作系统是根据扩展名来识别文件的,因此当文件扩展名被修改后,操作系统是没办法正常打开文件的。EnCase 据此判断文件的真实类型;EnCase 据此可发现那些为了隐藏内容而改变后缀名的文件;EnCase 能够识别部分隐藏图像。

(7) 文件松弛区:文件逻辑结束位置和物理结束位置之间的区域,这个区域的字节是以前文件残留下来的。这个区域对文件系统来说是浪费的空间,文件系统使用的簇越小,磁盘空间的利用率也越高。但对于电子取证来说却可能留有重要的证据线索。从文件的末尾到包含的扇区的末尾称为 RAM 残留,一个扇区被写到磁盘之前被保存在 RAM 的某一个缓冲区域。假如缓冲区在被写入磁盘之前,只是部分被填充,那么缓冲区结尾的残余信息也将被写入磁盘。通过这种方式,那些从未被保存的信息可以在磁盘中的 RAM 残留区中找到。EnCase 缺省设置下,就是对所有的文件残留进行搜索。

(8) 磁盘残留区:是卷结尾位置和设备末端之间的区域。

(9) 代码页:就是编码,编码把一系列比特流解释成字符。

(10) 复合文件:文件中包含其他文件类型,例如,微软 Word 文件可以包含文本、图片和电子表格文件。

(11) GREP：GREP 是全局正则表达式搜索并打印匹配内容的首字母缩略词。GREP 是最初在 UNIX 操作系统中使用的命令行工具。GREP 默认在命令行中使用正则表达式、读取标准输入或者文件清单和输出包含与正则表达式匹配的命令行。GREP 在 EnCase 程序中执行的子集比 GREP 在 UNIX 中使用的小。

(12) 书签：书签提供了一种方法来注释证据和分析的结果。文件、文件夹、地址范围内的文件、文件夹或数据的收集，甚至书签本身都可以加注书签。每个案例管理各自的书签。

2. EnCase 工具的取证过程

EnCase 工具的取证过程主要包括获取证据文件、分析证据、生成证据报告。

(1) 证据获取：EnCase 可以直接读取硬盘内部数据进行分析，也可以将硬盘内数据获取成 EnCase 证据文件。EnCase 证据文件中包含了原始数据内容及其 MD5 值，保证获取的证据文件不被更改内容。获取证据文件可以使用硬盘直接获取、交叉网线获取以及并行电缆获取的方式。EnCase 也支持 RAID 磁盘阵列、ZIP、软盘、闪存的获取。使用专门的 PDA 套件可以获取手机、PDA 等手持电子设备的存储数据。

(2) 分析数据：是 EnCase 功能的核心和关键。EnCase 能恢复大部分已删除文件的内容，可以直接查看磁盘扇区，可采用不同的编码方式显示扇区内容。EnCase 支持对文件进行 Hash 分析，并有常见文件的 Hash 集。使用关键字搜索功能可以对整个硬盘进行关键字检索。具有复合文件查看功能，如注册表文件、OLE 文件、压缩文件、Outlook Express E-mail、Base64 和 UUE 编码、MS Outlook E-mail、NTFS 压缩文件等，使用 EnCase 可以直接查看其内容及含义。

EnCase 内包含 EnScript，支持脚本和过滤器。EnScript 是一个专用于 EnCase 环境的程序语言和应用程序接口，与 ANSI C++ 和标准 JAVA 的表达式兼容，但 EnScript 只是拥有其特征的一个子集。使用 EnCase 可以完成较为复杂的分析功能。

(3) 生成证据报告：在证据分析过程中，对于一些需要标记的信息内容，可以使用 EnCase 书签功能。EnCase 允许文件、文件夹或者文件的片段高亮选择，并且能予以保存，方便以后参考。任何数据和文件存放的地方都可以制作书签，并能添加多种解释。利用 EnCase 报告功能可以将证据分析的结果及书签标记的内容输出为 RTF 或 HTML 格式的分析报告。在电子证据鉴定和取证分析中，经常需要利用证据报告功能来表述分析的结果。

整个过程大概如下：

克隆目标机器硬盘数据；接上克隆的副本硬盘进行预览（务必保证只读）；生成 EnCase 证据文件（非必须步骤）；分析硬盘数据，查找有关证据；生成分析结果报告。

3. EnCase 工具在分析过程中主要采用的技术

(1) 对比分析法：将收集的程序、数据、备份等与当前运行的程序、数据、备份进行对比，从中发现篡改的痕迹。

(2) 关键字查询技术：对所作的系统硬盘备份，用关键字匹配查询，从中发现问题。

（3）数据恢复技术：案件发生后，案犯往往会破坏现场，毁灭证据。因此对破坏和删除的数据要进行有效分析，才能从中发现蛛丝马迹。这种恢复是建立在对磁盘管理系统和文件系统熟知的基础上。

（4）残留数据分析技术：文件存储在磁盘后由于文件实际长度要小于等于实际占用簇的大小，在分配给文件的存储空间中，大于文件长度的区域会保留原来磁盘存储的数据，利用这些数据来分析磁盘中存储的数据内容。

（5）磁盘存储空闲空间的数据分析技术：磁盘在使用过程中，对文件要进行大量增、删、改、复制等操作。人们传统上认为进行这些操作时，只对磁盘中存放的原文件进行局部操作。而系统实际上是将文件原来占用的磁盘空间释放掉，使之成为空闲区域，经过上述操作的文件重新向系统申请存储空间，再写入磁盘，这样经过一次操作的数据文件写入磁盘后，在磁盘中就会存在两个文件，一个是操作后实际存在的文件，另一个是修改前的文件，但其占用的空间已释放，随时可以被新的文件覆盖。掌握这一特性，该技术可用于数据恢复，对于被删除、修改、复制的文件，可追溯到变化前的状态。

（6）磁盘后备文件、镜像文件、交换文件、临时文件分析技术：在磁盘中，有时软件在运行过程中会产生一些诸如.tmp 的临时文件，还有 Norton 这种软件可对系统区域的重要内容（如磁盘引导区、FAT 表等）形成镜像文件。要注意对这些文件结构的分析，掌握其组成结构，这些文件中往往记录一些软件运行的状态和结果，以及磁盘的使用情况等，对侦查分析工作会提供帮助。

（7）记录文件的分析技术：目前一些新的系统软件和应用软件中增加了对已操作过的文件的相应的记录。如 Windows 中在【开始】下的【文档】菜单中记录所有使用过的文件名，IE 及 Netscape 中用 Bookmark 记录浏览过的站点地址。这些文件名和地址可以提供一些线索和证据。

4.1.2　EnCase 工具的安装及设置

在使用 EnCase 工具前，首先要安装 EnCase 工具、密钥驱动程序、字体文件，导入关键字库、过滤脚本等资源，并进行相应的设置。

1. 安装 EnCase 工具的最低要求

EnCase 密钥，也称加密狗（Dongle）；所购买模块的证书；EnCase 现行版本；CPU：Pentium 4 1.4GHz 或更快的处理器；内存：1GB RAM；OS：Windows 2000/XP/2003/Vista；硬盘空间：55 MB 的自由硬盘空间。

EnCase 工具支持 64 位系统。要使用任何 64 位版本的 EnCase，安装调查工具的机器必须装有 64 位版本的 Windows。

2. 安装 EnCase 法证版

EnCase 的工具版权保护是用硬件加密狗（Dongle）来实现的。加密狗的驱动程序可以单独安装，也可以随 EnCase 安装程序一起安装，但在安装时一般不插入加密狗。

安装过程：启动 EnCase 法证版安装向导；选择正确的安装路径或接受默认路径，选择 Next；阅读并同意 EnCase 许可协议，选择【下一步】；安装帮助被默认选中，也可以不被选中,选择【下一步】;当向导显示安装完成时,选择【完成】,生成 EnCase 桌面图标。

此外,安装过程中,程序文件、说明文件以及证书文件夹、配置文件夹、脚本组件文件夹等一系列文件夹和文件被安装到目标文件夹内。

3. 安装密钥

启动 EnCase 法证版密钥驱动安装向导,选择 Next;当出现汇总对话框时,选择 Next;当安装结束,选择 Finish;关闭计算机,插入密钥,重新启动计算机。不安装加密狗驱动程序、不插入 EnCase 加密狗,只可以使用 EnCase 的基本功能,包括证据获取和驱动器擦除。除了这两个功能,其他所有功能均无法使用。

4. 校验安装

正确安装加密狗驱动后,插入加密狗,运行 EnCase 程序。若主窗口标题栏显示【EnCase 取证】或【EnCase 法律执行】则为可进行正常取证分析的状态。若显示【EnCase 获取】则为获取状态,此时只能进行证据获取和数据擦除,无法进行证据分析。

5. 安装字体文件和设置

为了让 EnCase 能够支持多种中文字符,须安装字体 Arial Unicode MS,文件名为 Arialuni.ttf。安装时,将文件 Arialuni.ttf 复制粘贴到系统安装目录下的字体文件夹 Fonts 中,并在 EnCase 界面中菜单栏的【工具】→【选项】→【字库】页签中将各个选项的字体设置为 Arial Unicode MS。

6. 导入资源(可选步骤)

安装完毕后,可以将一些常用的资源导入到 EnCase 当中。

(1) 关键字库。关键字分为全局关键字(Global Key Word)、局部关键字(Local Key Word,也叫 Case Key Word)。全局关键字是任何案例都可以使用的,局部关键字只有在相关联的案例被打开时才可以在其中使用。

导入方法:打开 EnCase,导入全部关键字时选择菜单中的【视图】→【关键字】,导入局部关键字时选择菜单中【视图】→【案例】选项卡→【关键字】,在左侧关键字面板中选中【关键字】,右键单击,在弹出菜单中选择【导入】,选择要导入的关键字文件的路径和文件名,最后单击【确定】按钮。

(2) 过滤脚本库及条件表达式。导入方式与导入关键字库相同。

(3) 哈希库。导入方法:将哈希库文件复制到 EnCase 安装目录中的 Hash Sets 文件夹中,然后在 EnCase 界面中选择【视图】→【散列集】,出现散列集面板,在左侧全选或在右侧散列集列表中选中将应用的哈希集,在【散列集】处单击右键,在弹出的菜单中选择【重建散列库】,方能正常使用。

(4) 高级脚本。导入方法:导入高级脚本的方式与导入哈希库的方式相同。将高级脚本复制到 EnCase 安装目录的 EnScript 文件夹中。从 EnCase V5 开始,EnCase 支持对 EnScript 脚本进行代码保护,菜单【视图】中的【包】选项就是用于将 EnScript 编译为包(Package),编译后的 EnScript 文件扩展名为.EnPack,直接放在\EnCase\EnScript 目录即可在 EnScript 面板中编辑、运行。

7. 重新安装

允许在同一台计算机上安装多个不同版本的 EnCase 工具。如果安装程序选择了一个已经存在 EnCase 的目录，将改写以前的软件版本，包括程序文件、日志文件和驱动。重装将创建一个新的日志文件，并重新安装以下项目：应用程序文件、注册表键值、不存在的用户文件。

8. 卸载 EnCase

可通过【控制面板】的【添加或删除程序】实现，或重新运行安装程序选择【卸载】。卸载 EnCase 工具将删除所有的应用程序文件和注册表项目。用户配置文件、脚本文件、备份文件及其他用户文件将保留在 EnCase 的安装目录中。

9. 配置 EnCase

在 EnCase 界面中单击【工具】菜单→【选项】，将出现【选项】对话框。【选项】对话框包括以下面板：案例选项、全局、字体、脚本程序、存储路径。每个面板给出了相关设置。当打开一个案例时，案例选项面板才显示。单击所需要的标签，按需要更改设置，然后单击【确定】按钮。对选项设置所作的更改一部分会在重新打开应用程序时生效，另外一部分会立即生效。

（1）案例选项

名称——案例的名称；调查人员姓名——调查员的姓名；默认导出文件夹——导出文件的存储位置；临时的文件夹——临时数据的存储位置；索引文件夹——案例索引文件的存储位置。

（2）全局选项

自动保存时间——案例文件自动保存时间间隔的分钟数，自动保存的案例文件名为 *.CBAK；使用案例回收站——备份文件是否被移到回收站以及当一个文件被自动保存时，备份文件不被覆盖；备份文件——在一个案例被保存时，保存为备份文件时的最大文件数；启动图片观察器——是否显示图片格式文件的图像；恢复 ART 和 PNG 图像显示——是否显示 ART 和 PNG 图片，当这些文件遭到破坏，会导致程序崩溃，所以该设置允许限制受破坏的 ART 和 PNG 文件的影响；标记丢失的文件——丢失的簇是否被当作未分配空间来处理，这样做减少了访问证据文件的时间，当勾选这一项时，所有丢失的簇将在磁盘上显示为未分配簇；在文档视图中启用图片——是否启用视图面板中文档（Doc）视图的 Outside In 技术来显示图片；无效的图片超时——该程序在超时之前试图读取一个破坏的映像文件之前所用的时间，当读取超时，破坏的文件就被送到高速缓存，然后 EnCase 不再尝试读取这些文件，日期格式——与应用程序中使用的日期格式有关的各种设置；时间格式——与应用程序中使用的时间格式有关的各种设置。

（3）颜色选项

可设置将颜色与各种案例组件关联。在列出的组件上双击打开【颜色调色板】对话框，然后选择一种颜色与列出的案例组件关联。

（4）字库选项

可设置将字体与各种案例组件关联。在列出的组件上双击打开【字体】对话框，然后选择一种字体与列出的组件关联。可根据字体、字形、大小和字符集来定义。

（5）存储路径选项

存储路径设置了 EnCase 用于建立全局设置的索引文件夹、记录缓存过滤器、基本备份文件夹以及.INI 文件的存储位置。缺省值设置并显示在上面图形中。输入一条新路径或定位选择一个想要的文件夹，就可以更改索引、缓存及备份文件夹的路径。双击某一行可更改.INI 文件夹位置及确定其是否可写。

4.1.3　EnCase 工具界面介绍

在 EnCase 软件的用户界面中，主要通过一系列菜单选择、工具条单击和标签选择来进行操作。该界面包含了载有信息的窗格。信息的出现和更改取决于单击哪一个书签和按钮。

1. EnCase 主界面

如图 4-1 所示为 EnCase 主界面。

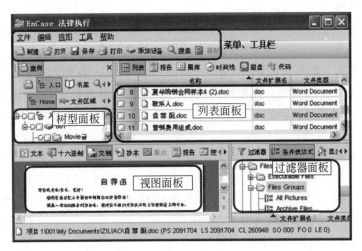

图 4-1　EnCase 主界面

除菜单与选项卡之外，该界面被分成几个单个的、可分离的面板，主要包括树形面板、列表面板、视图面板、过滤器面板等部分。选择不同的标签时，出现的界面就会有所不同。每个面板显示内容都依赖于其他面板。树形面板控制列表面板，列表面板将数据内容展示在视图面板。界面的下方是一个信息显示屏，显示以下条目：

（1）以"＜案例名＞\＜设备名＞\＜卷名＞\＜目录结构＞\文件名"的格式显示当前文件及其完全路径、物理设备中所在的物理扇区（Physical Sector，PS）。

（2）逻辑分区中所在的逻辑扇区（Logical Sector，LS）。

（3）簇号码（Cluster number，CL），给出正在查看的簇号码。

（4）扇区偏移量（Sector Offset，SO），用偏移簇开头的扇区号表示出当前查看项的位置。

(5) File Offset(FO),用偏移文件开关的字节数表示出当前查看项的位置。

(6) Length(LE),当前查看特殊项的长度。如果加亮显示文本中的一部分,它将用字符数的形式给出其长度等条目。

2. 树形面板

树结构是以图形方式表示分级结构的一种方式。文件夹的展开与折叠与 Windows 的资源管理器一样,可以单击"＋"、"－"号,也可以通过【编辑】菜单或右键弹出的快捷菜单中的【扩展/缩小】、【全部扩展】、【全部缩小】选项来修改。所不同的是,树形面板具有全显和勾选功能。选择五边形图标 将显示文件夹的所有内容,包括文件和子文件夹,文件夹的所有内容都显示在列表面板中。该图标只用来查看列表面板中的内容,而不用来选择用以操作的文件和文件夹。目录框图标 选择要执行分析操作的文件和文件夹。当某一级父项目被选中时,该级下的所有文档均被选中。从 EnCase V6 开始,引入了一个新的【记录】标签页,主要用于存放复合文件解析后的结果,如上网记录(index.dat)、电子邮件客户端数据文件(＊.dbx、＊.pst)、Web 邮件等。

3. 列表面板

列表面板是一个一维表格、列表或目录表,它具有简单的分级结构。面板内容的变化取决于所选的标签页。

(1) 图库面板:图库面板是一个查看图片的便捷方式。在图库视图中显示的文件取决于在树形面板中的选择项。图库视图根据文件的扩展名显示文件,如果文件扩展名被修改,则需先运行签名分析(Signature Analysis)才能正确显示。例如,如果一个.jpg 文件被更改为.doc 文件则不能显示。

(2) 报告面板:将选择的书签内容以报告样式展现。

(3) 时间线面板:时间线是一个查看文件创建时间、编辑时间和上次存取时间信息的丰富资源。通过右键单击选择适当的选项将时间轴放大到逐秒级(Second-by-Second),也可以将其缩小至逐年级(Year-by-Year)。

(4) 磁盘面板:磁盘占用情况展示。

(5) 代码面板:脚本程序、过滤器、条件表达式和查询可在代码面板中编辑。选择这些实体,并选择新建或编辑资源就可以编辑它们。

4. 视图面板

视图面板包含一些文件内容显示。根据查看的文件不同,该面板显示的内容不同。选择文本标签会以 ASCII 编码显示内容,而选择十六进制标签会以十六进制和 ASCII 编码显示内容。选择图片标签显示的是一个图形文件的内容,选择文档标签会用 OutsideIn 技术按原格式显示文本,选择抄本标签会使用 Outside-In 技术从文件干扰信息中提取文本。输出面板用来显示来自各种脚本程序的输出。控制台面板是当运行脚本程序时用来输出状态消息的。详细资料面板给出一个文件的辅助细节。在文件区间和记录区域单击详细资料(Details)标签就会给出结果。

5. 过滤器面板

过滤器面板显示的内容取决于所选标签,包括 EnScript 脚本、搜索命中、过滤器、条件表达式、查询和文本样式等列表。可在过滤器面板中运行、创建、编辑或者删除过滤器、条件、查询。

(1) 过滤器:过滤器用以过滤重要性不大或者无关紧要的东西。系统中已经存在一些预先定义的过滤器。过滤器并没有从案例中删除这些东西,仅仅是将它们从列表面板中隐藏,从而减少其显示的行数。可以在过滤面板中运行、创建、编辑过滤器。

(2) 条件表达式:跟过滤器类似,都是用来限制列表面板中的内容显示的。系统中已存在一些预设的条件,跟过滤器一样,根据树形面板的不同面板选择,可选条件有相应变化。

(3) 查询:查询允许通过将过滤器和条件表达式组合成一个主项(称为查询项)来更改显示内容。一个查询由两部分组成,显示部分和逻辑部分。显示部分影响本义及其颜色,该颜色是通过用户选择过滤器和条件表达式来指示匹配的;逻辑部分实际上控制着哪些行要从列表面板中隐藏。

(4) 显示:显示视图会记忆用户曾经执行过的条件表达式、过滤器及查询,而且默认将多个过滤条件并用,之间的逻辑关系为"或者"。如果想去掉之前的过滤条件,可以在显示视图中将过滤条件前的勾选框去掉。如果希望多个过滤条件之间使用"并且"逻辑关系,那么可以单击工具条上的 Matches Any,让其变成 Matches All。显示视图中还可以设置各个过滤条件的文本颜色/框架颜色,以便在展示证据时能容易理解找到的结果。

6. 符号含义

⌐▫:全显框,将显示文件夹的所有内容,包括文件和子文件夹。

☑:选择目录框,用于选中操作对象。

⊞:扩展框,用于展开树形目录的文件夹结构。

▫:已删除文件,但可以完全恢复。

▫:已被删除,文件内容已被覆盖。

▫:无效簇。

•:未分配空间。

7. 菜单

主菜单包含文件(File)、编辑(Edit)、视图(View)、工具(Tools)、帮助(Help)选项。每个菜单项依次都有选择项,在许多案例中,还有附加子菜单。

(1) 文件菜单

文件菜单项包含以下内容:新建(New)——创建一个新案例;保存(Save)——保存案例;全部保存(Save All)——保存已创建的案例文件、设置和一些操作结果,包括过滤器和条件表达式;添加设备(Add Device)——用于预览或获取设备;添加原始数据镜像(Add Raw Image)——用于添加原生镜像文件。如果当前有未保存的更改,应用程序将询问是否保存。

(2) 编辑菜单

编辑菜单项主要包含以下内容：复制/恢复、复制文件夹、书签数据、书签文件夹结构、激活单一文件、创建散列集、创建逻辑证据文件。

复制/恢复——复制/恢复命令以字节级的精确度还原和恢复文件。选择要复制的文件(文件夹)或多个文件,单击【复制/恢复】,在弹出的【复制/恢复】对话框中选择是否将每一个被还原的文件复制成单独的文件或将其合并为一个文件,单击【下一步】,在【选项】对话框中的【复制】组中选择复制/恢复逻辑文件、整个物理文件、RAM 和磁盘松弛区或是仅 RAM 松弛区,单击【下一步】,在【目的】对话框中选择目标文件夹,单击【完成】。

激活单一文件——把要查看的文件拖放到列表面板中的入口列表中。

查看文件结构——查看复合文件的文件结构,了解其组成内容,并可以直接查看。选择想要查看的复合文件,选择【查看文件结构】菜单项,也可以右击鼠标,在弹出的菜单中选择【查看文件结构】。要查看的复合文件在树形面板和列表面板中被替换成一个文件夹并带有复合卷图标,复合文件的文件结构就会显示出来。

(3) 视图菜单

视图菜单中包含决定各面板显示内容的菜单项。

应用程序描述——显示存储于计算机中的.EXE 和.SYS 文件的哈希文件,可用来检查是否存在病毒及其他恶意软件以判定是否被篡改;案例——在树形面板中显示案例标签,包括 Home、入口、书签、搜索命中、记录、设备、安全存储、关键字等;EnScript——在树形面板和列表面板中显示脚本程序;EnScript 类型——在树形面板中显示一系列的类。选择列表面板中的报告标签页,只读地显示所选类的描述,脚本类型涉及的资源包括脚本语言类,可了解 EnCase 类和函数的相关信息;文件签名——树形面板和列表面板中显示案例中所包含的所有的文件签名,一般将文件类型与文件查看器关联使用,显示案例中建立的哈希集。

(4) 工具菜单

工具菜单包含的菜单项用来运行某些应用程序,如擦除驱动器和创建引导盘等。

擦除驱动器——用十六进制完全擦除介质和覆盖它的内容,谨慎调用擦除驱动器程序;校验证据文件——校验证据文件的功能是检查所选文件的 CRC 值,用于确保证据没有被篡改;创建引导盘——创建 LinEn 启动盘,用于在目标机器上启动;索引案例——为案例建立索引。此外该菜单还有 Web 邮件分析器、Case Processor 等功能菜单项。

4.1.4 案例管理及证据操作

在对介质进行分析、检验前,一般先要用复制机将目标机器的硬盘作个镜像。

1. 案例管理

(1) 案例结构。一个证据案例由以下三个基本结构组成：证据文件、案例文件和 EnCase 程序配置文件。案例文件包含案例的详细信息,其中包括若干个指向证据文件或设备的指针、书签、搜索结果、分类、哈希分析结果和数字签名分析报告。EnCase 案例文件可以组织不同类型的介质,将它们看成一个整体来查询,而不是逐个地查询。EnCase

可以同时打开多个案例,每个案例都显示在列表(Table)面板中,而且每个案例都是独立分析的。若要进行不同案例分析的切换,需单击【案例】视图的子标签 Home,然后再单击列表面板中的【列表】,从【列表】面板中挑选一个要分析的案例。同时打开多个案例有利于案例的分析对比,如关键字搜索、查看搜索命中等。列表中的【设备】栏显示设备数量并在【名称】栏显示与哪个案例文件相关联。因为可能有多个取证人员要查看这些案例信息,所以证据文件通常放置在中央服务器上。【工具】菜单的【选项】对话框允许按要求配置 EnCase 应用程序。【选项】对话框主要包括案例选项、全局、字体、脚本程序、存储路径面板,每个面板给出了相关设置。

(2) 新建案例。运行 EnCase 后,首先要做的就是新建一个案例空间(Case)。在菜单栏上单击【新建】或在主菜单中单击【文件】→【新建】,启动案例创建向导并填写案例信息。填写好相关信息后,单击【确定】按钮,出现 EnCase 案例窗口。在创建案例的同时,会创建导出文件夹、证据文件夹、临时文件夹和索引文件夹,用于文件的隔离与控制。临时文件夹存储调查过程中创建的临时文件,导出文件夹存放从证据文件夹中复制出来的数据。证据文件夹存放证据文件。

建好的案例可通过单击【文件】菜单中的【打开】来打开案例。有时候,目标案例可能会出现在菜单底部的最近访问的文档区域中,这时可以直接选择该案例并打开。

(3) 保存案例。在主菜单中单击【文件】→【保存】。【保存】菜单包含【保存】、【另存为】、【全部保存】三个选项。

【保存】:保存当前的案例文件;【全部保存】:保存所有打开的案例,及其参数设置、条件表达式及过滤器等;【另存为】:另存为不同的文件名或案例格式,如 V5 或 V6 案例格式。

在默认情况下,案例文件每隔 10min 自动保存一次。备份文件(.cbak)默认保存在\EnCase\Backup 文件夹中。这个文件保存的名字和父文件是一样的,只是文件扩展名不一样。

(4) 关闭案例。为了保证案例文件的完整性,当不再对案例进行分析的时候应该将其关闭。首先保存已打开的案例,在树形查看器中,将光标移动到一个已打开的案例,单击【关闭】,关闭该案例。

2. 证据操作

电子证据可以在 EnCase 中预览和获取。电子证据被获取并被添加到案例中后就可以进行分析。

(1) 入口(Entry)类型。入口(Entry)就是添加到案例中的证据文件或者包含电子证据的文件。EnCase 支持四种包含证据的文件:EnCase 证据文件(.e01);逻辑证据文件(.l01);原始数据镜像(Raw Image);单个文件,包括目录。

EnCase 证据文件(.e01)包含已获取的设备内容,集合了可分析的元数据、设备的哈希值以及所获得的设备内容。通过将设备层次的哈希值和设备内容存放在一起,简化了对证据文件的操作处理与调查。逻辑证据文件(.l01)包含了在预览嫌疑计算机中的文件时,复制出来的有代表性的个别文件。将这些关键文件拷贝到逻辑证据文件中,就可以不用在分析这些文件的时候再访问大容量的案例证据文件。原始数据镜像文件包含所获得的设备内容的采集,没有 EnCase 证据文件中的元文件信息、压缩功能及哈希值。在【激活单一文件】选中的情况下,可以添加单个文件。可以通过拖动来实现。一个包含文件的文件夹也可以添加到案例中。

(2) 证据获取概述。获取的目的是有效并且无误地保存案件原始数据的镜像,用于案件的数据分析。介质取证过程中一个重要的步骤就是证据固定,即根据电子数据存储介质的特殊性以及证据学的相关要求,保证原始证据不发生改变;取证分析过程在介质副本上进行,原介质与副本一致。在获取设备内容前,必须添加设备,预览设备的内容,对设备进行初步的检查,对设备的内容进行分析,以决定是否要获取该设备。在预览过程中可以进行关键字查询、创建书签、复制/恢复以及其他的分析操作。

(3) 证据获取常用的方式。证据获取常用的方式主要有:采用 En DOS 或 LinEn(适合 Linux 系统,如 RedHat、SuSE)直接在嫌疑计算机上进行数据获取;采用硬盘只读锁+EnCase,在 Windows 下直接进行获取(推荐使用的方式);采用硬盘复制机,将数据复制到新的空硬盘或生成 DD Image 镜像文件;还可以通过网络获取证据。

(4) 添加设备。在添加设备向导的资源页面中可以选择一种或多种资源。本地驱动器、Palm 掌上电脑或网络交叉线连接都可以用作资源设备以供后续的预览或获取。除了添加本地设备之外,还可选择将证据文件添加到案例中。添加设备的过程如下:单击【添加设备】按钮,出现【添加设备向导】对话框,按需要编辑上述的页面,如果【会话】选项被选中,将会出现【会话】对话框,否则将出现选择设备页面。单击【下一步】按钮,选中的设备就添加到打开的案例中了。

(5) 原始数据镜像(Raw Image)。EnCase 支持硬盘的原始数据镜像格式,如用 DD Image 工具生成的镜像文件。原始数据镜像文件包含一系列文件的数据采集,但是缺乏像 EnCase 证据文件所提供的元文件信息、压缩功能及哈希值功能。如果是多个分卷,应按照分卷的顺序添加,否则会导致无法正确识别原始数据镜像中的数据。

(6) 添加证据文件。【会话】(Sessions)选项被选中,将在单击【下一步】按钮后打开会话资源页面。可添加的证据文件类型有 EnCase 证据文件(.e01)、EnCase 逻辑证据文件(.l01)、VMware 文件(.vmdk)、SafeBack 文件(.001)、Virtual PC 文件(.vhd)。

(7) 获取 EnCase 证据文件(.e01)。EnCase 把以物理硬盘或分区为单位生成的镜像文件称为证据文件。EnCase 证据文件集合了可分析的元数据、设备的哈希值以及所获得的设备内容,是后续的证据分析过程的基础。

右键单击案例入口处的设备,在弹出的下拉菜单中选择【获取】,启动证据文件获取向导。在【获取之后】窗口中可以选择获取所得到的新的镜像文件不添加或添加到当前案例中、替换已添加的源设备。若选择【搜索,散列和签名分析】选项有效,则打开获取向导的搜索页面,在该页面中可以进行定义搜索、哈希值计算和数字分析操作细节。在接下来的获取向导的【选项】页面,需要设置将生成的证据文件名、证据文件编号、证据文件的注释信息。当源介质存储容量特别大时,证据文件可被分割成多个片段存储,可以选择文件片段大小,生成的证据文件扩展名依次为.e01、.e02、.e03 等。还可设置要获取的起始扇区、结束扇区,可为证据文件设置密码保护,决定 CRC 值要计算的数据区块大小。一旦遇到错误,可设置区块中的被填充零数据的数据块大小。【压缩】选项组可对创建的证据文件从不压缩到最大压缩比进行控制。【输出路径】决定了获取后证据文件要保存的路径和文件名称。【其他路径】包含了备用的路径和文件名,防止第一个路径所在的磁盘空间不足。【获取结果】对话框中,可选择设置的选项信息发送到主窗口中的控制台中、将状态信息写入到已获取的证据文件或设备的书签注释中,或是将状态信息写入到书签日志中。

(8) 获取逻辑证据文件(.l01)。逻辑证据文件(.l01)包含了在预览嫌疑计算机中的文件时,复制出来的有代表性的单个或多个文件。当逻辑证据文件很大时,可以分成多个片段,其扩展名依次为.101、.102、.103等。获取逻辑证据文件的步骤与前面的获取步骤类似。

(9) 证据还原。

EnCase 可以还原/恢复逻辑卷或物理硬盘。EnCase 可以将证据文件还原到预先准备的存储介质中,必须确保首先擦除目标媒介。还原证据文件到存储介质后,理论上可以启动还原后的介质,并查看嫌疑人计算机的工作环境,且不会改变原始数据。但注意,不要用启动嫌疑人的硬盘,不要在接有嫌疑人硬盘的情况下,启动要取证的硬盘。

逻辑卷不包含主引导记录(MBR)和未用的磁盘空间的。物理卷包含了主引导记录(MBR)和未使用的磁盘空间。还原一个物理硬盘就是一个扇区接一扇个区地复制到准备好的目标硬盘上,借以创建嫌疑人硬盘的一个完整复本,并且通过哈希值来验证目标硬盘是嫌疑人硬盘的一个精确完整的复本。按照电子取证的原则,必须进行物理还原,而不是逻辑还原。当还原的目的是要启动嫌疑人的计算机时,只能选择物理还原。必须将证据文件还原到一个比嫌疑人硬盘大的硬盘中。

在树面板的【入口】树中,右键单击要作为还原的源介质,在弹出的菜单里单击【还原】,按照操作向导进行操作,选择目标存储介质,直到完成操作。

若使用还原后的磁盘无法启动,一般是因为镜像文件在主引导记录(MBR)中的 CHS 信息和实际硬盘中的 CHS 信息不匹配。应重建 MBR 使 CHS 信息匹配后再启动。

4.1.5 证据的分析及检验

若是对镜像盘进行分析及检验,需要先将镜像盘通过只读锁连接到取证计算机,然后将镜像盘或者证据文件添加到案例文件中。

1. 文件内容查看

在浏览器面板中,EnCase 法证版支持以下格式的文件查看:文本视图、十六进制视图、文档视图-Outside In 支持的各种原生格式、抄本视图—删除格式和干扰信息后提取出来的内容、各种格式的图片。

(1) 文本样式。一种文字有多种字符编码方式,常见的字符编码有 Unicode、UTF-8、GB2312、GB10830、Big5 等。若文本样式中没有要使用的编码格式,可以新建文本样式。单击【视图】→【文本样式】,出现文本样式视图,在【文本样式】标签中单击右键,在弹出的快捷菜单中单击【新建】,出现【新建 文本样式】窗口,设置好文本样式的名称、代码页等项,一般需在代码页组中单击【其他】选项,在右侧的代码页列表中选择合适的编码格式,最后单击【确定】按钮。

（2）复制/恢复文件。EnCase 菜单中的【编辑】→【复制/恢复】功能可以逐字节恢复文件。

（3）复制文件夹。EnCase 菜单中的【编辑】→【复制/恢复】功能不能保持原有文件夹的结构，但是【编辑】→【复制文件夹】功能能够保持原有文件夹的结构。

（4）新建文件查看器。一些 EnCase 无法直接浏览的文件，需要使用第三方工具或程序来查看。在这些情况下，必须将文件查看器添加到 EnCase 程序中并将文件查看器的文件类型与浏览器关联起来。如新建 AVI 文件查看器，将进行如下操作：

单击【视图】菜单中的【文件查看器】，在切换到的文件查看器面板中，单击【文件查看器】并右击鼠标，在弹出的菜单中单击【新建】，弹出【新建 文件阅读器】窗口，在【名称】对话框中输入 AVI，在【应用程序路径】对话框中输入查看器的路径和文件名，然后单击【确定】按钮，新建的文件查看器将出现在文件查看器列表中。接下来设置文件类型与查看器的关联。单击【视图】菜单中的【文件类型】，在出现的文件类型面板中单击【文件类型】并右击鼠标，在弹出的菜单中单击【新建】，弹出【阅读器】窗口，在【描述】对话框中输入 AVI，在【扩展名】对话框中输入文件类型的扩展名，在窗口下部的【阅读器】栏中选择【已安装的文件查看器】列表中的新建的文件查看器 AVI，然后单击【确定】按钮。

（5）查看文件内容方式。视图面板提供以下一些查看文件内容的方式：Text（文本模式）、Hex（十六进制模式）、Doc（文档模式）、Transcript（抄本）、Picture（图片）。【文本】面板以 ASCII 文本或 Unicode 文本形式查看文件；【十六进制】面板以十六进制形式查看文件；【文档】面板对 Outside-In 技术所支持的文件格式可以直接查看；【抄本】面板所提供的格式与文档面板相同，但过滤了内容的格式干扰信息，使得用户可以查看在 Doc 面板形式下无法正确查看的文件。文档及抄本面板采用了 Outside-In 技术，能直接查看文件的原始内容。

（6）查看复合文件。复合文件是有不同层次的文件，具有自身的文件结构。常见的复合文件有注册表文件、OLE 文件、压缩文件、Outlook Express 电子邮件、MS Outlook 电子邮件、Windows Thumbs.db。EnCase 提供了对证据文件中的复合文件的各个独立组成部分的信息直接查看功能。这个功能是由【编辑】→【查看文件结构】功能来实现的，也可通过快捷菜单来实现。EnCase 可以查看下列复合文件的文件结构：注册表文件；电子邮件，如 Outlook Express（.dbx）、Outlook（.pst）；压缩文件，如.zip、.gzip、.tar；Windows Thumbs.db 缩略图文件；Exchange 2000/2003（.edb）；Lotus Notes（.nfs）；Mac PAX 格式、Mac DMG 格式；Korean Office 文档；OLE 文件；AOL ART 文件。

复合文件的查看步骤是在 EnCase 中查找到复合文件，选中它，右键单击需要查看的文件，选择【查看文件结构】，然后可以看到复合文件在树形面板和列表面板中已经被替换成一个文件夹并带有复合卷图标，复合文件的文件结构就会显示出来，其构成文件将依照用户选择的视图模式来显示，即可查看解开后的文件。

（7）查看注册表文件。注册表文件属于复合文件，对其使用【查看文件结构】功能后，注册表文件的结构就会显示出来。注册表包含了大量的系统信息和用户配置信息，如计算机硬件、用户行为、自启动项等信息。只要操作系统在运行中，注册表就处于激活状态。

Windows9X/ME/NT 4.0/2000 及 Windows XP 系统的注册表文件可以被加载。

Windows 9X/ME 系统有两个注册表文件，位于系统根目录下，这个根目录通常是"C:\Windows"，这两个注册表文件的文件名分别是 System.dat 以及 User.dat。Windows NT 4.0/2000/XP 将注册表文件分离为四个不同的文件，这些文件的存放路径为"C:\%SystemRoot%\System32\Config\"。

(8) 查看 Base64 和 UUE 编码文件。当邮件文件被加载时，EnCase 会自动显示 Base64 和 UUE 编码的附件。可以事先通过关键字搜索 Base64 和 UUE 编码来判断。若要查看 Base64 和 UUE 编码文件，首先选择列表面板中的文件，使得文件的内容出现在视图面板的文本视图中，然后加亮前几个字，鼠标右击，选中【书签数据】，在弹出的【书签数据】窗口中的数据类型中，选择 Base64 编码图像或 UUE 编码图像。

(9) 图库查看。图库(Gallery)视图提供了快捷、简易地查看图片文件的功能。可以直接选中文件夹、卷或是整个案例，勾选全显框即可显示包含的所有图片。在图库视图中可以对某些图片加注书签，以便于随后将这些图片显示在调查报告之中。图库视图是根据文件扩展名来显示文件的。若将.jpg 文件改为.dll，则在图库视图中将不再显示该图片。只有当签名分析识别出该文件已更名并且是一张图片时，才会将其显示在图库视图中。

2. 文件过滤

过滤器位于过滤面板中。系统中已经存在一些预先定义的过滤器，用以过滤出重要文件或过滤掉重要性不大或者无关紧要的东西。检验人员可以在过滤面板中运行、创建、编辑、删除过滤器、条件表达式、查询等。新的条件表达式标签允许用户通过简单地设置一些参数创建过滤器。

(1) 过滤器。过滤器是采用 EnScript 编写的过滤脚本，是利用 EnCase 中的文件属性对部分文件进行屏蔽，只显示感兴趣的文件。文件的属性包括文件常见的属性和 EnCase 扩展出来的属性，例如哈希值、文件签名等。过滤器面板中显示的过滤器与所选择的过滤对象有关。

步骤：选择需要过滤的文件夹或驱动器；执行对应的过滤器，并设置对应的条件；在【列表】视图中查看过滤结果。如图 4-2 所示为使用过滤器查找到的雅虎邮件网页。

(2) 条件表达式。跟过滤器类似，条件表达式也是用来限制列表面板中的内容的。系统中已存在一些预设的条件表达式，单击【条件表达式】标签，将显示条件表达式列表。

(3) 查询。查询是通过将过滤器和条件表达式组合成一个查询项来更改显示内容的。一个查询由两部分组成：显示和逻辑。显示部分影响文本及其颜色，该颜色是通过用户选择过滤器和条件表达式来指示匹配的。逻辑部分控制着哪些行要从列表面板中隐藏。

创建查询：选择【查询】图标，单击右键，在弹出的快捷菜单中选择【新建】菜单项；在【新建查询】窗口的【名称】对话框中输入一个名字；在【显示条目面板的显示设置】中，单击右键，在弹出的快捷菜单中，单击【新建】，然后选择过滤器或条件表达式，在文本区域输入文本。当文件符合条件时，该文本将在列表面板中的过滤器栏显示。选择【文本颜色】或

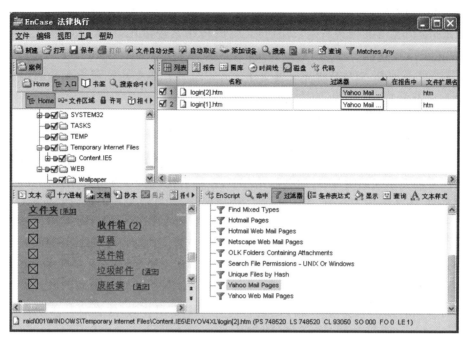

图 4-2　EnCase 过滤结果显示

【框架颜色】可改变颜色成分；默认逻辑是"与"操作，如果想改变操作，可在快捷菜单中选择【改变逻辑关系】；单击【确定】按钮。

（4）过滤器脚本。EnCase 自带的脚本库主要有以下几个大类：Files（文件属性）、General Conditions（通用条件）、Filters by Date（日期）、Filters by Size（大小）、Hash Conditions（哈希值）、Print Spool Files（打印池文件）、Signature Conditions（文件签名）。

4.1.6　关键字搜索

EnCase 的搜索引擎能够定位当前打开的案例中的任何物理介质或是逻辑介质中的证据信息。全局关键字可以在任何案例中运用，也可以被设置为指定案例的关键字并仅运用于已存在的案例之中。

搜索中用到的关键字是用来在案例中查找匹配条目的词语。如果合适的关键字被选中进行搜索，那么 EnCase 将会给出在该条件下的最佳搜索结果。EnCase 搜索引擎有很多选项设置，此外支持功能强大的带有 GREP 格式关键字的正则表达式进行搜索。除了 GREP，还可以通过对大小写敏感度的设定以及对特定代码页的选择来限定搜索范围。

1. 创建关键字

全局关键字在定义之后分置于不同的文件夹中。这些文件夹是任何案例都可以访问的，步骤如下。

（1）若是全局关键字，单击【视图】→【关键字】；若是局部关键字，即仅适用于某案例的关键字，单击【视图】→【案例 子选项卡】→【关键字】。在左侧关键字面板中选中【关键字】。

(2)右键单击树形视图中的【关键字】图标,在弹出的快捷菜单中单击【新文件夹】,新文件夹将出现在树形列表之中,可以重命名该文件夹。

本地关键字与单独的案例相关联,同时只有在该案例被打开时才可对其进行搜索。如果本地关键字是在某一个案例中创建,则打开其他案例,不能使用之前案例的本地关键字。

除此操作之外,生成、增加、删除以及编辑本地关键字时,全部关键字与局部关键字的其他操作几乎一致。

2. 增加关键字

关键字可以直接添加到一个新的文件夹、已存在的文件夹或根文件夹中。

(1)右键单击树形面板中的关键字图标,弹出快捷菜单;

(2)单击【新建】,出现【新建关键字】对话框,如图4-3所示为新建手机号码搜索关键字对话框。

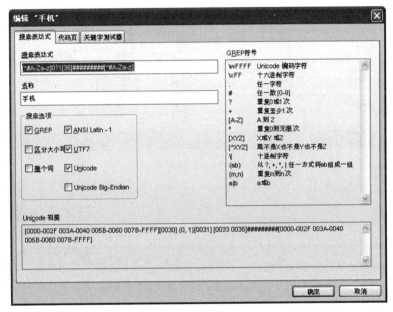

图4-3 EnCase新建关键字对话框

(3)填写对话框中的文本框。搜索表达式:输入要搜寻的表达式;名称:搜索表达式在文件夹中显示的名称;区分大小写:仅对大小写完全匹配的关键字进行搜索;GREP:采用GREP语法进行搜索;ANSI Latin-1:默认采用的代码页,搜索文档过程中将采用ANSI Latin-1代码页;Unicode:统一字符编码标准,该选项只查找以 Unicode 编码格式表示的字符,采用双字节对字符进行编码,在多国语言办公室或商务机构中,作为一种通用的字符集,在基于 Intel 的 PC 上使用 Little-Endian 编码;Big-Endian Unicode:使用于非 Intel 的架构的系统中,绝大多数的操作系统都首先选择该格式的编码;UTF-8:为了满足面向字节和基于 ASCII 编码的系统的需求,UTF-8 已经被定义为 Unicode 标准,在UTF-8 中的每个字符代表一个序列,最多四个字节,其中第一个字节指定字节的数,后接多字节的序列;UTF-7:仅使用基本 ASCII 值来编码完全的 BMP 指令系统,实际上是一种邮件安全编码。

3. 关键字测试器

可以通过单击【关键字测试器】标签在已知的文件中测试一个查找字符串。在【搜索表达式】文本框中输入相应的内容,同时确保选择合适的关键字搜索选项。

(1) 增添一个新关键字。

(2) 增添一个表达式,并命名关键字。如可应用 GREP 语法的关键字来搜索输入的电话号码。

(3) 选择所需要的选项,如区分大小写、GREP 等。

(4) 选择【关键字测试器】标签,出现【关键字测试器】对话框,如图 4-4 所示。

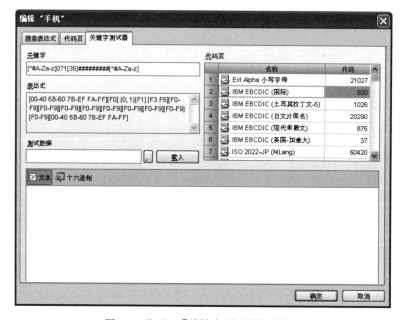

图 4-4　EnCase【关键字测试器】对话框

(5) 输入测试文件的地址或定位测试文件,该测试文件包含了搜索字符串。同时将该文件路径输入【测试数据】文本框中,单击【载入】按钮。测试文件被找到后将显示在【关键字测试器】下部的视图框中。

4. 导入关键字

关键字及关键字列表可以从其他用户导入。可以按照下述步骤来导入关键字列表。

(1) 右键单击树形面板中的关键字图标,弹出快捷菜单。

(2) 选择【导入】菜单项。

(3) 输入或浏览目标文件的路径,单击【确定】按钮。导入列表随后将出现在树形面板之中。

5. 导出关键字

关键字是以 TXT 文本文件的格式导出的,可以同时导出所有关键字或导出选定的关键字列表。

(1) 右键单击列表面板中的关键字图标,弹出快捷菜单。

(2) 选择【导出】菜单项。弹出对话框后填写相关信息。

(3) 单击【导出树形(为了导入)】,然后单击【确定】按钮。

6. 关键字搜索

整个案例、整个磁盘或是单个文件、文件夹都可以是搜索对象。例如若要在未分配的空间中搜索诸如文件头等信息时,需单击【未分配簇】,否则 EnCase 将对整个案例中的所有条目进行搜索。

(1) 通过单击工具栏中的【搜索】按钮开始搜索,【搜索】对话框随之出现。

(2) 完成对话框中相应字段的填写,然后单击【开始】。

(3) 各搜索选项含义。仅选定的项:默认情况下,证据文件中的每个字节都会被搜索,对选定入口的搜索只会在选定的文件、文件夹或是设备中进行;搜索关键字的条目和记录:使用该选项必须先生成记录,选定该选项后 EnCase 将对案例中的所有记录进行搜索;仅搜索被选中的关键字:仅用选定的关键字进行搜索;搜索文件残存:搜索位于文件逻辑结束位置与其对应的物理结束位置之间的这一段已残留的区域;使用已初始化的大小:仅按条目的初始化大小搜索。(相对逻辑大小或物理大小而言);在搜索前取消删除条目:搜索前恢复已删除文件;仅搜索哈希库中条目的残存区域:与哈希分析结合进行搜索;验证文件签名:根据文件签名进行签名分析,判别文件扩展名是否与该类型文件所对应的签名匹配;计算散列值:需进行计算哈希值则需勾选该选项;验算散列值:若勾选此项,则将重新计算文件的哈希值;搜索电子邮件:勾选此项后将会在这个选项栏下出现诸多 Email 搜索选项;已删除恢复的内容:访问已删除的电子邮件;电子邮件类型列表:【搜索电子邮件】选项下面的一些选项是可以恢复的邮件的类型,选择搜索中所要恢复的类型;识别代码页:检测文件中的代码页;搜索互联网历史:恢复缓存于网页访问历史文件中的网页信息。

7. 查看搜索命中结果

当用户完成搜索之后,可以通过单击【视图】→【搜索命中】来查看匹配结果。搜索命中是按树形面板中每个关键字进行排列的。每个关键字对应的搜索命中将显示在列表面板之中。在 EnCase V6 的【搜索命中】标签页中,在列表中的【预览】列默认不使用与关键字相同的编码来进行预览,在列表视图中右击并选择【编码预览】后,【预览】列就立即以关键字相应的编码显示出搜索结果的上下文信息。如果编码为 Unicode,那么可以正常显示中文,然而如果编码为 GB2312,还是会乱码,后续版本将会进行修正。选中关键字命中列表中的相应项,就可以在视图面板中查看命中的具体信息。

4.1.7 索引搜索

文件索引是 EnCase 改进搜索引擎的部分。从 EnCase V6 开始支持索引技术,支持对所有文件及磁盘区域进行索引,常见的应用有对常见的文档(如.DOC、.XLS、.PDF、文本、网页等)、PageFile.sys、hiberfil.sys 及未分配空间中的数据进行索引,提高二次搜索的速度,提取字符串数据生成密码字典等应用。目前 EnCase 对中文索引的支持只局限于单字,并不支持中文单词的索引。建立索引可以为证据文件的内容创建一个关键字清单。这些关键字清单条目包含了它们在证据文件中所在位置的指针,既可以来创建新案例索引,也可以创建已存在案例的索引。当索引被创建后,它将被存储于硬盘中的某个文件夹之中。

如果被选择用于索引处理的文件数目比较少则可以获得较好的索引处理结果。索引没有具体可参考的数据大小,索引的大小取决于计算机的配置。

1. 创建索引

索引案例的一般规则如下。

(1) 选择用于索引操作的文件或特定磁盘区域。

(2) 选择【工具】→【索引案例】或按快捷键(Ctrl+I),出现【索引案例】对话框。

(3) 在【索引案例】对话框中进行选项勾选,如设置索引字符串的最小长度,是否排除哈希库中已存在的文件、互联网文件,索引操作所使用的内存比例以及是否区分大小写等,然后单击【确定】。

(4) 当【索引概述】窗口出现后单击【完成】按钮。

在控制面板中将出现索引状态,至此索引已被创建,将会生成以设备名命名的索引数据文件(*.index),通常存储在用户定义的索引文件夹中。

EnCase V6 自带了一个脚本(范例\创建索引字典),可以将索引数据文件(*.index)中包含的字符串导出为纯文本文件,即可用于其他第三方密码破解软件。

2. 索引搜索

(1) 建立一个条件表达式。

当在【新建术语】对话框中创建函数时,选择 Body Contains 属性。在进行更多的关键字参数搜索时必须使用复合搜索这一形式。在每个函数中仅允许有一个关键字。如果需要额外的逻辑,则为每个关键字创建新的条件表达式。

(2) 选定顶级,勾选【包含所有】复选框。

若单击绿色的五边形复选框,则选中所有的文件。

(3) 运行条件表达式。

运行完毕后,列表面板中显示符合所给定条件的文件。视图的名称栏中显示了文件名,而过滤器栏中显示的是当前运行的条件表达式。

(4) 单击报告面板上的 Transcript 标签来查看条件表达式的运行结果。

4.1.8 书签的制作及使用

EnCase 可以为文件、文件夹或是文件中的部分内容进行标记,这些标记称为书签,所有的书签都被存储在相关联的案例文件中。

在分析的过程当中发现线索或证据时应该及时作好标识存入书签当中。

1. EnCase 提供的书签类型

加亮标注数据书签、注释书签、文件夹信息/结构书签、重要文件书签、文件组书签、快照书签、日志记录书签、数据标记书签、案例时间设置书签、搜索摘要书签。

2. 制作和编辑书签

(1) 书签数据、书签文件：选中要记录到书签中的数据、文件，右键单击【书签数据】，出现相应的【书签】对话框。

书签内容数据类型：在高亮选中数据的书签数据对话框中，数据类型窗格提供了所支持的数据类型的列表。数据类型是由上一级对象所组织的，描述了所支持的每种数据类型。每种数据类型由其子对象所描述表示。格式解释了可能的内容，同时还可以改变数据被书签标记的方式。

(2) 书签文件夹：选中需添加到书签的文件夹，右键单击【书签文件夹结构】；编辑书签：可对书签的显示格式和组织结构进行编辑。

3. 书签数据类型

(1) 文本类型

包含了可以在以文本格式显示书签内容时用来描述格式化的子对象。不显示：隐藏书签内容，这对于所有可能的数据类型都适用；High ASCII：以 256 位 ASCII 码显示文本内容；Low ASCII：以 128 位 ASCII 码显示文本内容；十六进制：以十六进制形式显示文本内容，而不是用字符形式显示；Unicode：以 Unicode 编码形式显示文本内容；ROT13 编码：将以 ROT13 方式编码的文本解码为 ASCII 码文本；HTML：以类似浏览器的方式来解析 HTML 代码；HTML（Unicode）：以浏览器方式并采用 Unicode 编码来解析 HTML 代码。EnCase V6 比较新的版本支持对 Base64/Quote-printable 数据进行解码，然而对中文的支持还存在一定问题。

(2) 图片类型

包含了一些能用于显示书签内容为图片或图形文件的多个文件格式的子对象。图片：基于文件扩展名或包含书签内容的文件的文件签名来显示.jpg、.gif、.emf、.tiff、.bmp、AOL ART 或.psd 文件格式；Base64 编码图像：以 Base64（Unicode）格式显示书签选中的内容；UUE 编码图像：以 UUE 格式显示被书签标记的内容。

(3) 整数类型

包含了一些可以把书签内容显示为整型编码的子对象。8 位整数：以 8 位整数形式显示被书签标记的内容；16 位整数：以 16 位 Little-Endian 整数形式显示被书签标记的内容；16 位 bit Big-Endian：以 16 位 Big-Endian 整数形式显示被书签标记的内容；32 位整数：以 32 位 Little-Endian 整数形式显示被书签标记的内容；32 位 Big-Endian：以 32 位 Big-Endian 整数形式显示被书签标记的内容；64 位：以 64 位 Little-Endian 整数形式显示被书签标记的内容；64 位 Big-Endian：以 64 位 Big-Endian 整数形式显示被书签标记的内容。

(4) 日期类型

包含了一些子对象，这些子对象展示了在显示书签内容时可以使用的多种文件格式。

DOS 日期：显示了 MS-DOS 文件的最后改写时间，该时间是以全 16 位值显示的，包括了年、月、日以及时刻；DOS 日期(GMT)：以全 16 位值显示格林尼治标准时间格式的 DOS 日期；UNIX 日期：基于标准 UNIX 时间 01/01/1970 年 00：00：00 GMT，显示以秒计算的 UNIX 时间戳；UNIX 文本日期：基于标准 UNIX 时间 01/01/1970 年 00：00：00 GMT，以文本形式显示以秒计算的 UNIX 时间戳；HFS 日期：显示一个数值，该数值包含了在超级苹果机中最后改写文件的日期（年月日）和时间（时分秒）；Windows 日期/时间：显示一个数值，该数值包含了在 Windows 系统中最后改写文件的日期（年月日）和时间（时分秒）；Lotus 日期：显示了 Lotus Notes 数据库文件的日期。

（5）Windows 类型

包含了一些子对象，这些子对象展示了可以在显示书签内容时使用的多种文件解码。分区入口：根据 Windows 分区入口的头部格式，以字符形式显示书签内容；DOS 目录项：根据 DOS 目录入口格式，以字符形式显示书签内容；Win95 Info 文件记录：根据 Info 数据结构定义，以字符形式显示书签内容；Win2000 Info 文件记录：根据 INFO2 数据结构定义，以字符形式显示书签内容；GUID：根据 GUID（全球唯一标识符）格式，以字符串形式显示书签内容。

（6）样式类型

选择书签文本数据时所需要的文本样式。

3. 报告

取证调查的最后阶段是提交发现的结果报告，EnCase 具有报告生成与导出的功能，EnCase 的报告是基于书签来整理的。EnCase 软件先对发现的信息进行标签标记，单击列表面板中的【报告】标签可以查看报告，然后可以导出，以便快速生成最终报告。

（1）报告整理：通过编辑书签的内容，可以改变报告中呈现的内容。

（2）导出报告。EnCase 中报告可以导出为两种格式，.rtf 便于后期编辑，.html 可以将书签的数据一起导出。

4.1.9 RAID 磁盘重建

EnCase 中可以对软件 RAID 和硬件 RAID 进行重建。EnCase 使用术语"磁盘配置"来代替 RAID。软件 RAID 重建比较简单，软件 RAID 是由操作系统控制的，磁盘交叉分区规划的相关信息在注册表或磁盘最后，依靠操作系统建立配置。动态磁盘的配置信息存放在磁盘最后而不是在注册表键值里。因此，在该磁盘配置中的每个物理磁盘都包含重建原始配置所必需的信息。EnCase 读取动态磁盘分区结构并解析基于提取的信息的配置。EnCase 可以读取并解析基于注册表键的配置信息。硬件 RAID 配置是由控制卡控制的，配置信息保存在控制卡的 BIOS 中，对硬件 RAID 进行重建首先要确定磁盘的顺序和条带大小。EnCase 可以创建 6 种类型的磁盘配置：跨区卷（spanned）、镜像（mirrored）、条带卷（striped）、RAID-5、RAID-10 及基本磁盘（basic）。

1. RAID 类型

以 RAID 级别标准划分,可分为 RAID 0/1/2/3/4/5/6,常用到有 RAID 0/1/10/5。

以磁盘的控制方式划分,可分为硬件磁盘冗余阵列(Hardware RAID)、软件磁盘冗余阵列(Software RAID)。

2. 硬件 RAID 的条带大小

(1) 了解 RAID 控制卡的品牌类型(LSI、Adapter、Promise 等)。

(2) 了解如何进入 RAID 卡的 BIOS(通常不同型号的卡有不同快捷键)。

(3) 进入 RAID BIOS,查询现有 RAID 的条带大小。

3. RAID 重建

软件 RAID 的重建步骤与硬件 RAID 基本一样,在 EnCase 中磁盘配置设置与硬件 RAID 重建不同。

(1) 软件 RAID 重建。不需要知道 RAID 的条带大小(Stripe Size),因为条带大小的信息存储在硬盘中。

步骤一:在入口处将各个物理硬盘或证据文件(.e01)添加进来;步骤二:选择菜单【编辑】中的【扫描磁盘结构】。

(2) 硬件 RAID 重建。由于磁盘配置由硬件控制,EnCase 不能重建物理磁盘的配置。如果取证人员在原环境中获取设置,磁盘配置就可以作为一个磁盘来获取,这是目前最容易实现的选择。此外,EnCase 还有手动编辑硬件配置的功能。编辑一个磁盘配置需要一些信息:条带大小、启动扇区、每一个物理的磁盘长度及条带是否采用右手校验模式(Right-handed)。对于硬件设置的这些数据可以从控制卡的 BIOS 中收集,或从注册表的软件设置中收集。

步骤一:在入口处将各个物理硬盘或证据文件(.e01)添加进来;步骤二:切换到【设备】(Devices)标签页,在右侧列表中右击,选择【编辑磁盘配置】(Edit Disk Configuration);步骤三:在出现的磁盘配置窗口将硬盘添加进来;右击组成设备空白处,选择【新建】。

在重建 RAID5 过程中,硬盘的先后排序很重要,关系到 RAID5 的重组是否正确。因此,如果有 3 个硬盘,那么有 6 个组合,此外有些硬盘还需测试 Right-Handed Striping,最终需要测试 12 种组合顺序。

通常硬件 RAID 默认的条带大小多数是 64KB,也就是数据在硬盘存储是以区块大小为 64KB 的数据,分散在各个硬盘存储的。通常建议在 EnCase 入口处找一个文件,文件大小在 $(N-1) \times 64KB$ 左右,将该文件复制/恢复出来,然后测试是否能正常打开或运行。最好是找一个跨越多个磁盘条带的 RAR 文件,因为本身 RAR 带有自校验功能,如果文件数据不完整,解压时 WinRAR 就会有解压错误提示,最终也无法正常解压。

有一些软件可以自动检测 RAID 磁盘的组合顺序,如 Raid Reconstructor 等。

4.2 X-Ways 检验工具

X-Ways Forensics 由德国 X-Ways 公司开发，是其前身 WinHex 的姊妹产品，WinHex 在磁盘编辑、十六进制编辑方面非常优秀。X-Ways Forensics 主要用于电子数据分析与处理，功能很强，作数据恢复只是它的一小部分功能。因为这个工具处理数据有很多种方法，所以叫 X-Ways。WinHex 法证版实际就是 X-Ways Forensics，法证版禁止对磁盘进行任何编辑和修改，用于保持数据的原始性和完整性。X-Ways 的升级速度非常快，而且软件的基本操作方法没有改变。

X-Ways Forensics 15 版的主要功能包括：可分析 RAW 格式原始数据镜像文件中的完整目录结构，支持分段保存的镜像文件；支持 FAT、NTFS、Ext2/3、CDFS、UDF 以及 HFS、HFS+、ReiserFS、Reiser4、UFS、UFS2 文件系统；支持对磁盘阵列 RAID-0、RAID-5 和动态磁盘的重组、分析和数据恢复；多种数据恢复功能，可对特定文件类型进行恢复；数据擦除功能，可彻底清除存储介质中的残留数据；可从磁盘或镜像文件中收集残留空间、空余空间、分区空隙中的信息；能够非常简单地发现并分析 ADS 数据；支持多种哈希计算方法（CRC32、MD5、SHA-1、SHA-256 等）；强大的物理搜索和逻辑搜索功能，可同时搜索多个关键词；支持分区类型 MBR、Windows 动态卷、GUID（GPT）、苹果格式、未分区（软盘/大容量软盘）；自动进行文件签名、特征比对；能够分析检查抽取出的电子邮件数据，支持 Outlook（.pst）、Outlook Express（.dbx）、Mozilla（包括 Netscape 和 Thunderbird）、Generic Mailbox（Mbox、Berkeley、BSD、UNIX）、Eudora、PocoMail、Barca、Opera、Forte Agent、The Bat!、Pegasus、Calypso and Courier、PMMail、FoxMail；自动识别加密的 MS Office 和.pdf 文件，自动查找文件中嵌入的图片（如 Word、.pdf、PowerPoint）；内置 Windows 注册表查看器（支持所有 Windows 版本），并自动生成注册表报告；可查看 Windows 事件日志文件；能够以目录方式逐级浏览压缩文件中的内容；创建单词索引，并可在索引结果中搜索固定复合词；肤色图片检测功能，根据肤色比例，以画廊方式排序，加速对色情图片、黑白图片的搜索；可检测硬盘 HPA 区域和 ATA 加密硬盘保护区域。

4.2.1 配置软件

X-Ways Forensics 工具可以通过 Setup.exe 安装配置后使用，也可以通过运行 XwForensics.exe 直接使用。

软件使用中，保存有 X-Ways Forensics 工具临时文件和案例文件的分区将作为默认的数据输出路径，即只有该分区被允许写入数据。因此，在选择 X-Ways Forensics 工具使用分区时，需要考虑好下一步数据分析的实际情况。建议选择容量较大，数据较少的分区。

使用工具前，需要预先在 X-Ways 目录下建立 Case、Image、Temp 三个文件夹，分别用于保存案例文件、镜像文件和临时文件，文件夹名称也可自定义。

1. 用户界面设置

运行 X-Ways Forensics 工具后,若出现英文用户界面,单击菜单中的 Help→Setup→Chinese,Please!,软件界面即转为中文。如果将来需要使用英文界面,可用同样的方法转换回来。

当用作电子数据分析工具使用时,一定要选择计算机法证版用户界面。

2. 设置

使用 X-Ways Forensics 进行各项操作之前,首先需要进行设置。单击菜单【选项】→【常规设置】,或直接按 F5 键,即可显示【常规设置】对话框。

保存临时文件的目录:为便于管理临时文件,新创建一个 Temp 文件夹,如"E:\Xway\Temp"。

保存镜像和备份文件的目录:为便于调用和管理镜像文件,新创建一个 Images 文件夹,如"E:\Xway\Images"。

保存案件和方案的目录:由于将来创建的案件越来越多,这些案例文件保存在默认目录下非常混乱,不易查找,因此,可为其新创建一个案例文件夹,如"E:\Xway\Case"。

保存脚本的目录:系统默认保存在 X-Ways Forensics 的当前目录下,如"E:\Xway目录"。

保存哈希库的目录:系统默认哈希库文件位置为"E:\Xway\HashDB"。此目录可由 X-Ways Forensics 自动创建和管理,无需改变。

注:如果在固定计算机中安装使用 X-Ways Forensics,通过上述设置即可使用。如果在移动硬盘或光盘中使用 X-Ways Forensics,请确定路径设置正确,并将上述路径指向相应目录。路径和文件名最后使用英文字母+数字,否则案例日志和报告中无法出现屏幕快照图片。

4.2.2 X-Ways 工具界面介绍

X-Ways 软件的用户界面中,主要通过菜单、工具条和标签选择来进行操作。

1. X-Ways 主界面

如图 4-5 所示为 X-Ways 主界面。

最上方的标题栏显示当前任务对象为 flg 证据文件,接下来是菜单栏,集成了文件、编辑、搜索、位置、查看、工具、专业工具、选项等十大主菜单。菜单栏下方为工具栏,提供了 X-Ways 操作中使用率很高的各种功能键,主要有依次是打开文件、撤销操作、拷贝扇区、剪贴板操作、数据转换、修改数据、查找、替换、同步查找、转到偏移量、转到扇区、打开磁盘、复制磁盘、编辑内存、文件系统快照和目录浏览器选项等。再下方是目录浏览器视图,任务对象、文件筛选结果等都在这里体现。整个右下角的区域都是最直接的操作区(编辑区),直观地反映着磁盘或文件中的十六进制编码状况。左下方是操作对象状态属性框,可以反映当前操作对象的各种参数,如操作对象名称、硬盘型号、硬盘序列号、硬盘总容量、每扇区字节数、结尾剩余扇区、字符集、偏移量、编码模式。给界面的另一默认窗口是数据解释器,可以实现各种函数的翻译调用,大大方便了用户对特殊 HEX 区域的识

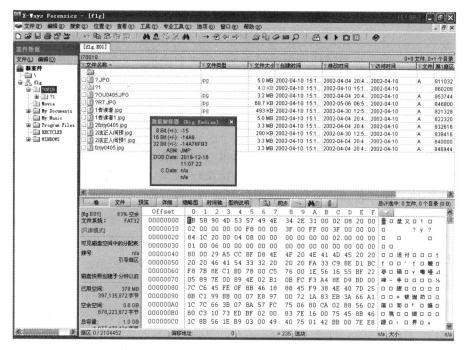

图 4-5 X-Ways 主界面

别操作。

左侧有一【案件数据】窗口,主要是进行案件管理和证据操作相关的创建案件、打开案件、保存案件、创建案件报告、添加存储设备、添加镜像文件及案件属性设置等功能。

2. 主菜单

(1) 文件菜单

此菜单是 WinHex 操作的基本菜单,主要有新建、打开、保存扇区、另存为、创建磁盘镜像、恢复磁盘镜像、备份管理器、打印、属性、打开文件夹、保存改动过的文件、保存所有文件和一些近期项目的快捷访问键。

新建:出现【建立新文件】对话框,提示输入要创建文件的大小,单位可以是字节、KB、MB、GB。

打开:打开文件后,可以按照 HEX 编码、字符串等进行浏览,可以进行各种修改、裁剪、填补、销毁工作。此时,主界面右边会显示出该文件的各种属性参数,如大小、创建时间等。注意,普通文件被打开后将不再按照扇区单位进行浏览,而是采用"页面",原本扇区之间的分割线已经消失。

保存:如果修改、裁剪、填补、销毁等操作最终写入文件,就需要用到保存功能。如果修改对象过于巨大,保存工作可能会持续很长时间,甚至因为内存耗尽而中断。

创建磁盘镜像:出现基于目前操作对象信息的窗口。镜像文件格式分为原始镜像、证据镜像。原始镜像(RAW 镜像)是指完全不考虑文件系统和未使用空间,按照扇区单位逐一复制而成的镜像。生成的镜像无论是体积还是数据分布都与其来源不会有一丝一毫差距。证据镜像是指可压缩、可解释、可加密的特殊镜像方式,一般应用于电子物证分析工作中。接下来,可以设定镜像保存的路径和名称。右上角是扇区选择范围,可以指定扇区段进行复制,如某硬盘前端出现大量坏道,强行复制既不安全也花费时间,就可以利用此功能从坏道较少的地方开始复制。下方是一个哈希值计算工具,可以有效记录数据的原始校验。还有许多功能如压缩比、镜像分割、坏扇区跳过填充等都是因环境而选择是否采用的。设定好参数后,单击【确定】开始复制。

恢复镜像文件:将已成型的镜像文件还原到磁盘中。注意目标磁盘的环境最好与镜像文件相仿,不然会产生问题,给下一步工作造成困难。

打开文件夹:可以对某文件夹内某类型的文件进行批量展开,以便后续的同步、对比、批量修改等工作。

(2) 编辑菜单

由撤销、剪切、复制扇区、剪贴板数据、移除、定义选块、全选、清除选块、转换、修改数据、填充磁盘扇区等子项构成。

复制扇区:该菜单包含了正常、至新文件、十六进制数值、C 源码、Pascal 源码、GREP Hex 等子菜单。【编辑】中都是最常用到的功能。

剪贴板数据:复制、剪切的东西首先存在这里,每次都覆盖上次的内容。有四个二级子项,粘贴、写入、粘贴为新文件、清空剪切板。

定义选块:选块是定义操作对象范围的基础。选块的方法大体分为三种,指针范围选块、使用定义选块子项、开始结尾法。

(3) 搜索菜单

包含的子菜单有同步搜索、索引文本、在索引中搜索、查找文本、查找十六进制数值、替换文本、替换十六进制数值、组合搜索、搜索整数值、搜索浮点值、搜索单词短语、继续全局搜索、继续搜索等。

查找文本:主要作用就是搜索、定位操作对象中存在的任意字符串。可以选择 ASCII 和 Unicode 字符编码类型,可以在搜索表达式中加入一个通配符、可以要求整字匹配(精度搜索)、可以选择搜索方向或全局搜索、可以在指定范围内为搜索对象确定方位(偏移量)、可以选择只在选块区搜索、可以在所有打开的项目中进行搜索、可以给出并保存搜索列表、可以忽略读取错误(例如跳过坏扇区)。为了搜索更加快速、准确,有时还需要设置【条件:偏移计算】。搜索结果会自动列表保存,定位到的字串和 HEX 值被高亮标记。

替换文本和替换十六进制数值:在有规律地修复同一错误时非常有用,例如有时候扇区有效结束标志 55AA 会被病毒改写,造成扇区不能被操作系统识别,就可以利用此功能进行批量整体的替换。

同步搜索:可以实现多编码字串的同时搜索,即可以同时完成多个搜索任务。每个文本必须占用独立的一行。此外还可以从外部导入文本文件来定义搜索内容,有逻辑搜索和物理搜索两种方式。逻辑搜索主要针对操作对象中的文件,搜索范围较小、速度很快。物理搜索是字节级的逐个检查,主要针对物理磁盘。

组合搜索:搜索两个文件中相同位置的特定数据。此功能对分析文件的相似性帮助很大。

(4) 位置菜单

包含转到偏移量、跳至扇区、转到 FAT 记录、移动选块、向后、向前、转至、标记位置、删除标记、转到标记和位置管理器等子菜单项。

转到偏移量：字节级的定位方案，可以迅速跳转到任意字节处。一般来说，定位会取一个参照位置，默认的参照位置是操作对象的开头，也可以设定当前位置参照、反方向参照等。

跳至扇区：经常需要查看的扇区，如 0 扇区、63 扇区、69 扇区、91 扇区等可以直接跳转。

转到 FAT 记录：FAT 文件系统是靠文件分配表查找文件所在数据区的。为了方便准确定位 FAT 起始，专门定制了该项功能。如果输入数字 0，则跳到该分区的 FAT 入口。如果需定位更深处的 FAT 项，只需输入其编号即可。

移动选块：可以在选块大小不变的情况下挪动选块区的位置。

位置管理器：其实就是所谓的搜索列表，每次搜索结果都被当作特殊位置存入位置管理器。只需调用位置管理器就可以找出上次的搜索结果，避免重复操作。位置管理器可以存储数十万条记录，一般是按搜索先后顺序排列，用户也可以单击列表上方的控件自行排列，如按照偏移量排列、按照搜索提示内容排列、按照时间排列等。在位置管理器中任意记录上单击右键，会出现其功能菜单。包含的子菜单有编辑、删除、新建、加载位置文件、另存位置文件、在编辑窗口中高亮显示、工具提示等。

(5) 查看菜单

一般情况下，每一种操作就会提供一种视图，以供用户及时掌握操作过程中发生的各种情况。【查看】菜单主要包含仅显示文本、仅显示十六进制、显示、模板管理器、字符数值表、减小一列、增大一列、同步窗口、同步和比较、刷新视图等。

仅显示文本：隐藏十六进制编辑区域但保留文本编辑区域，该功能在字符串识别、编辑、编码转换工作时可以有效排除十六进制带来的干扰。同样仅显示十六进制项可以减少字符带来的干扰。如果将两项都不选择，会回归默认状态。

显示：可以选择某些主要界面的去留，该项包含的子菜单有案例数据、目录浏览器、数据解释器、工具栏、菜单控制项、详细信息栏，可根据需要和习惯决定是否显示。【案例数据】也称"证据容器"，该功能是 X-WAYS 特有的电子取证专用模块。【目录浏览器】就是文件的具体操作区。如果不选择，将仅留下编辑区。

数据解释器：是一个非常重要的附加功能模块，可以解析多种编码或完成计算。可以进行 2~64 位编码进制转换、各种数据运算、各种文件系统或文件编码时间函数调用和解析、静态反汇编等。

模板管理器：所谓模板，就是将相同位置相同范围的数据套入一个框架，使用户能明了其广泛而通用的意义。这在文件系统的特殊扇区中最为常见，如 DBR、超级块等。模板可以自由编辑或者创建，X-Ways 提供了丰富的模板、涉及多种文件系统。

字符数值表：包含了四个编码转换表，明确指出了字串符号与十六进制数值相对应的关系。EBCDIC（广义二进制编码的十进制交换码）也同 ASCII 码一样都是字母或数字字符的二进制编码,每个字母或数字字符都被表示为一个8位的二进制数,定义了256个字符。

同步窗口:可以同时动态浏览多个操作对象相同位置的数据,广泛应用于数据比对、代码分析、逆向工程,还有RAID重组分析工作。

(6) 工具菜单

包含打开磁盘、磁盘工具、打开RAM、文件工具、查看、外部程序、调用 X-Ways Trace、计算器、十六进制转换、分析磁盘(文件)、计算哈希值、哈希库、启动中心等子菜单。

打开磁盘、打开RAM、文件工具可以对文件、磁盘、内存、文件夹进行十六进制或文字编码的编辑工作。查看可以调用嵌入的第三方的查看器组件进行文件查看。外部程序可以使用系统中安装的记事本、IE浏览器等外部程序打开当前文件进行查看。调用 X-Ways Trace调用已安装的 X-Ways Trace调查工具跟踪、检查和提取网络浏览器历史记录和删除到回收站文件的记录。启动中心对话框中包含打开文件、打开磁盘、打开RAM、打开文件夹四个控件,以及对 X-Ways 中的脚本进行新建、编辑、运行等操作。分析磁盘(文件)可以对磁盘或文件中的0H~FFH数值出现的次数和比率进行统计。十六进制转换可以进行十进制和十六进制数值之间的转换。计算哈希值项可以对当前文件或磁盘验算哈希值。

(7) 专业工具菜单

主要包含进行磁盘快照、将镜像文件转换为磁盘、重组 RAID 等子菜单。

磁盘快照:是 X-Ways Forensics 的一个重要功能,当对当前使用的物理磁盘进行分析时,磁盘的数据可能会随时发生改变,因此需要更新磁盘快照来保证案件中使用最新的数据。可以通过F10键更新磁盘快照,用于对当前驱动器中的所有数据进行快速解析,如计算哈希值、依据文件系统或文件签名恢复数据、验证文件真实类型、分析压缩文件、电子邮件、图片文件、加密文件等。

将镜像文件转换为磁盘:可以对由物理磁盘、逻辑分区等获取生成的镜像文件的结构按照每512字节/扇区进行解析、还原处理,将其视为一个标准磁盘,从而激活许多针对磁盘的特殊功能。

RAID重组:可以根据阵列磁盘的顺序、条带大小和阵列类型进行重组。

(8) 选项菜单

主要包含常规设置、目录浏览器、查看器程序、数据解释器、撤销操作设置、安全、编辑模式、字符集等子菜单。

常规设置:在常规设置窗口中,需要设置临时文件的目录、保存镜像和备份文件的目录、保存案件和方案的目录、保存脚本文件的目录、保存哈希库的目录。还有是否恢复上次窗口状态、显示最近打开文件列表的个数、缩略图是否显示图片内容、是否显示视频中的抽取图片、NTFS文件系统的MFT是否自动颜色等选项。

目录浏览及过滤设置:可以根据实际需要调整文件浏览器显示内容。可以设置文件属性栏目的宽度和显示顺序并可激活和设置文件属性过滤条件,以及是否分组显示文件夹和文件、是否标记已查看的文件等选项。

查看器程序:可以设置独立查看器组件所在目录,规定文本编辑器、HTML查看器、媒体播放器的名称和路径和其他外部查看器名称和路径，以及使用关联程序打开的文件的扩展名等。

数据解释器：选择在数据解释器中将十六进制数据进行解析的数值、时间、汇编指令、大小端字符等数据类型。

撤销操作设置：设置撤销操作的最多次数和剪切、粘贴、写入、移除选块、替换、加密、修改等操作前是否备份，以及备份的文件和扇区的最大容量等。

安全：设置是否保留磁盘快照、文件更新是否需要确认、加密口令是否显示等选项。

字符集：选择文本数据显示所使用的字符集。

(9) 帮助菜单

主要包含内容、设置、联机、Dongle 等子菜单。

内容：打开 X-Ways 帮助文件的内容。

联机：在网络浏览器中打开 X-Ways 相关的主页、论坛、知识库、新闻组等网页。

设置：可选择 X-Ways 用户界面所使用的英语、中文等语言，将 X-Ways 软件恢复初始状态或卸载。

4.2.3　创建案件

开始数据分析，首先要创建案例，并将需要分析的存储介质或者镜像文件加载到案例中。X-Ways Forensics 工具本身不会使数据内容产生变化。

1. 创建新案件

单击【案件数据】面板中的菜单【文件】→【创建新案件】，即可显示【案件数据】对话框。如图 4-6 所示为 X-Ways【案件数据】对话框。在【案件数据】对话框中，可输入案件名称/编号、案件描述、调查员、机构、地址等辅助信息，还可勾选【记录所有操作】、【日志中包含屏幕快照】、【记录 恢复/复制操作】、【自动添加磁盘分区至案件】等选项，选择处理本案例的代码页。案件名称应使用英文或数字，否则案例日志和报告中无法出现屏幕快照图片。

为保障数据分析中显示的时间正确，需在【显示时区】中设置正确的时区信息。如果嫌疑人活动地点与调查人员位于不同的时区，需要重现嫌疑活动的时候，必须更改嫌疑人所在时区。案件创建日期将由 X-Ways Forensics 依据系统时钟自动创建，应确保当前计算机系统时间设置准确。【报告】可以设定导出的报告的一些选项，如文件名、扩展名、创建时间等及其他报告格式和所包含的内容。

2. 添加数据

创建案件后，需要添加所需获取、分析的数据。可以在【案件数据】面板中的菜单【文件】、菜单【编辑】或案件名称上单击右键所弹出的菜单中选择添加物理存储设备，如磁盘、光盘、USB 移动存储设备等，也可添加 .e01、.dd 等文件格式的磁盘镜像文件或其他需要分析的文件。

3. 创建磁盘镜像

选择主菜单中的【文件】→【创建磁盘镜像】，选择镜像文件格式，如 .e01 磁盘镜像，并指定保存位置。

图 4-6　X-Ways【案件数据】对话框

开始创建镜像文件过程中,将显示复制进度。操作结束,将生成.TXT 格式操作日志,包含磁盘参数、MD5 值等信息。

4.2.4　X-Ways 基本操作

X-Ways 的基本操作指的是文件过滤、文件预览等操作。

1. 浏览所有文件

如果需要显示当前驱动器下的所有文件,鼠标右键单击驱动器图标,选择快捷菜单中的【展开目录】,在文件浏览器中将显示所选驱动器下的所有文件列表。若想取消全部文件显示模式,则单击驱动器图标。

2. 文件浏览器窗口说明

过滤漏斗:过滤选项,灰色时表示未启用,蓝色时表示应用了相应的过滤设置。

窗口文件数量:位于右上角,表示当前窗口显示出的文件数量及总计文件数量。若应用了过滤操作,则窗口右上角的数字显示符合过滤要求的文件数和被过滤掉的文件数。若没有使用过滤,则仅显示文件总数量。

选择文件数量:位于右下角,表示当前窗口选择的文件数量及容量。

文件标记:文件名称前面的小方框为标记选框。可以手工为文件逐一添加标记,也可以通过鼠标右键中的标记命令为所有选择的文件添加标记。

注：对指定文件的导出、添加注释、添加报告分类、创建哈希集，均可通过鼠标右键来实现。

磁盘快照时间：磁盘快照是 X-Ways Forensics 的一个重要功能，用于对当前驱动器中的所有数据进行快速解析，如计算哈希值、分析丢失数据、拆解压缩文件和电子邮件、加密文件检测等。当对当前使用的物理磁盘进行分析时，磁盘的数据可能会随时发生改变，因此需要更新磁盘快照来保证案件中使用最新的数据。可以通过 F10 键更新磁盘快照。

3. 目录浏览及过滤设置

文件浏览器显示内容可以根据实际需要进行调整。通过 Ctrl+F5 组合键或菜单【选项】→【目录浏览器】调用【目录浏览及过滤设置】对话框，如图 4-7 所示。

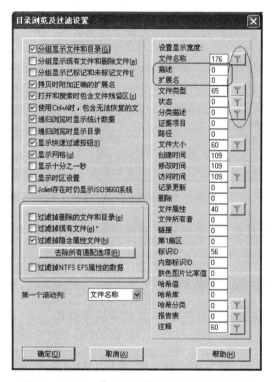

图 4-7　X-Ways【目录浏览及过滤设置】对话框

设置显示宽度：数字=0，表示不显示该栏目；数字>0，表示该栏目实际显示的宽度。本例中，文件名称栏目宽度为 176 点，文件类型栏目为 65 点，路径等项目为 0，表示不显示。

当需要显示更多未列出的栏目，如路径、哈希值等，可将该栏目数值从 0 更改为 50。数值可暂时设定，之后可利用鼠标将栏目调整至满意宽度。如需隐藏某栏目，将该数值更改回 0 即可。

4. 过滤

当使用某过滤条件时，例如对文件名进行过滤，查找所有.doc 文档，只需选择文件名称右侧的漏斗，输入过滤条件"*.doc"，单击【激活】按钮即可显示过滤结果。文件名过滤支持多语种字符。如需取消某过滤条件，单击【禁用】按钮即可。

5. 图例说明

在文件浏览器中，会有一些不同的文件及图标显示方式，如图 4-8 所示，具体含义可以对照图例说明查看，如图 4-9 所示。

文件名称	文件类型	文件属性	注释
password-123456.doc	doc	e!A	特定类型加密文件
15.DOC	jpg	A	文件类型不匹配
address.doc	doc	A	
When you look into your bu...	doc	A	
Жизнь победила машину...	doc	A	
الرئيس هو العربية-الافريقية.doc	doc	A	

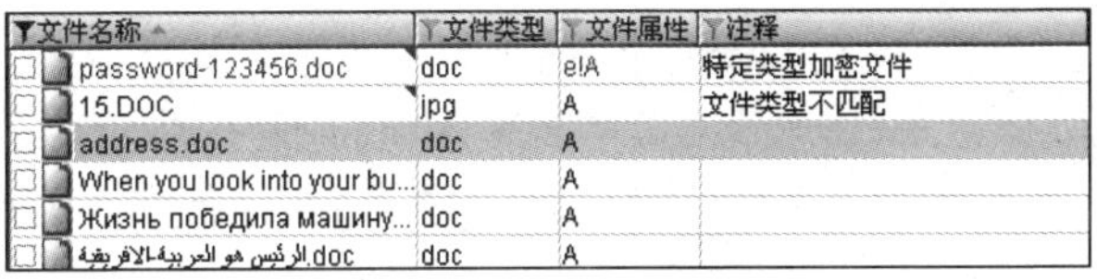

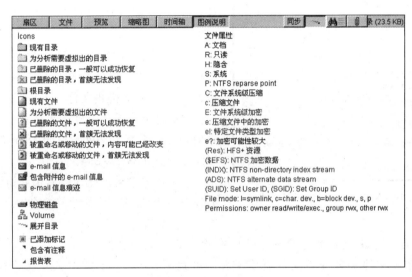

图 4-8　不同类别文件显示

图 4-9　X-Ways 图例说明

本例中，文件“password-123456. doc”显示为绿色，文件属性为 e!A，对照图例说明，可知该文件为加密文件。当对该文件添加注释后，文件名后显示出一个红色三角。“15. DOC”文件类型显示为蓝色 jpg，表示该文件为签名不匹配文件。

通过“磁盘快照”功能，可将当前案件中所有这些类别的文件判断出来。

6. 文件预览

X-Ways 内置了强大的文件查看器，可以支持 400 种以上文件格式的查看。单击【预览】按钮，即可逐一查看文件内容。

如果还没有对案件数据进行磁盘快照，当浏览文件时，X-Ways 将自动对文件签名、加密等状态进行检测。

4.2.5　磁盘快照

创建案件，载入. e01 证据文件后，一般应首先进行磁盘快照。由于磁盘快照过程将会把案件中所支持的压缩文件、电子邮件及附件、删除的数据解开及恢复出来，故经快照处理后得到的数据要比未进行磁盘快照的文件数量多。此时进行过滤和搜索,会得到更准确的结果。

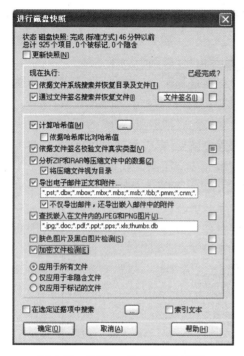

图 4-10 X-Ways 快照选项对话框

如图 4-10 所示为 X-Ways 快照选项对话框,每个任务前面的方框,经选取后显示绿色对勾。每个任务后面的方框,表示完成状态。绿色对勾表示全部完成;实心绿框表示已完成了部分,但尚未全部完成。选中相应的选项,单击【确定】即开始进行磁盘快照。

选项说明:

(1) 依据文件系统搜索并恢复目录及文件:将当前磁盘中的删除、丢失文件全部恢复。

(2) 通过文件签名搜索并恢复文件:根据文件签名搜索特定类型格式文件,例如可以仅搜索并恢复.doc 格式文件。

(3) 计算哈希值:自动计算所有文件的哈希值,目录、零字节文件没有哈希值,算法支持 MD5、SHA-1、SHA-256。

(4) 依据哈希库比对哈希值:如果已经拥有完整的哈希库,可在计算文件哈希值过程中,将哈希值与哈希库中的值比对,以确定文件哈希分类。例如,通过此选项排除已知的 Windows 系统文件。

(5) 依据文件签名校验文件真实类型:可判断.doc、.jpg 格式文件是否被改名或伪装。

(6) 分析 ZIP 和 RAR 等压缩文件中的数据:将压缩文件释放,并以虚拟目录形式浏览。

(7) 导出电子邮件正文和附件:拆解电子邮件,将邮件正文与附件以虚拟形式显示。

(8) 查找嵌入在文件内的 JPEG 和 PNG 图片:可以将.doc、.ppt 等复合文件中的图片抽取出来。

(9) 肤色图片及黑白图片检测:用于检测包含人体肤色特征的图片和其他黑白图片。

(10) 加密文件检测:用于检测特定类型加密文件,如加密的.doc、.xls 文件。首先,通过熵值检测,自动对大于 255 字节的文件进行检测。如果熵值超过设定值,文件属性标记为"e?",表明应仔细检查该文件,例如 PGP Desktop、BestCrypt 或 DriveCrypt 加密文件。熵值检测不适用于:.zip、.rar、.cab、.jpg、.mpg 和.swf 等文件。其次,可检测特定类型加密文件,如.doc、.xls、.ppt 和.pps、.mpp、.pdf 文件。如果为加密文件,文件属性显示为"e!"。

(11) 更新快照:将当前案件中磁盘数据保持最新状态。更新快照后,上述所有操作及搜索记录等将全部被清空。

完成磁盘快照之后,如显示案件中数据增多,这时才能继续进行过滤、搜索等操作。

4.2.6 文件过滤

在 X-Ways Forensics 中,可方便地对各种类型的数据文件进行过滤操作。

1. 按文件名称过滤

可以使用通配符,针对特定文件名称进行过滤。如搜索"*.doc"、"*.htm"等。使用通配符时,不能出现 2 个 *。此种过滤方式,适用于对文件名及单一文件类型过滤。

如果需要查找文件内容包含"李洪志"的 Word 文件,可首先过滤出.doc 文档,然后全选、标记,在标记文件中搜索关键词"李洪志"即可。

2. 按文件类型过滤

可按照设定的文件分类,对不同类型的文件进行过滤。通过此过滤方式,可以容易地将办公文档、图形图像、压缩文件以及各种重要数据,如注册表文件、互联网历史记录、回收站文件、打印文件、Windows 交换文件、日志等过滤出来。文件过滤类型可以自定义扩充与修改。

使用方法:选择相应文件类型,单击【激活】按钮。过滤前,应在磁盘快照中选择依据文件签名校验文件真实类型,才能够判断出文件的真实类型。

3. 按签名状态过滤

进行完整磁盘快照后,X-Ways 可依据文件签名检测每一个文件的签名信息是否匹配。如果文件扩展名被改变,签名状态将显示为签名不匹配。通过选择过滤选项中的文件签名显示状态,可发现签名匹配、不匹配的文件。

缺省状态下,文件显示为"签名未校验"。通过文件签名校验文件类型后,如果文件非常小,状态被显示为"无关的";如果文件扩展名和文件签名都未知,状态被显示为"不在列表中";如果文件签名和文件扩展名一致,状态被显示为"签名匹配";如果文件扩展名正确,但文件签名未知,状态显示为"签名未确认";如果文件签名和文件扩展名不匹配,或没有文件扩展名,状态显示为"签名不匹配"。

4. 按文件大小过滤

根据文件的实际大小过滤,不包含残留区数据。第一选项,用于设定小于一定容量的文件,如可查找小于 1MB 的文件;第二选项,用于设定大于一定容量的文件,如可查找大于 4KB 的文件。两个选项同时使用,用于设定一定容量大小之间的文件。

5. 按文件时间过滤

创建时间:当前磁盘中的文件和目录的创建时间;修改时间:当前磁盘中文件和目录最后修改的时间;访问时间:当前磁盘中文件和目录的最后读取或访问的时间;记录更新时间:NTFS 或 Linux 文件系统中,文件和目录的最后修改时间。这是包含于文件元数据中的文件系统数据结构;删除时间:Linux 系统下文件和目录的删除时间。

6. 按文件属性过滤

文件属性含义包括 A：存档、R：只读、H：隐含、S：系统、P：连接点、C：文件系统级压缩、c：.zip、.rar 等文件压缩、E：文件系统级加密、e：.zip、.rar 中加密文件、e?：可能是压缩或加密的。

4.2.7 数据搜索

同步搜索允许用户指定一个搜索关键词列表文件，每行设定一个搜索关键词。所发现的搜索关键词被保存在搜索列表中或位置管理器中。同步搜索能够以"物理搜索"和"逻辑搜索"两种方式进行。

物理搜索不考虑逻辑存储关系，针对物理扇区进行搜索。逻辑搜索按照逻辑存储关系在文件中进行遍历搜索。在某文件存在非连续存储、搜索关键词跨该文件的两个存储空间的情况下，逻辑搜索功能更强大、更彻底。

数据搜索时，可以同时使用 Unicode(UCS-2LE)和代码页方式对相同的词汇全面搜索。当前 Windows 系统默认代码页，被标记有星号且被缺省采用。例如，美国和西欧的计算机的默认代码页为 1252 ANSI Latin I，Microsoft Windows 使用 ANSI 代码页，苹果 Macintosh 使用 MAC 代码页，OEM 表示 DOS 和 Windows 命令行中使用的代码页。如果搜索词汇无法转换为当前使用的代码页，搜索时将会出现提示信息。

1. 选定搜索文件

将所有文件展开或通过过滤选择所需搜索的文件。

(1) 在特定文件中搜索须首先选择文件，并添加标记。然后，使用在标记数据中搜索。如在所有文件中搜索，无需选择文件。直接选择在所有数据中搜索。

(2) 单击【同步搜索】，出现 X-Ways 同步搜索选项对话框。

(3) 输入关键词，每行一个关键词，支持空格。

(4) 选择输入关键字字符编码。

如果需要搜索 Unicode 字符，则需将 Unicode(UCS-2LE)选中。如果对.pdf 等文件中的数据进行搜索，还需选择【解码文件中的文本】。对非 Unicode 文本进行搜索，需使用代码页。对不同语种字符进行搜索，需将代码页设置为相应语种，如繁体中文代码页为 950、日文为 932、韩文为 949。

(5) 设定其他选项

如果只需要发现包含有关键词的文件，则可将【每个文件显示 1 个搜索结果】选中，以提高搜索速度。

通过单击【选定证据项中搜索】按钮，可以在当前案例中的多个磁盘或镜像文件中进行搜索。

2. 查看搜索结果

搜索结束后，显示所有包含关键词的搜索结果。如图 4-11 所示为 X-Ways 搜索结果查看窗口。本例中共有 5 个关键词，173 个搜索命中结果。双击每一个关键词，可以查看该关键词的搜索结果。搜索结果保存在案例文件中。再次打开案例文件，搜索结果依然保存。通过 DEL 键,可以删除该关键词及搜索结果。

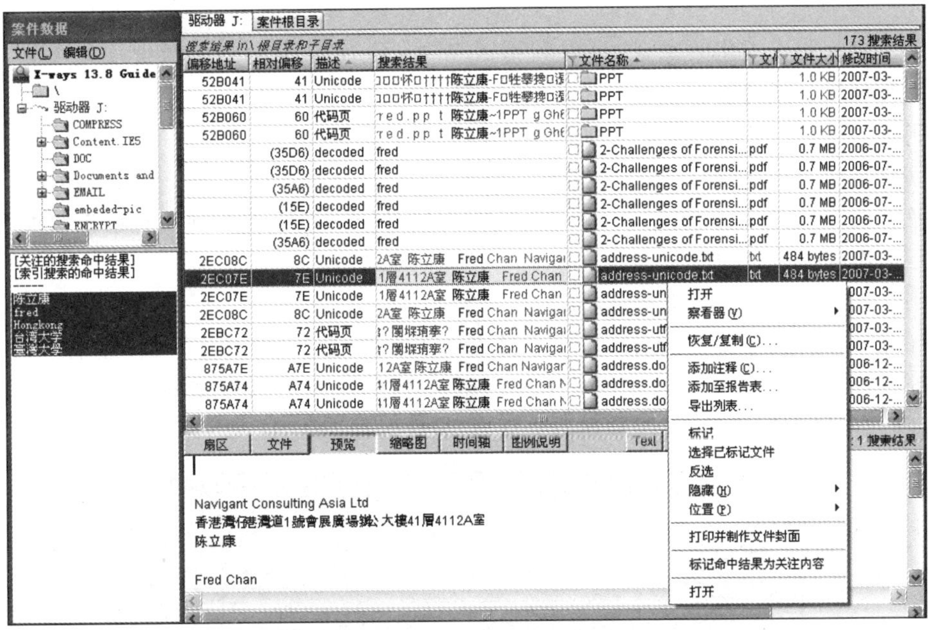

图 4-11　X-Ways 搜索结果查看窗口

可以通过搜索结果栏,预览所搜索的关键词上下文内容。描述栏可以查看搜索方式及编码方式。有 Unicode、代码页和 Decoded 三种。

单击相关文件,可以通过预览方式察看文件内容。对于文件的操作,与文件浏览器操作方式类似。通过右键快捷菜单,可以进行标记、复制、注释等操作。如果需要在案件报告里包含文件内容中的重要信息,可以复制这些信息,全部粘贴到注释中即可。

4.2.8　案件报告

创建案件报告需要将文件、数据等添加到报告表、创建报告并进行相应设置等操作。

1. 添加至报告表

创建报告前,须选择所关注的文件,然后添加至报告表。根据文件内容或类别,可新建报告表,可命名为"关注的文档"、"×××地址"、" ×××电子邮件"等。只有将文件添加至报告表后,这些文件才能被包含在报告当中。

2. 创建报告

选择【案件数据】→【创建案件报告】,出现案例报告【选项】窗口。

3. 设置选项

在【报告(选项)】窗口中,输入报告头、封面信息、选用的徽章图像、所需包含的报告表、报告中包含的项目名称及内容。如果选择了包含操作记录日志,分析过程中的所有屏幕画面图片、所执行的命令及运行结果都可包含于报告中。

4.2.9 数据恢复

对于删除和格式化的磁盘,可以利用 X-Ways Forensics 的强大数据恢复功能,将磁盘中的数据尽可能地恢复回来。

例 1 恢复标准方式格式化后的 SD 卡

创建案例,添加存储设备(SD 卡);进行磁盘快照,只需选择依据文件系统搜索并恢复目录及文件即可;磁盘快照完毕,显示发现的数据;展开目录,可看到所有已恢复的数据;可进行关键词搜索、恢复/复制等操作。

例 2 重组 RAID 阵列或动态磁盘

加载 RAID 镜像文件;选择菜单中的【专业工具】→【重组 RAID】,出现【重组 RAID】对话框,如图 4-12 所示;设置参数及 RAID 排列顺序;如阵列顺序排列错误,则提示出错信息;阵列顺序排列正确,可顺利显示分区,打开文件。

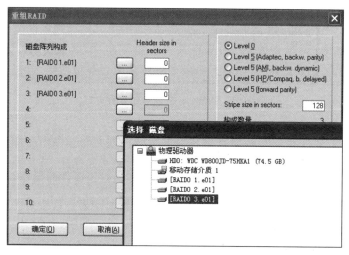

图 4-12 X-Ways【重组 RAID】对话框

例 3 NTFS 系统文件手工恢复。

MFT 中的每个文件的 ENTRY 是以 FILE 开头(一般是 FILE0)的 1024 字节记录的。下面恢复图片文件 flag.jpg。

菜单【选项】→【常规】,打开【选块背景色】,选择绿色(主要是为了选块的颜色明显)。【保存临时文件的目录】选择 D 盘,默认是系统盘的文件夹,不能在其中的恢复文件尾部继续粘贴数据块。单击【视图】→【显示】→【数据解释器】,数据解释器主要用来查看数据大小和时间等信息。

步骤一,打开文件镜像文件 NTFS_Ex_2.001,选择菜单【专业工具】→【将镜像文件转换为磁盘】,对镜像结构进行解析。单击【视图】→【显示】→【目录浏览器】,可看到文件目录等。

步骤二,选择 $Mft 文件,选择菜单【搜索】→【查找文本】,查找字符串 flag.jpg,搜索编码选 Unicode,搜索范围选"全部",定位后再查找字符串"FILE0",搜索编码选 ASCII,

搜索范围选"向上",定位后,从此位置开始选择 1024 字节的数据块(状态栏中可看到数据块起始、结束、大小等信息),即为 flag.jpg 文件的 MFT Entry。单击右键,在弹出菜单中选【编辑】→【复制选块】→【置入新文件】,存成文件 $ Mft-flag。

步骤三,文件 $ Mft-flag 中的 24～27 字节显示文件 flag.jpg,实际使用的 MFT Entry 大小为 352 字节,将 0～351 字节的数据块存成文件 $ Mft-flag-used。如图 4-13 所示显示了 flag.jpg 实际使用的 MFT Entry 区域。

[NTFS Ex 2.001] $Mft-flag

Offset	0	1	2	3	4	5	6	7	8	9	10	11	12	13	14	15	
00000000	46	49	4C	45	30	00	03	00	AB	C0	19	00	00	00	00	00	FILE0 «À
00000016	02	00	01	00	38	00	01	00	60	01	00	00	00	04	00	00	8 `
00000032	00	00	00	00	00	00	00	00	05	00	00	00	1E	00	00	00	
00000048	03	00	00	00	00	00	00	00	10	00	00	00	60	00	00	00	`
00000064	00	00	00	00	00	00	00	00	48	00	00	00	18	00	00	00	H
00000080	E0	50	81	54	58	3C	C7	01	70	B6	F4	37	A3	3B	C7	01	àP▮TX<Ç p¶ô7£;Ç
00000096	A0	49	13	81	4B	3C	C7	01	90	11	8F	54	58	3C	C7	01	I ▮K<Ç ▮ ▮TX<Ç
00000112	20	00	00	UU	UU	UU	00	00	00	00	00	00	00	00	00	00	
00000128	00	00	00	00	04	01	00	00	00	00	00	00	00	00	00	00	
00000144	00	00	00	00	00	00	00	00	30	00	00	00	70	00	00	00	0 p
00000160	00	00	00	00	00	00	02	00	[illegible]	[illegible]	[illegible]	[illegible]	[illegible]	00	01	00	R
00000176	05	00	00	00	00	00	05	00	[illegible]	[illegible]	[illegible]	[illegible]	[illegible]	3C	C7	01	àP▮TX<Ç
00000192	E0	50	81	54	58	3C	C7	01	[illegible]	[illegible]	[illegible]	[illegible]	[illegible]	3C	C7	01	àP▮TX<Ç àP▮TX<Ç
00000208	E0	50	81	54	58	3C	C7	01	[illegible]	[illegible]	[illegible]	[illegible]	[illegible]	00	00	00	àP▮TX<Ç
00000224	00	00	00	00	00	00	00	00	20	00	00	00	00	00	00	00	
00000240	08	03	66	00	6C	00	61	00	67	00	2E	00	6A	00	70	00	f l a g . j p
00000256	67	00	00	00	00	00	00	00	80	00	00	00	50	00	00	00	g ▮ P
00000272	01	00	00	00	00	00	04	00	00	00	00	00	00	00	00	00	
00000288	21	00	00	00	00	00	00	00	40	00	00	00	00	00	00	00	! @
00000304	00	44	00	00	00	00	00	00	A5	42	00	00	00	00	00	00	D ¥B
00000320	A5	42	00	00	00	00	00	00	31	0F	53	CB	00	21	0A	6E	¥B 1 SË ! n
00000336	10	11	09	CA	00	C9	8E	BA	FF	FF	FF	FF	82	79	47	11	Ê É▮ºÿÿÿÿ▮yG

数据解释器
8 Bit (+/-): 17
16 Bit (+/-): 17
32 Bit (+/-): 17

图 4-13 flag.jpg 实际使用的 MFT ENTRY

步骤四,文件 $ Mft-Flag-used 文件中的 20～21 字节为 56,说明第一个 Attribute 的偏移为 56 字节;56～59 字节为 16,说明是 $ Standard_Information;32-39 字节为 1,说明该 MFT Entry 为 Base;60～63 字节为 96,表示该 Attribute 的大小为 96 字节。从 56 字节开始选择大小为 96 字节的数据块存成文件 $ std-info。如图 4-14 所示的绿色区域为 flag.jpg 的 $ Standard_Information 区域。

[NTFS Ex 2.001] $Mft-flag $Mft-Flag-used $std-info

Offset	0	1	2	3	4	5	6	7	8	9	10	11	12	13	14	15	
00000000	46	49	4C	45	30	00	03	00	AB	C0	19	00	00	00	00	00	FILE0 «À
00000016	02	00	01	00	38	00	01	00	60	01	00	00	00	04	00	00	8 `
00000032	00	00	00	00	00	00	00	00	05	00	00	00	1E	00	00	00	
00000048	03	00	00	00	00	00	00	00	10	00	00	00	60	00	00	00	`
00000064	00	00	00	00	00	00	00	00	48	00	00	00	18	00	00	00	H
00000080	E0	50	81	54	58	3C	C7	01	70	B6	F4	37	A3	3B	C7	01	àP▮TX<Ç p¶ô7£;Ç
00000096	A0	49	13	81	4B	3C	C7	01	90	11	8F	54	58	3C	C7	01	I ▮K<Ç ▮ ▮TX<Ç
00000112	20	00	00	00	00	00	00	00	00	00	00	00	00	00	00	00	
00000128	00	00	00	00	04	01	00	00	00	00	00	00	00	00	00	00	
00000144	00	00	00	00	00	00	00	00	30	00	00	00	70	00	00	00	0 p

图 4-14 flag.jpg 的 $ Standard_Information

步骤五,文件 $ std-info 中的 8 字节为 0,说明 $ Standard_Information 属性为 Resident;16～19 字节是 72,说明该属性内容的大小为 72 字节;20～23 字节是 24,说明

该属性内容起始的偏移为 24。从 24 字节开始选择大小为 72 字节的数据块为该属性内容,存成文件 $std-info-cont。文件 $std-info-cont 中可查到文件 flag.jpg 的时间戳、属性等信息。

步骤六,文件 $Mft-flag-used 中的 152～155 字节为 48,说明第二个属性为 $File_Name,156～159 字节为 112,说明该属性大小为 112 字节;从 152 字节选择 112 字节大小的数据块,存成文件 $file-name。文件 $file-name 中的 8 字节为 0,说明 $File_Name 属性为 Resident,其中有文件的时间戳和文件名等信息。此属性主要用来恢复文件名,能够看到文件名为 flag.jpg(选择 Unicode 编码查看)。

步骤七,文件 $mft-flag-used 中的 264～267 字节是 256,说明第三个属性为 $Data,268～271 字节为 80,说明该属性大小为 80 字节;从 264 字节开始选择 80 字节大小的数据块,存成文件 $Data。

步骤八,文件 $Data 中的 8 字节为 1,说明 $Data 属性为 Non-Resident,其中 32～33 字节为 64,Runlist 的偏移为 64 字节。从 64 字节开始的 12 字节存成文件 $Runlist。

步骤九,文件 $Runlist 中的 0 字节的高 4 位为 3,则 2～4 字节为 52051,为文件 flag.jpg 的开始偏移簇;0 字节的低 4 位为 1,则 1 字节为 15,为簇的个数,每簇的大小为 512 字节。在文件 NTFS_Ex_2.001 中从 52051 簇开始,选择大小为 15 个簇的数据块,存成文件 flag.jpg。5 字节的高 4 位为 2,则 7～8 字节为 4206;5 字节的低 4 位为 1,则第 6 字节为 10,为簇的个数。所以文件第二部分的簇起始为 52051＋4206＝56257,大小为 10 簇。在文件 NTFS_Ex_2.001 中选择该数据块,粘贴到文件 flag.jpg 的尾部。9 字节的高、低 4 位都为 1,则 11 字节为－54,10 字节为 9,所以第三部分的簇起始为 56257－54＝56203,大小为 9 簇。在镜像文件中选择该数据块,粘贴到文件 flag.jpg 的尾部。

保存该文件,使用图片查看程序可浏览该图片文件。

4.2.10 安全擦除

X-Ways Forensics 可以彻底清除文件数据内容,不留任何痕迹。

1. 文件擦除

打开文件,选择菜单【编辑】→【定义选块】或是【全选】,然后单击【清除选块】按钮。

注意:文件名或上级目录名不能包含中文。对于中文名称,可先将目录或文件名改为数字、英文,即可成功擦除。

2. 磁盘擦除

X-Ways Forensics 可以彻底清除指定磁盘中的所有数据。例如对于前面数据恢复成功的 SD 卡,经过磁盘擦除之后,数据将永远无法恢复。

选择【工具】→【打开磁盘】或按 F9 键;选择菜单【编辑】→【填充磁盘扇区】;设置填充值和填充方式;磁盘被填充数据后,经重新格式化,可重新使用。

4.2.11 特定类型文件恢复

某磁盘经 Ghost 安装,需恢复安装前的图片文件,文件系统为 NTFS。

进行磁盘快照。由于主要使用数据恢复功能,因此进行磁盘快照时,只选择【依据文件系统搜索并恢复目录及文件】和【通过文件签名搜索并恢复文件】两项的数据恢复功能即可。而此分区被 Ghost 覆盖,实际第一选项已毫无用处,仅选择第二项即可。

依据文件头标志搜索驱动器 C:需要恢复的照片为 jpeg 格式,因此只选通过 jpeg 格式签名恢复即可,过滤显示出磁盘中的所有 jpeg 文件。

4.3 FTK 检验工具

FTK(Forensic Toolkit)是美国 AccessData 公司的主打产品,曾经一度被称为处理电子邮件最好的工具,对电子邮件的索引和搜索非常好,文件预览功能在当初也是最好的。它通过把大量数据集缩小成一个由重要信息组成的子集的方法来进行分析。在索引和关联数据分析方面具有强大功能,把所有数据编入索引后,对关键字的搜索几乎是瞬时完成的。FTK 2.0 作为第一个且唯一的一个集成 Oracle 数据库的司法工具,能支持大型的、最复杂的案件调查,解决了因内存问题引起的应用程序死机、不稳定及任务丢失等问题。基于角色的系统支持用户授权和用户分类,包括管理员、超级用户、普通用户和具有较小权限的察看员等用户类型。

FTK 2 包含的功能模块有 FTK 2、FTK Imager、FTK RV(Registry Viewer)、PRTK (Password Recovery Toolkit)、DNA (Distributed Network Attack)。

FTK 能够辨析微软 Windows 文件系统,包括 NTFS、NTFS 压缩以及 FAT12/16/32。FTK 也能够分析 Linux ext2 & ext3 文件系统,可自动恢复、查看及分析.pst、.dbx、Exchange EDB、MBOX 和 RFC 822 等格式的邮件,支持 FAT32、NTFS、EXT2、EXT3、ReiserFS、HFS、HFS Plus、HFSX、ISO 9660、Ghost、VMware 等文件系统,支持 Unicode、GB18030、GB2312、Big5 码中文查找证据,部分软件已完全汉化,支持中文搜索。

4.3.1 FTK 的安装

安装过程如下:加密狗驱动程序;安装 Oracle;安装 FTK 2;安装 KFF Library;安装其他功能模块,如 FTK Imager、FTK RV、PRTK/DNA 等;安装辅助工具,如 License Manager、Language Selector 等。

注意:Oracle 支持在具有 DHCP 分配的 IP 地址的系统上进行安装。但在安装之前,要停掉当前的网络连接,将 Microsoft LoopBack Adapter 配置为系统的主网络适配器,把这个本地连接的 IP 设置为固定 IP,如 192.168.0.1,安装时最好关闭 Windows 防火墙和其他所有的防火墙、杀毒软件,最好也关闭一些耗资源的服务和程序。

4.3.2 FTK 案例和证据管理

运行 FTK 2 前需要插入加密狗,检查状态栏右下角的 CodeMeter 图标是否正常。
FTK 2 采用了 Oracle 数据库,可设置不同角色及对应权限来管理案件。登录时要求验证用户身份,登录后可添加新用户。

1. 新建案件

选择【案件】→【新建】,出现【新案件选项】窗口,为本案例输入相关信息。

2. 添加证据

选择【证据】→【添加/删除】,弹出【管理证据】窗口。单击【添加】按钮,弹出【选择证据类型】对话框。可以选择导入证据文件、本地驱动器、目录内容或者一个单独的文件等选项。弹出【管理证据】窗口,根据实际需要选择选项,并填写相关证据信息。

【案件 KFF 选项】和【提炼选项】是非常重要的选项。【案件 KFF 选项】中的 KFF 代表已知文件过滤器(Known_File Filter),此选项可以过滤掉与调查无关的文件,可以把分析的文件缩小到它的一个子集,节省调查工作时间。

在【提炼选项】窗口中的【证据处理】选项窗口中选择要在预处理期间生成的其他数据:

(1) 生成文件散列;
(2) 对文件执行 KFF 查找,允许其被标记或忽略;
(3) 展开收件箱、档案、.zip 文件等并将其内容添加到证据;
(4) 标记那些文件类型与扩展名不匹配的文件;
(5) 执行熵测试,这在配合对非索引二进制数据进行索引等使用时非常有效;
(6) 使用 dtSearch 索引,对文件建立索引,加快文本搜索和密码字典生成;
(7) 查找嵌入其他文件和可用/未分配空间中的文件;
(8) 挖掘文件系统,查找已删除的目录条目。

选择其中的【索引选项】可以显示详细的【索引选项】对话框,如图 4-15 所示。

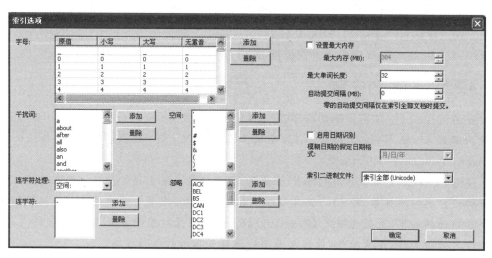

图 4-15 FTK【索引选项】窗口

在导入过程中,创建全文索引需要相当长的时间。然而,如果现在不创建索引,在以后要执行快速的关键字搜索时,还是要创建全文索引的。

【证据提炼(高级)】进行包含/排除设置,将应用到那些被添加到案件的证据项。可按文件状态/类型提炼和按文件大小/日期提炼。

【索引提炼（高级）】进行包含/排除索引项设置，将应用到那些被添加到案件的证据项。可按文件状态/类型提炼和按文件大小/日期提炼。

选项设置好后，单击【确定】按钮，进行数据处理。

3. 附加分析

还可以在导入证据后，选择【证据】→【附加分析】，出现【附加分析选项】窗口，可对各项目或选择的项目进行索引。

4.3.3　FTK 视图

数据处理过程完成之后，FTK 的主界面将出现，如图 4-16 所示。通过单击界面上部的标签，可以浏览这个证据的不同方面。

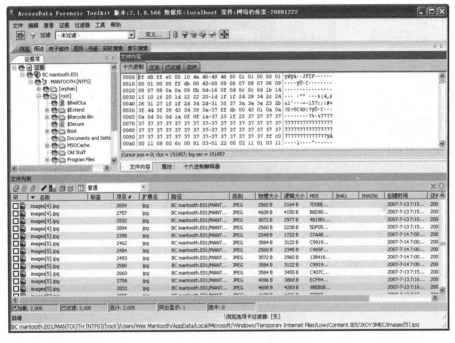

图 4-16　FTK 主界面

1. 浏览视图

【浏览】选项卡提供一个像 Windows 资源管理器一样的界面来浏览证据的内容。

选择【证据项】按钮将列出导入分析的证据文件。下面的窗口显示了采集的各个证据文件的总体信息。选择【全部文件项】按钮，将列出在证据数据文件里发现的所有文件，这个屏幕为分析者显示存在于可疑系统中的文件的一般概况。

2. 概述视图

【概述】选项卡提供了在证据中发现的非常详细的总体信息，是个很直观的分析结果视图，通过该视图，可以根据文件类别、状态等来查看各种类型的信息。不仅如此，这还是快速查看在数据中发现的证据的最有效的方式。

可以根据五种类型进行归类：即文件项（File Items）、文件扩展名（File Extension）、文件类别（File Category）、文件状态（File Status）、书签（Bookmark）。

单击【文件项】、【文件状态】和【文件类别】下面的每一个按钮，相应的文件将在【文件列表】窗格中呈现。选择相应的文件，该文件的文件内容、属性等将在对应的窗格中显示。

3. 电子邮件视图

提取 E-mail 是电子证据检验中比较费劲的任务之一。FTK 通过提供自动索引 E-mail 以及提供一个易于操作的遍历发现树来减少这种负担，可显示 FTK 2 定位并解析后的各种电子邮件信息，如图 4-17 所示，其中包括各种电子邮件客户端的数据文件。

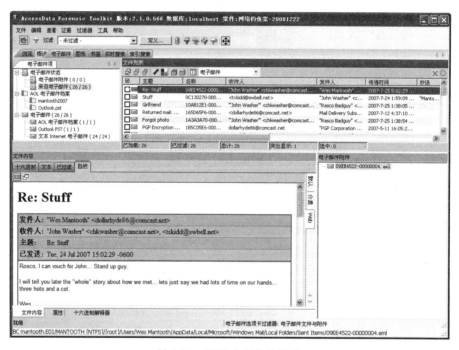

图 4-17　FTK 电子邮件视图

支持各种邮件客户端，如 Outlook Express（.dbx）、Microsoft Office Outlook（.pst）、Windows Mail（.eml）、Exchange 等。

4. 图形视图

通过单击【图形】按钮，可以以缩略图方式预览所有证据中的图片文件，可以看到在系统里的图片。

5. 书签视图

FTK 2 书签功能非常灵活，可为文件、文字片段、图片等标记书签；书签备注功能也相当丰富，有书签备注、文件备注、选中内容备注；支持在书签中附加文件（可将解密后的文档附在原始文件的书签中）。

4.3.4 数据过滤

通过文件属性进行过滤,可以找到所需要的证据文件。过滤器工具栏包含了需要生成和管理的用来查找案例数据的过滤器。

1. 过滤器的使用

从过滤器下拉菜单中可选择 FTK 提供的预先定义好的过滤器,如删除文件、重复文件、电子邮件文件、加密文件、解密文件、文件夹、图形文件、Office 文件、注册表文件、临时文件等,对案例中的文件进行过滤。使用时,从过滤器下拉菜单中选择相应的过滤器即可。

2. 自定义过滤器

可以自定义或修改过滤器,自定义的过滤器保存在相应的案例中。

(1) 从过滤器下拉列表菜单中选择【未过滤】项。

(2) 选择【过滤器】→【新建】或者单击过滤器工具栏中的【定义】按钮,出现【过滤器定义】窗口,如图 4-18 所示。

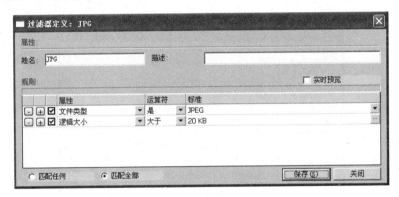

图 4-18 FTK【过滤器定义】窗口

(3) 输入过滤器名字和一个简短的描述。

(4) 从【属性】、【运算符】、【标准】下拉菜单中选择相应的属性、运算符、应用规则。

(5) 单击【匹配任何】按钮过滤出满足任何一个规则的数据或单击【匹配全部】过滤出同时满足所有规则的数据。

(6) 单击【保存】按钮,然后单击【关闭】按钮。

3. 修改过滤器

从过滤器下拉菜单中选择想修改的过滤器;单击【定义】按钮;单击【+】按钮添加规则或单击【-】按钮去除规则;单击【保存】按钮,然后单击【关闭】按钮。

4. KFF 的使用

KFF 是使用已知的哈希值数据库对证据中的文件进行过滤的一种应用,目的是去除不重要的文件,或者识别含有违法信息的文件,同时也可检查重复文件。

当添加证据到案例中时,选择【KFF 选项】,FTK 会生成和记录所找到的文件的哈希值,与 KFF 数据库中的哈希值进行比较,以表明证据自获取以来没有发生改变,并且可以快速确定两个文件是否完全相同。

4.3.5 数据搜索

FTK 提供的数据搜索功能体现了 FTK 的卓越之处。

1. 索引搜索

索引搜索在索引文件中搜索证据项,证据项应该在添加到案例中时或添加后进行索引。FTK 一般要求在开始数据分析前,对案例中的数据进行索引。索引文件中包含所有的在已分配的和未分配的案例空间中所找到的单个的词或数字串。

单击【索引搜索】,显示搜索页,在【条件】对话框中输入与案例相关的关键字。若在生成案例文件前对数据作了全文索引,则搜索几乎将瞬时完成。在【搜索标准】对话框中可以选择在搜索关键字之间进行逻辑"与"、"或"运算的选项。单击【选项】按钮出现【索引搜索选项】对话框,如图 4-19 所示,可以对索引搜索各选项进行选择。单击【导入】或【导出】按钮,还可导入或导出搜索条件。搜索完成后,结果将会显示在【索引搜索结果】窗格中。

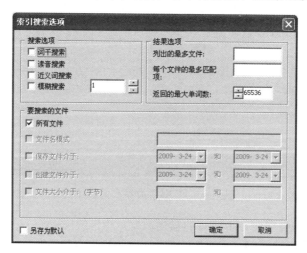

图 4-19　FTK【索引搜索选项】对话框

如果输入的关键字在几次搜索中都没获得结果,那么可选用 FTK 的【扩大搜索】选项,可以对关键字进行一些变动,从而找出不完全一样但相近的匹配结果。在最初搜索时,应当禁用这些选项,以查看一些较窄范围的结果。

右键单击【索引搜索结果】列表打开快捷菜单,可以选择复制到剪贴板,可以选择导出到文件。

(1)【复制特殊】特性允许将搜索命中的文件的特定信息复制到剪贴板或文件:

在【索引搜索结果】列表中,选择命中的结果;在文件列表视图中找到相应的文件,单击右键;在弹出菜单中单击【复制特殊】菜单项;在【复制特殊】对话框中,选择列;单击其他选项,单击【确定】按钮。

(2) 为了标记在特定搜索中找到的文件,需要为结果作书签:

选择需要标记的文件;单击右键,在弹出菜单中单击【创建书签】菜单项;完成【创建新书签】对话框,然后单击【确定】按钮。

2. 实时搜索

实时搜索一般用来查找索引搜索找不到的数据项。如果在向案例中加入数据的时候没选择对数据创建全文检索,就只能执行实时搜索。这种搜索将耗费大量的时间。实时搜索提供了三种不同的搜索模式:Hex、正则表达式和文本,命中结果显示在【实时搜索结果】窗格中。

实时搜索的步骤如下:

在【实时搜索】标签中,选择文本、模式或 Hex 标签;输入字符串,选择相应的字符编码;单击【添加】按钮,将关键字加入到【搜索项目】窗格;设置其他选项;若需要,可以使用过滤器,去除一些不需要的文件,以缩小搜索范围,加快搜索速度;单击【搜索】按钮,进行搜索;在【实时搜索结果】窗格中选择需要查看的搜索结果。

每种电子物证检验工具都有自己的优势和特点,没有一个工具能够做到包揽所有的事。实际工作中,应该根据案情和每种工具的特点,互相配合、取长补短。

EnCase 工具通过不断地发展、完善,到 EnCase 4.0 版本的时候已经非常优秀了,目前是美国公认的标准,具有良好的可扩展性。FTK 和 X-Ways 搜寻加密文件的能力较强。FTK 曾一度被称为处理电子邮件最好的工具,对文件分类的处理非常好,特别是文件预览功能在当初也是最好的。X-Ways 的数据恢复的能力较强,有良好的易用性和效率。

就国内流行的取证工具来看,还需要在符合中国语言的特点和处理习惯、具备对中国特有格式数据的处理能力方面进行改进。

习题 4

1. EnCase、X-Ways Forensics、FTK 的主要功能有哪些?试加以比较。
2. 文件过滤的属性有哪些?
3. 理解物理搜索、逻辑搜索、索引搜索、实时搜索含义。
4. 什么是文件签名、哈希值、松弛区?
5. 数据的常见编码格式有哪些?
6. X-Ways Forensics 磁盘快照有什么作用?

第 5 章 Windows 系统的检验方法

Windows 系统是目前最为流行的操作系统，针对 Windows 系统以及其相关的文件检验在电子物证检验工作中占绝大多数。

Windows 系统中电子数据存在的位置依具体的案件而各不相同，但总的来说，可在以下位置寻找证据，如内存中的易失性数据、松弛空间、自由空间、未分配空间、日志文件、注册表、交换文件、Internet Explorer 的访问历史纪录、临时文件、回收站、打印脱机文件、聊天记录、电子邮件文件等。在 Windows 系统下用于电子物证检验的工具与应用软件也比较多。本章主要介绍 Windows 系统下常用的检验方法。

5.1 文件系统和存储层

了解电子数据在数据存储介质中的位置对顺利进行电子物证检验至关重要。目前对证据分析分为物理分析和逻辑分析。物理分析是指对磁盘的未分配空间、自由空间和松弛空间的分析；逻辑分析是指使用能够识别文件系统的操作系统来检查每个分区的内容。可将文件系统分为 6 层，即物理层、数据分类层、分配单元层、存储空间管理层、信息分类层、应用级存储层，具体的分层结构如图 5-1 所示。

	FAT或NTFS文件系	EXT2或EXT3文件系统
应用级存储层	文件	文件
信息分类层	目录或文件夹	目录
存储空间管理层	FAT或MFT	inode或数据位图
分配单元层	簇	块
数据分类层	分区	分区
物理层	绝对扇区或C/H/S	绝对扇区

图 5-1 文件系统存储层

在每一层都可能找到有证据价值的信息。在进行电子物证检验时，可以根据检材情况及检验要求在不同层进行检验，以便于将检材上所有与案件相关的证据检验出来。

5.1.1 物理层

文件存储的最底层为物理层，不论硬盘上是什么操作系统或文件系统，它都是存在的。机器会以块(扇区)为单位读写硬盘上的数据。大多数操作系统都是以 512 字节块为单位进行读写的。绝对扇区采用连续编号，从零开始直到磁盘的末端。

5.1.2 数据分类层

物理层之上紧接着是操作系统设置的分区部分。通过对磁盘进行分区,使用户可以按照自己的需要来进行信息的分类,不同类型的数据保存在不同的分区中。

分区创建时会得到一个分区标识符。这是一个单字节代码,它会告知操作系统在加载分区时将面对哪种文件系统。一些启动管理软件可以将不需要的分区标上无效代码。如果操作系统发现一个未知的分区类型 ID,即使该分区已正确格式化并包含有效数据,它也将完全忽略这个分区。

5.1.3 分配单元层

紧接数据分类层的部分是分配单元层,即操作系统使用的分块方法,或称分配方法。每个分配单元的大小取决于 3 个方面:文件系统类型、分区大小和系统管理员的经验。大多数文件系统都会根据分区的大小来优化数据块。FAT 标准从低效的静态值(每个数据块 4KB)转变为可变值。开发人员试图在大量小数据块(一种更有效的空间利用方案)与少量大数据块(文件系统在进行数据搜索和传输操作时速度更快)之间寻求平衡。在某些情况下,系统管理员可以自己调整数据块的大小而不使用默认值。在 Windows 操作系统中将该部分称为簇,在 Linux 等操作系统中将该部分称为块,它们均是分配给文件的最小单位。

5.1.4 存储空间管理层

存储空间管理层位于数据分配单元层之上。这一层管理着文件系统中成千上万的数据分配单元,而这些数据分配单元是操作系统能够处理的最小的可寻址数据块。可以把它看作一张表,表中标识了哪些单元已被占用。在 FAT 文件系统中,就有两张这样的表,它们由操作系统保持同步更新。其他的文件系统则将分区划分成多个部分,并为每个部分维护一张单独的映射表。

5.1.5 信息分类层

信息分类层是普通用户比较熟悉的部分,即目录或文件夹,它是在某个分区上对文件进行进一步分类管理的部分,用户可以将相关的一类信息存储在同一个目录或文件夹中,便于快速查找、定位和删除文件。

5.1.6 应用级存储层

系统存储模型的最上层即为应用级存储层,该层存储的信息均以文件的方式存在。逻辑分析主要就是对应用级存储层的信息进行检验和分析。在电子物证检验时需要根据检验要求重点检验日志文件、隐藏文件、注册表文件、交换文件、临时文件等。

5.2 文档内容浏览

在进行电子物证检验时,需要对检验的介质内容进行初步的浏览和检验。通常需要用与文档关联的应用程序或专用的文档内容浏览工具进行打开和浏览,特别是在电子物证检验过程中浏览文档需要符合电子物证检验标准,不改变访问文件的任何信息,包括访问时间。本节将介绍常用的文档内容浏览工具 Quick View Plus。

5.2.1　Quick View Plus 软件介绍

Quick View Plus 是由美国 Inso 公司开发的,被称为"万能文件查看"工具。该程序可支持的文件格式多达 300 种以上,全面支持目前的各版本的 Windows 系统。它不但可以浏览常见格式的图像文件,还可以浏览 pdf、doc、xls、ppt、zip、rar、电子邮件等各种 Windows、Dos、Macintosh 文档。在浏览文件时无须知道相关的文件格式应该用哪一种应用程序来打开,该软件可以自动识别出文件格式,以便完成浏览、打印、复制等操作。

Quick View Plus 软件的安装比较简单,直接双击安装文件 Quick View Plus,按照提示安装即可。安装后的主界面如图 5-2 所示,其中包括标题栏(Title Bar)、菜单栏(Menu Bar)、工具栏(Toolbar)以及树状的文件夹浏览窗口、文件夹窗口、文件内容窗口。

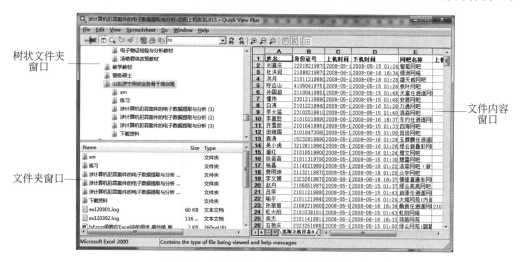

图 5-2　Quick View Plus 软件的界面

1. 文件(File)菜单

该菜单的主要内容如图 5-3 所示,包括打开其他文件(Open Another File for Viewing)、另存为(Save Copy)、打开文档进行编辑(Open for editing)、打印(Print)、打印设置(Print Setup)、设置为墙纸(Make Wallpaper)、将文件以邮件附件的方式寄出(Send)、关闭浏览(Close this View)、退出(Exit Quick View Plus)等功能。

2. 编辑(Edit)菜单

该菜单主要包括复制(Copy)、全选(Select all)、查找(Find)、查找上一个(Find Previous)、查找下一个(Find Next)等功能。

图 5-3　文件(File)菜单

3. 浏览(View)菜单

该菜单主要内容如图 5-4 所示,包括工具栏(Toolbar)、状态栏(Status Bar)、文件导航(File Navigator)、刷新文件导航(Refresh File Navigator)、浏览方式(View as)、文本/HTML 编码(Text/HTML Encoding)、选项(Options)、配置(Configure Quick View Plus)等功能。

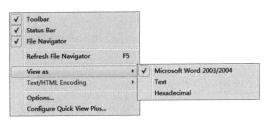

图 5-4　浏览(View)菜单

其中浏览方式(View as)包括文本(Text)或者是十六进制(Hexadecimal)。当选择的浏览方式为文本时,可以选择文本的编码,其中支持的文本编码(Text Encoding)如图 5-5 所示。

选项(Options)对话框的内容如图 5-6 所示,包括一般(General)、显示(Display)、剪贴板(Clipboard)、导航(Navigation)等选项卡,其中【显示】选项卡中包括默认的字体(Default font)、浏览未知文件的方式(View unknown files as)、关于文件的字符编码设置(Character set for text files)等功能。

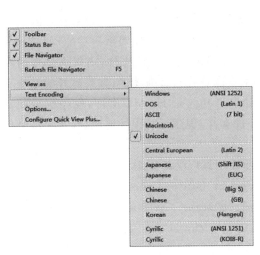

图 5-5　文本编码(Text Encoding)菜单

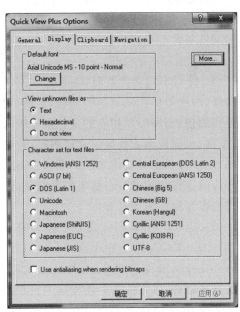

图 5-6　选项(Options)对话框

配置(Configure Quick View Plus)是关于允许整合到其他软件的相关设定。

4. 特定档案菜单

在浏览(View)菜单右侧通常显示出一个特定档案的菜单,该菜单随着浏览不同类型的档案而有不同的名称及不同的选项。通常显示的特定档案菜单有文字处理的档案、电子表格和数据库档案、位图档案、压缩档案、嵌入物件、网页档案、第三方插件(Third-party plug-in)档案等。

5. 翻页(Go)菜单

该菜单包括上一个(Back)、下一个(Forward)和 8 个最近浏览过的档案,用于快速切换浏览过的档案。

6. 窗口(Window)菜单

该菜单包括浏览多个文件时窗口的排列方式,包括水平并排(Tile Horizontally)、垂直并排(Tile Vertically)、重迭显示(Cascade)、连接到桌面(Pin to Desktop)等方式。

5.2.2　Quick View Plus 软件主要功能

(1) 程序界面中直接提供了系统文件列表窗口,可以直接在程序界面中选择需要浏览的文件,并浏览其文件内容。

(2) 该程序支持中文文档,它也可以很好地支持其他的双字节文件,其中包括 BIG5 码中文文档,对于文档的字符集定义,可在程序界面菜单条中的 View | View as 项和 Text/HTML Encoding 项中进行设置。

(3) Quick View Plus 对于在程序界面中显示的内容,根据不同的文件格式提供了不同的按钮条、菜单条,这样操作起来极为方便,同时程序也提供了一个系统中创建的与打开的文件类型有关联的应用程序按钮,这样就可以快速调用相应的应用程序打开 Quick View Plus 窗口中的文件。

(4) 针对不同文件类型,Quick View Plus 提供了相应的实用功能。如果打开的是图形文件,程序提供图形显示的缩放、旋转、颠倒、全屏显示、制作系统墙纸等功能;如果打开的是压缩包,程序提供相应的文件解压缩操作;如果打开的是文档文件,则提供以普通视图、草稿、页面视图方式显示文档内容,并提供字符的查找与替换功能;如果打开的是电子表格,程序提供在各表格之间的切换按钮条;如果打开的是 HTML 文件,程序也全面支持相应的链接创建、切换;如果打开的是电子邮件文件,程序可以很好地识别,并显示全部邮件内容和邮件头信息等。

(5) Quick View Plus 提供了强大的与目前使用最广泛的应用程序融合的功能,其中包括 America Online Web Browser、Corel Prefect Office、Eudora Mail、Lotus Note、Microsoft Exchange、Outlook、Outlook Express、Netscape Navigator、Windows Explorer 等的直接融合,以方便在上述程序中直接调用 Quick View Plus。此外,程序也提供了基于著名应用程序的插件支持,这其中包括 Adobe Acrobat、Apple Quick Time、Corel CMX、Netscape AVI Player、Shockwave Director、Flash、SoftSource DWG 等,在更大范围内扩充了程序的使用支持。

(6) Quick View Plus 提供了名为 Quick Print 的功能,使用这项功能可以在不打开文件的前提下以文件已有的格式快速打印输出。程序的另一项强大功能是提供了对压缩包文件的良好支持,程序不但支持压缩包内文件内容的直接察看,而且支持扩展压缩包文件,甚至创建新的压缩包。对于创建压缩包,不但可以在程序界面中完成,而且可以使用程序在系统鼠标右键菜单中添加的 Quick Compress 命令实现。

5.2.3 Quick View Plus 浏览文档内容方法

(1) 在系统的资源管理器窗口中右击需要浏览的文档图标,并从关联的菜单中选择 Quick View Plus,则在文档显示窗口显示当前的文档内容。

(2) 在 Quick View Plus 文档列表窗口中双击文档图标,使用关联的应用程序打开文档。

(3) 在 Quick View Plus 的文档列表窗口中直接单击文档图标,则在文档显示窗口显示当前的文档内容。

例如,浏览 tools-windows-8.4.6.exe.tar(Linux 的压缩文件)压缩文件中的文件及其内容。

当选中 tools-windows-8.4.6.exe.tar 压缩文件时,在菜单栏中增加了压缩(Archive)菜单,在右侧的上方窗口中显示出了压缩文件 tools-windows-8.4.6.exe.tar 中所包括的文件,tools-windows-8.4.6.exe 和 descriptor.xml,如图 5-7 所示。当右击压缩包中的文件时,弹出如图 5-8 所示的快捷菜单。该菜单内容与主菜单栏中的压缩(Archive)菜单内容相同,主要包括字体大小(Font Size)、浏览当前文件(View This File)、解压当前文件(Extract This File)、解压选择文件(Extract Selected Files)、解压所有文件(Extract All Files),即在 Quick View Plus 软件中可以直接浏览压缩文件中的文件,也可以直接对压缩文件进行解压。其中 descriptor.xml 文件内容直接显示在如图 5-7 所示的窗口中。

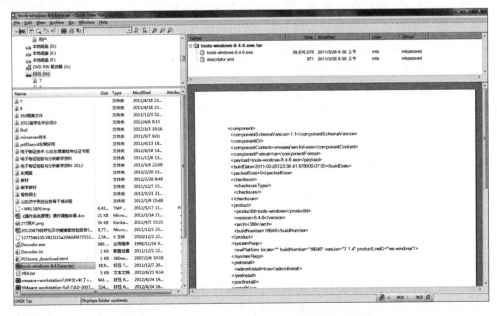

图 5-7　tools-windows-8.4.6.exe.tar 中所包括的文件

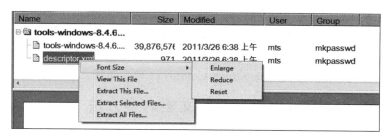

图 5-8　快捷菜单

5.3　日志文件的检验

日志是指系统所指定对象的某些操作和其操作结果按时间排序的集合。每个日志文件由记录组成,每条日志记录描述了一次单独的事件。日志文件中的信息对于确定入侵行为的范围、查找犯罪嫌疑人犯罪的痕迹都有着非常重要的价值。

在对日志文件进行检验时需要注意以下几个方面的问题。

(1) 不易读懂。各种不同类型的日志文件存储格式不一致。大部分系统的日志以文本方式记录,但也有部分应用系统并不采用文本格式记录信息,必须借助专业的分析日志工具才能进行检验,否则很难读懂日志文件的内容。

(2) 数据量大。如服务器日志、防火墙日志、入侵检验系统日志等日志文件信息量非常大,使得检验日志信息很困难。

(3) 不同日志之间存在着联系。犯罪嫌疑人在网络活动过程中会在很多的日志中留下痕迹,如防火墙日志、入侵检验系统日志、操作系统日志等。这些不同的日志之间存在某种必然的联系来反映该人的活动情况,在检验时,需要对多个日志进行检验和分析,才能准确地反映犯罪嫌疑人的活动轨迹。

(4) 日志容易被修改和伪造。犯罪嫌疑人为了掩盖自己的犯罪痕迹,通常通过技术手段对日志文件进行修改、伪造甚至删除,为电子物证检验工作带来一定的困难。

5.3.1　Windows 操作系统日志检验

Windows 操作系统日志记录着系统中所发生的一切,如计算机的开、关机记录,设备驱动程序启动失败,硬件故障,IP 地址冲突以及服务的启动、暂停和终止。这是因为日志服务会随计算机一起启动或关闭,并在日志中留下记录。

1. Windows 操作系统日志组成

不同版本的 Windows 操作系统日志文件格式、保存位置以及日志文件个数不同。在 Windows XP 以前的操作系统日志主要包括应用程序日志、安全日志和系统日志三个部分。其中应用程序日志记录由应用程序产生的事件;安全日志记录与安全相关事件,包括成功和不成功的登录或退出、系统资源使用事件等;系统日志记录由 Windows 操作系统组件产生的事件,主要包括驱动程序、系统组件和应用软件的崩溃以及数据丢失错误等。日志文件的默认的保存路径是"%systemroot%\system32\config",对应的文件名为分别为 AppEvent.evt、SecEvent.evt 和 SysEvent.evt。而 Windows Vista 及 Windows 7 操作系统日志文件除了应用程序日志、安全日志和系统日志以外,还增加了多个其他方面的日志文件,如 Media Center.evtx、HardwareEvents.evtx、Setup.evtx 等,且文件的扩展名改为了 evtx。保存位置也发生了变化,默认保存在"%systemroot%\system32\winevt\Logs"文件夹中。另外,在 Windows XP 及其以前的操作系统中,可以将日志保存为事件文件、文本文件、CSV 文件等,而在 Windows Vista 及 Windows 7 操作系统中,其日志另存为多了一个格式,即 XML 格式。

日志文件受到 Event Log(事件记录)服务的保护不能被删除,但可以被清空。这些日志文件的默认保存位置可以通过注册表文件中的"HKEY_LOCAL_MACHINE\System\CurrentControlSet\Services\Eventlog"键值进行改变,所以在检验时如果在默认的路径下没有操作系统日志文件,可以通过注册表查找改变存储位置的键值来确定操作系统日志文件的保存位置。

2. Windows 操作系统日志检验方法

对上述日志文件可以使用操作系统自带的资源管理器中的搜索功能查找日志文件,对于找到的日志文件使用操作系统自带事件查看器、Event Log Explorer、EventMeister 等方法对日志文件内容进行浏览和检验。下面分别介绍使用事件查看器和 Event Log Explorer 软件检验日志方法。

(1) 事件查看器检验方法

首先打开电子物证检验工作站上的事件查看器,例如在 Windows 7 中该文件保存为%systemroot%\system32\eventvwr.exe,在事件查看器的【操作】菜单中选择【打开保存的日志文件】菜单项,弹出【打开】对话框。选择被检验的日志文件位置、文件名及日志类型,即可打开被检验的日志文件进行检验。

其次,打开日志文件,例如安全日志,即可看到日志文件的内容。Windows 操作系统日志文件由事件记录组成。选中事件记录或右击事件记录,查看事件记录的属性,其中包括事件常规信息、详细信息等内容,如图 5-9 所示。其中常规信息中包括日志主题相关信息,如安全 ID、账户名称、登录 ID 等,另外还记录着日志任务类别、记录的时间、事件 ID、用户、计算机、事件来源、事件类别等内容;详细信息是以友好视图或 XML 视图的方式浏览日志内容。通过对话框中的常规信息可以看出在 2011/8/19 19:09:24,账户名为 Administrator、登录 ID 为 0x21412 进行了日志清除操作,该操作的事件 ID 为 1102,系统安全日志成功记录了此次事件。

(2) Event Log Explorer 检验方法

首先在电子物证检验工作站上启动 Event Log Explorer 软件,通过【文件】(File)菜单中的【打开日志文件】(Open Log File)功能打开需要检验的日志文件。

其次,在 Event Log Explorer 窗口中选择日志文件,例如安全日志,即可看到日志文件的内容，如图 5-10 所示。

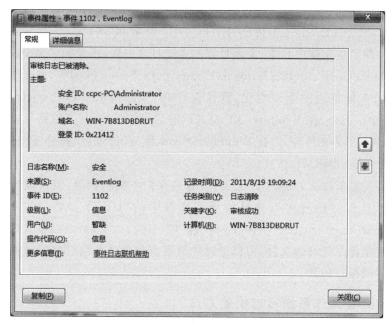

图 5-9 【事件属性】对话框

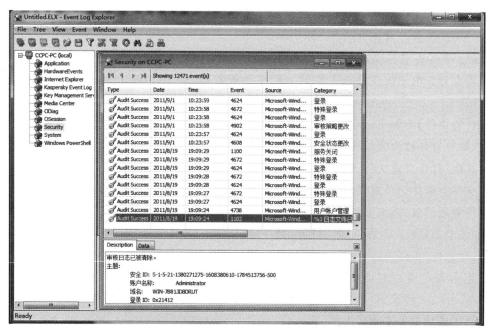

图 5-10 Event Log Explorer 界面

其中查看日志内容的方法和事件查看器一致。如图 5-11 所示是双击事件后所显示的日志信息。

图 5-11　Event Log Explorer 记录属性对话框

另外，还可以将日志文件导出为 txt、csv、xml 等格式，然后用相应的工具软件打开进行浏览和检验。

5.3.2　网络服务器日志检验

网络服务器日志是一个由网络服务器创建的文件，用于记录服务器执行的所有活动。

1. 网络服务器日志组成

常见的网络服务器日志有 WWW 日志、FTP 日志、SMTP 日志等，默认保存位置为"％systemroot％\system32\logfiles"，其中该路径下的 w3svc1 文件夹中存放 WWW 日志，msftpsvc1 文件夹中存放 FTP 日志，mssmtpsvc1 文件夹中存放 SMTP 日志。默认每天一个日志文件，文件名格式根据选择的日志格式（默认为 W3C 扩展日志格式）而定，默认为 ex＋年份＋月份＋日期，例如 ex090510，就是 2009 年 5 月 10 日产生的日志。

2. 网络服务器日志检验方法

在对网络服务器日志进检验时，要根据具体的日志格式采用相应的检验方法。目前，Windows 系统下网络服务器日志格式主要有 Microsoft IIS 日志文件格式（Microsoft IIS Log Format）、NCSA 公用日志文件格式（NCSA Common Log File Format）、W3C 扩展日志文件格式（W3C Extended Log File Format）和 ODBC 日志记录格式，如图 5-12 所示。

（1）Microsoft IIS 日志文件格式。该日

图 5-12　日志格式

志内容为 ASCII 码,每一项用逗号分隔,日志内容不可定制。日志格式及其含义如表 5-1 所示。

表 5-1　Microsoft IIS Log Format 日志格式及其含义

用户 IP	用户名	日　期	时　间	服务类型	计算机名	服务器 IP
连接时间	接受字节	发送字节	服务状态	Win32 状态	请求类型	操作目标

例 1　记录在 IIS 日志文件中的一条内容如下:

192.168.146.1, -, 5/20/2012, 18:21:37, W3SVC896362, CCPC-tyj, 192.168.146.128, 15734, 622, 3147, 500, 0, GET,/Default.aspx,-,

其中每一项对应的内容及含义如表 5-2 所示。

表 5-2　例 1 日志文件记录每一项对应的内容及含义

用户 IP	用 户 名	日　期	时　间	服务类型
192.168.146.1	—	5/20/2012	18:21:37	W3SVC896362
计算机名	服务器 IP	连接时间	接受字节	发送字节
CCPC-tyj	192.168.146.128	15734	622	3147
服务状态	Win32 状态	请求类型	操作目标	
500	0	GET	/Default.aspx	

上述日志内容说明在 2012 年 5 月 20 日 18 点 21 分 37 秒有一个匿名使用者以 IP 地址 192.168.146.1 发出了一个 HTTP GET 指令,从名为 CCPC-tyj、IP 地址为 192.168.146.128 的服务器请求/Default.aspx 网页文件,这个 622 字节的请求及响应共花费了 15734ms 的处理时间,且服务器产生内部错误,而总共有 3147 个字节的资料传送给了该位匿名使用名。在日志文件中,所有栏目都用逗号来结束,若栏目没有有效的值,则会以连字号"—"来表示。

(2) NCSA 格式日志。该日志内容为 ASCII 码,每一项用空格分隔,日志内容不可定制。日志格式及其含义如表 5-3 所示。

表 5-3　NCSA 日志格式及其含义

远程主机名	用户名	日　期	时间和 GMT 时区表
收到字节数	请示类型	服务状态	

例 2　记录在 NCSA 日志文件中的一条内容如下:

192.168.146.1 - - [20/May/2012:19:19:28+0800] "POST/login.aspx HTTP/1.1" 200 2069

其中每一项对应的内容及含义如表 5-4 所示。

上述日志内容说明在 2012 年 5 月 20 日 19 点 19 分 28 秒有一个匿名使用者 IP 地址 192.168.146.1 发出了一个 HTTP POST 指令,请求下载 login.aspx 文件,这个请求成功,下载了 2069 字节的资料。

表 5-4　例 2 日志文件记录每一项对应的内容及含义

远程主机名	用户名	日　　期	时间和 GMT 时区表
192.168.146.1	—	20/May/2012	19:19:28+0800
收到字节数	请示类型		服务状态
2069	POST/login.aspx HTTP/1.1		200

(3) W3C 格式日志。该日志内容为 ASCII 码,每一项用空格分隔,日志内容可定制。日志记录时间记录为 UTC(格林尼治标准时间)时间,而中国时区为(UTC+8),即 UTC 时间加 8 小时为中国标准时间。日志格式及其含义如表 5-5 所示。

表 5-5　W3C 日志格式及其含义

日期(date)	时间(time)	客户端 IP 地址(c-ip)	用户名(cs-username)
服务名(s-sitename)	服务器名(s-computername)		服务器 IP(s-ip)
服务器端口(s-port)	方法(cs-method)		URL 资源(cs-uri-stem)
URL 查询(cs-uri-query)	协议状态(sc-status)		协议子状态(sc-substatus)
Win32 状态(sc-win32-status)	发送字节数(sc-bytes)		接受字节数(cs-bytes)
所用时间(time-taken)	协议版本(cs-version)		主机(cs-host)
用户代理(Cs(User-Agent))	Cookie 内容(Cs(Cookie))		引用站点(cs(Referer))

例 3　记录在 W3C 日志文件中的部分内容如下:

#Software: Microsoft Internet Information Services 6.0
#Version: 1.0
#Date: 2012-05-20 11:42:39
#Fields: date time s-ip cs-method cs-uri-stem cs-uri-query s-port cs-username c-ip cs(User-Agent) sc-status sc-substatus sc-win32-status
2012-05-20 11:42:39 192.168.146.128 POST/login.aspx - 80 -192.168.146.1 Mozilla/4.0+(compatible;+MSIE+8.0;+Windows+NT+6.1;+Trident/4.0;+SLCC2;+.NET+CLR+2.0.50727;+.NET+CLR+3.5.30729;+.NET+CLR+3.0.30729;+Media+Center+PC+6.0;+Tablet+PC+2.0;+PPI:!##VlMPUn3FAsAxNDMxMTU3Yi41YjVnO21hbw==#:PPI;+360SE) 200 0 0

其中每一项对应的内容及含义如表 5-6 所示。

上述项目表示 UTC 时间 2012 年 5 月 20 日 11 时 42 分 39 秒,即北京时间为 2012 年 5 月 20 日 19 时 42 分 39 秒,有个使用者 IP 为 192.168.146.1 以匿名的方式向 IP 地址为 192.168.146.128 服务器通过 80 号端口发出一个 POST 命令请求下载/login.aspx,用户代理为 Mozilla/4.0+(compatible;+MSIE+8.0;+Windows+NT+6.1;+Trident/4.0;+SLCC2;+.NET+CLR+2.0.50727;+.NET+CLR+3.5.30729;+.NET+CLR+3.0.30729;+Media+Center+PC+6.0;+Tablet+PC+2.0;+PPI;!##VlMPUn3FAsAxNDMxMTU3Yi41YjVnO21hbw==#:PPI;+360SE),请求成功。

表 5-6　例 3 日志文件记录每一项对应的内容及含义

#Software: Microsoft Internet Information Services 6.0			IIS 6.0
#Version: 1.0	W3C 格式版本号	#Date: 2012-05-20 11:42:39	记录产生时间
日期(date)	时间(time)	客户端 IP 地址(c-ip)	用户名(cs-username)
2012-05-20	11:42:39	192.168.146.1	—
服务器 IP(s-ip)		服务器端口(s-port)	方法(cs-method)
192.168.146.128		80	POST
URL 资源(cs-uri-stem)		URL 查询(cs-uri-query)	协议状态(sc-status)
/login.aspx		—	200
协议子状态(sc-substatus)		Win32 状态(sc-win32-status)	
0		0	
用户代理(Cs(User-Agent))			
Mozilla/4.0+(compatible;+MSIE+8.0;+Windows+NT+6.1;+Trident/4.0;+SLCC2;+.NET+CLR+2.0.50727;+.NET+CLR+3.5.30729;+.NET+CLR+3.0.30729;+Media+Center+PC+6.0;+Tablet+PC+2.0;+PPI:! ##VlMPUn3FAsAxNDMxMTU3Yi41YjVnO21hbw==#:PPI;+360SE)			

因为上述三种格式日志均为 ASCII 码，所以可以使用记事本等文本编辑器进行检验。但需要特别注意的是 W3C 格式日志内容是可定制的，所以日志中的内容可以是上述表格中的部分或全部内容。

对于上述三种格式的日志文件除了可以用文本编辑器进行浏览检验以外，还可以通过数据导入的方式将其导入到 Excel 中，利用 Excel 中的排序、分类汇总、筛选等功能对数据进行检验和分析。

另外也可以通过专用的日志分析工具(如 WebLog Expert)对日志进行检验和分析。

例 4　ex120216.log 是 W3C 格式的日志文件，该文件记录着棋牌游戏玩家访问游戏客户端的相关记录，请分析都有哪些玩家 IP 对赌博游戏客户端进行了访问。

运行 WebLog Expert 软件，建立一个新的分析文件，弹出如图 5-13 所示的对话框，输入新建的文件名、域名和主页文件名。

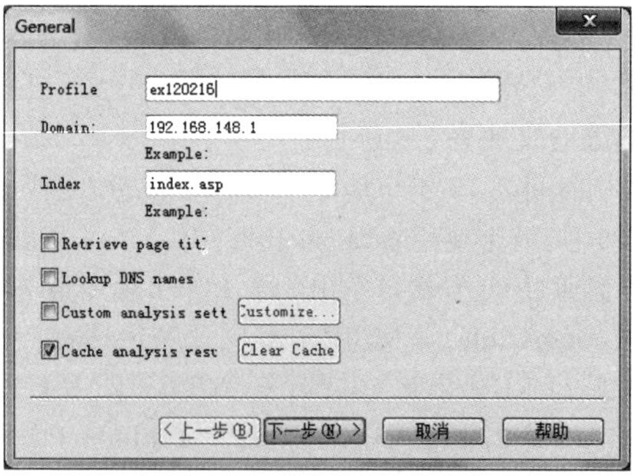

图 5-13　新建分析文件对话框

单击【下一步】,选择需要分析的日志文件,按照提示逐一进行设置或按默认单击【下一步】即可。

双击所建立的分析文件或单击工具栏中的 Analyze 即可对日志文件进行分析。如图 5-14 所示是对访问者 Host 的统计分析结果。其中涉及 IP 地址共有 8 个,其中 7 个 IP 地址所属国家为中国,1 个 IP 地址所属国家为日本。

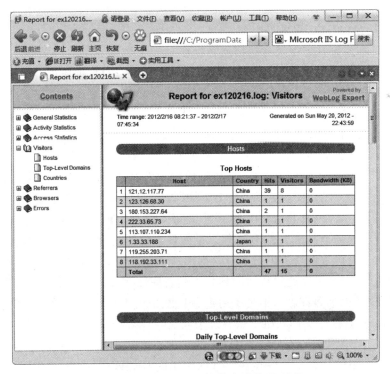

图 5-14　ex120216.log 文件中涉及 IP 地址

(4) ODBC 格式日志。该格式日志是将数据保存在 ODBC 的数据库中,可以是 SQL Server、Access 等,日志格式及其含义如表 5-7 所示。

表 5-7　ODBC 日志格式及其含义

客户主机名	用户名	登录时间	服　　务	主 机 名
服务器 IP	处理时间	接受字节数	发送字节数	服务状态码
Win32 状态码	动作类型	目标	参数	

该格式日志文件的检验需要相关的数据库的支持。

5.3.3　常见数据库日志检验

数据库日志是数据库系统中所有更新活动的操作序列,也就是说对数据的任何更新操作(如增加、修改、删除),都将按照时间的顺序保存在数据库日志中。

1. 常见的数据库日志

常见的数据库日志有 Oracle 数据库日志、MS SQL Server 数据库日志、MySQL 数据库日志等。

2. 常见的数据库日志检验方法

(1) Oracle 数据库日志。每个 Oracle 数据库实例都提供日志,记录数据库中所作的全部修改,包括警告日志、重做日志等。

① 警告日志。该日志记录一些信息和操作 Oracle 数据库时的错误警告,如数据库的启动、关闭,启动时的非缺省参数;数据库的重做日志切换;对数据库进行的创建或删除表空间、增加数据文件的操作;数据库表空间不够、出现坏块、数据库内部错误等问题。该日志默认保存在"%ORACLE_BASE%\admin\SID\bdump"文件夹中。默认的文件名为 SIDALRT.log,其中 SID 指的是数据库名。例如,"C:\Oracle\admin\tang\bdump\tangALRT.log"即为名为 tang 的 Oracle 数据库实例所产生的警告日志。

② 重做日志也叫联机日志文件,是数据库的事务日志,用于记载事务操作所引起的数据库的变化。每一个运行的 Oracle 数据库实例相应地有一个重做日志,它与进程 LGWR 一起工作。LGWR 进程将日志缓冲区写入磁盘上的一个日志文件中,它是负责管理日志缓冲区的一个 Oracle 后台进程。重做日志包括联机重做日志、归档重做日志和备用重做日志。联机重做日志记录了对数据库所做的修改;归档重做日志是主备库之间保持同步的主要文件,主库通过传送归档日志到备库而完成两台数据库间的同步;备用重做日志类似于"联机重做日志",不过备用重做日志是用于存储从主数据库接收的重做条目。一个 Oracle 数据库实例联机重做日志填满后,可形成归档日志。重做日志默认保存在"%ORACLE_BASE%\oradata\SID"文件夹中。默认的第一个联机重做日志文件名为 redo01.log。归档日志默认保存在"%ORACLE_BASE%\oradata\SID\archive"文件夹中。默认的归档重做日志文件名为 SID2t001100.arc,其中 SID 指的是数据库名。

在对上述日志文件进行检验时,可以使用 Oracle 数据库自带的 LogMiner 来进行检验,也可以使用第三方日志工具 Log4plsql 等进行检验。

(2) MS SQL Server 数据日志,包括事务日志、错误日志等。

① 事务日志。该日志用来记录所有事务对数据库所作的修改。该日志文件默认保存在"%MSSQL%\data"文件夹中,默认文件名为"SID_log.ldf",其中 SID 指的是数据库名。

② 错误日志。该日志用来记录用户定义的事件和某些系统事件,如事件的日期、时间、进程号和动作类型等。该日志文件默认保存在"%MSSQL%\log"文件夹中,默认文件名为"errorlog.1~errorlog.6"等。

事务日志是二进制文件,在对事务日志进行检验时,需要由第三方软件进行检验,如 Log Explorer,同时还需要事务日志文件相应的数据库文件支持。错误日志是 ASCII 码文件,可以用记事本等文本编辑器进行检验。

5.4 注册表文件的检验

注册表(Registry)是操作系统、硬件设备以及客户应用程序得以正常运行和保存设置的核心"数据库",是一个非常巨大的树状分层结构的数据库系统,包括 5 个根键或根句柄(也称为配置单元),即 HKEY_CLASSES_ROOT(缩写为 HKCR)、HKEY_CURRENT_USER(缩写为 HKCU)、HKEY_LOCAL_MACHINE(缩写为 HKLM)、HKEY USERS(缩写为 HKU)、HKEY_CURRENT_CONFIG(缩写为 HKCC)。上述 5 个根键由系统中的 4 个主要文件产生,即 SAM、SECURITY、SOFTWARE 和 SYSTEM。其中 SAM 文件中保存本地账户数据库,包含该计算机的所有用户和密码信息;SECURITY 文件中保存着系统安全信息,SOFTWARE 文件中保存系统安装的软件信息;SYSTEM 文件中保存着计算机配置信息。这些文件的默认存放位置是"%systemroot%\system32\config"文件夹。它记录了用户安装在机器上的软件和每个程序的相互关联信息;它包含了计算机的硬件配置,包括自动配置的即插即用的设备和已有的各种设备说明、状态属性以及各种状态信息和数据;包含了大量关于用户账号、URL 访问记录、网络共享、Run 命令历史等记录。本节将主要介绍电子物证检验过程中关于注册表的检验方法。

5.4.1 注册表中的重要键值

在 Windows 系统的注册表中,下面的键值通常是电子物证检验的重点。

(1) HKCU\Software\Microsoft\Windows\CurrentVersion\Explorer\ComDlg32\OpenSaveMRU

该键保存着通过标准的文件【打开/保存】对话框所操作文件的历史记录。子键"*"包括了 10 个最近打开的文档,其他子键则以扩展名分类保存了更多最近打开的文档。

(2) HKCU\Software\Microsoft\Windows\CurrentVersion\Explorer\RecentDocs

该键保存着通过 Windows 资源管理器打开或者运行的最近的文件,与"%Documents and Settings%\USERPROFILE\Recent"(我最近的文档)文件夹相对应。该键保存着最近打开的本地和网络文件名,并以二进制格式保存文件名。就像 OpenSaveMRU 一样,它按扩展名分类保存在各自的子键内。并且,子键文件夹保存着最近打开文件的文件夹名。子键"NetHood"与"%USERPROFILE%\NetHood"相对应,仅包含所打开的网络文件的 LAN 共享文件夹路径(服务器和文件夹名称)。值得注意的是,删除这些键值并不影响"%USERPROFILE%\Recent"和"%USERPROFILE%\NetHood"文件夹的内容。

(3) HKCU\Software\Microsoft\Windows\CurrentVersion\Explorer\RunMRU

该键包含通过【开始】→【运行】方式执行的命令,MRUList 值通过一些字母列表维护各自的值。字母列表以键值加入顺序为依据,如图 5-15 所示。如果通过运行方式打开了某个文档,那么就会在 OpenSaveMRU 和 RecentDocs 两个键中留下痕迹。除非关闭计算机或者注销当前用户,删除 RunMRU 子键不会马上移除运行下拉框的列表。

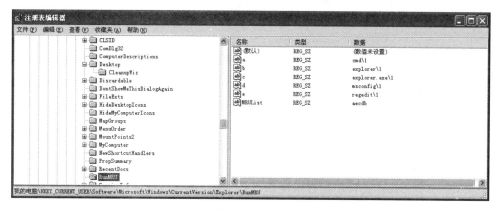

图 5-15　注册表中保存的运行的命令

(4) HKLM\Software\Microsoft\Windows\CurrentVersion\Uninstall

该键下的每个子键都代表一个本计算机上的安装程序。在【控制面板】→【添加删除程序】中的项目与这些子键都一一对应。然而,有些安装的程序,例如驱动程序,并不会在添加删除程序中列出。每个子键通常包括显示名(DisplayName)、版本号(DisplayVersion)和程序的卸载字符串(UninstallString)等信息。

(5) HKLM\Software\Microsoft\Windows\CurrentVersion\Run

该键含有在无需用户参与即可自动运行的程序名和程序路径。一些病毒或木马经常在此驻留以保证在每次系统启动时能够自动运行。

(6) HKLM\system\CurrentControlSet\Services

该键列举了 Windows 的服务程序。每个子键都包含着各个服务程序的信息,如启动路径和可执行镜像文件的路径。很多后门程序把自己安装为服务,就会在此键下留下痕迹。

(7) HKLM\SYSTEM\CurrentControlSet\Services\Tcpip\Parameters\Interfaces\GUID

此键记载每个网卡最后设置的 IP 地址和默认网关。每个 GUID 都指向一个网卡,即使网络断开它们也会保存下来,具体内容如图 5-16 所示。

(8) HKCU\Software\Microsoft\Windows\CurrentVersion\Explorer\UserAssist

该键下维护着 2 个 GUID 子键,每个子键保存着用户访问过的系统对象、快捷方式等。以"5E6A"开始的 GUID 子键对应 IE 工具条,内容如图 5-17 所示。以"750"开始的属于活动桌面。通过这两个子键可以看出嫌疑人曾经访问过的网站和打开过的快捷方式。

(9) HKCU\Software\Microsoft\Internet Explorer\TypedURLs

该子键保存最近 20 个在地址栏和资源管理器地址栏中输入的 URL 地址和文件路径。这些都可以显示嫌疑人最近的网上浏览行为。但是此键只会显示输入地址时完整输入的可以自动完成的 URL,或者在 IE 地址栏的下拉列表中出现的地址。通过 IE 收藏夹访问的地址不被记录,并且数据也只会在关闭 IE 后才被记录。如果嫌疑人使用了 IE 的 Internet 选项中的清除历史记录功能,这些键值会被完全清除。

第 5 章 Windows 系统的检验方法

图 5-16　注册表中保存的网卡的 IP 地址

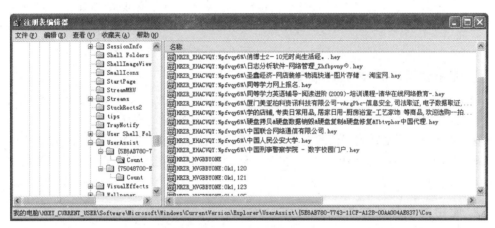

图 5-17　注册表中记载的 IE 工具

（10）HKLM\SYSTEM\ControlSet001\Enum\USB

该子键下保存了包括移动存储设备在内的所有 USB 设备，如 U 盘、手机、USB 接口鼠标、打印机等，该子键下的内容如图 5-18 所示。

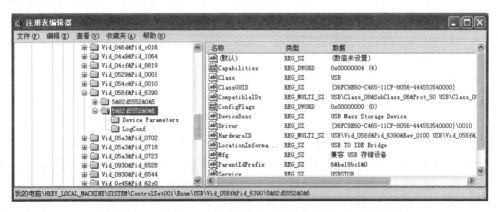

图 5-18　注册表中 USB 设备信息

103

图 5-18 中的 Vid 为厂商 ID,厂商的 ID 是唯一的;ProductID,即产品 ID,是由各生产厂商分配给自己产品的识别号,中间用分隔符"&"分开。

(11) HKLM\SYSTEM\ControlSet001\Enum\USBSTOR

该子键下显示了本计算机上曾经使用过的所有 USB 存储设备。可以看出该设备的基本情况,包括设备类型种类、厂商、产品描述以及产品的版本号,中间用分隔符"&"分隔。

5.4.2 注册表的检验

注册表的检验分为联机注册表检验、远程注册表检验和脱机注册表检验。所谓联机注册表检验是指在被检验计算机上直接对注册表进行检验,检验方法可以直接使用操作系统自带的注册表编辑器或注册表编辑工具 reg.exe 进行检验。远程注册表检验是指通过网络对远程计算机的注册表进行联机检验,需要远程计算机开启 Remote Registry 服务,并且需要拥有登录远程计算机的账户和密码。脱机注册表检验是指在电子物证检验工作站上对保全备份复件中的注册表进行的检验。本节主要介绍脱机注册表的检验方法。

1. 使用注册表编辑器进行检验

该检验工具是操作系统自带的用于浏览和编辑注册表的工具。在使用该工具进行检验时,需要将保全备份复件中的注册表配置单元文件从它们的默认位置"％systemroot％\System32\Config"复制到司法检验工作站,然后运行注册表编辑器 Regedit,选择文件菜单的导入命令导入所需检验的注册表相关文件。之后即可在注册表编辑中根据检验要求对重点键值进行检验。

2. 使用离线注册表编辑工具进行检验

离线注册表编辑工具有很多种,例如 Registry Workshop、MiTec Windows Registry Recovery 等,下面以 Registry Workshop 为例介绍对注册表进行检验的方法。

Registry Workshop 是一个高级注册表编辑器。它可以替代 Windows 自带注册表编辑器 RegEdit 和 RegEdt32。除了注册表编辑器应有的基本功能外,Registry Workshop 提供了很多用于注册表管理和检验的功能。例如快速搜索注册表内容,以便于快速查找与案件相关的键值,另外,它还提供了注册表文件、配置单元文件导入功能和注册表比较功能,以便进行注册表的检验。如图 5-19 所示为启动该软件后的主界面。

(1) 主要功能

多重撤销和重做、高速搜索和替换、在计算机及文件之间比较注册表、通过 ActiveSync 编辑移动设备的注册表;自动分析注册表项和值中的数据,如果其中包含 ProgID、ClassID、文件路径或网页地址,可以通过上下文菜单进行相应的跳转;通过右键菜单在 HKLM 和 HKCU 中相同名字的注册表项间跳转;允许打开多个本机注册表窗口;如果用户有管理员权限,可以在不修改注册表权限的情况下打开没有访问权限的注册表项;支持注册表文件比较。

第 5 章　Windows 系统的检验方法

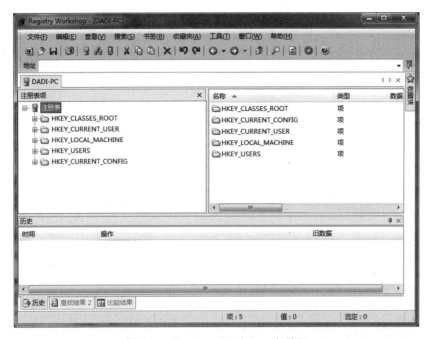

图 5-19　Registry Workshop 主界面

（2）主要检验方法

① 搜索：单击【搜索】菜单中的【查找】子菜单，弹出如图 5-20 所示的对话框，在该对话框中设置查找内容、搜索项、搜索值、搜索数据以及区分大小写、匹配整个字符串、使用通配符搜索、使用二进制搜索等选项，同时设置搜索范围，默认为搜索整个注册表，还可以设置在此项中搜索。

图 5-20　【查找】对话框

例如设置【查找内容】为"UserAssist"键值项，检验用户访问过的系统对象、快捷方式等。

查找的结果如图 5-21 所示。在查找结果窗口中显示的为查找到的键值项，在名称窗口中显示的是对应键值项的所有内容，其中包括用户访问过的系统对象、快捷方式等。

说明：在查找内容中可以使用"*"和"?"作为通配符，"*"表示零个或多个字符，"?"

105

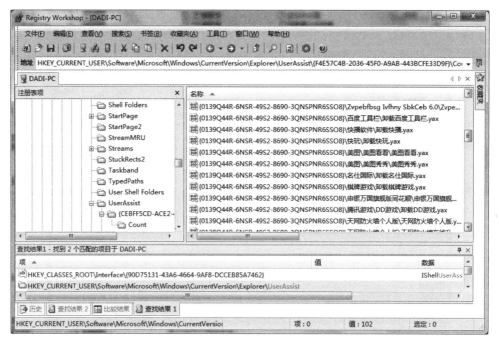

图 5-21　查找结果对话框

表示任意单个字符;重复的结果将被自动从查找结果中删除;二进制搜索应当只被用来搜索非文本内容;可以查找部分注册表路径。例如,搜索"Microsoft\Command"时,"HKEY_LOCAL_MACHINE\SOFTWARE\Microsoft\Command Processor"将会被找到。但是这些查找结果不能被替换。

② 比较注册表:打开要比较的网络注册表或注册表文件,如果要比较本地注册表中的两个注册表项,跳过此步骤。打开【工具】菜单,单击【比较注册表】子菜单,在【比较注册表】对话框中,选择要比较的注册表以及注册表项。如果要比较所有的项,则设置注册表项为空或者"\"。

3. 使用 EnCase 检验工具进行检验

在 EnCase 检验工具中建立案例文件,将需要检验的保全备份的复件或证据文件添加到案例文件中,开始对注册表文件进行检验。

(1) 通过过滤或浏览的方法定位到注册表文件,默认保存位置为"%systemroot%\system32\config"。

(2) 选中需要检验的注册表文件,如 SYSTEM 文件,右击鼠标,在弹出的菜单中单击【查看文件结构】命令,弹出【查看文件结构】对话框,如图 5-22 所示,单击对话框中的【确定】按钮。

(3) EnCase 对注册表文件 SYSTEM 进行了解析,将选中的 SYSTEM 注册表文件解析为文件夹图标,将该图标下的 NT 注册表图标下的文件夹展开,即可以像在注册表编辑中一样对注册表进行检验和分析。

在 EnCase 检验工具中,还可以编写脚本对注册表进行自动检验。

第 5 章 Windows 系统的检验方法

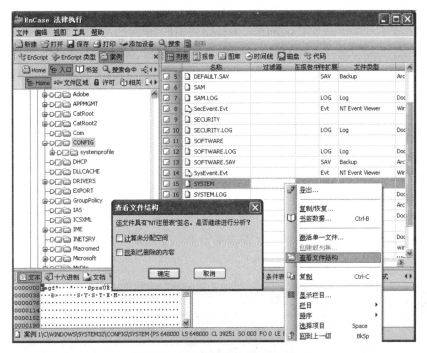

图 5-22 【查看文件结构】对话框

5.5 交换文件的检验

交换文件是虚拟内存使用的隐藏系统文件。当系统内存数量减少导致系统极端繁忙的时候，交换文件就临时用作内存。操作系统会将暂时不用的内存中的内容交换出来，释放空间以运行更活跃的应用程序。交换到硬盘上的内存内容被保存在页交换文件（paging file）中，文件名为 pagefile.sys（默认保存在 C 盘根下）。交换文件可能包含用户最近查看过或输入过的文档、密码和其他信息的片断。关键是用户可能没有意识到数据就存于其中。所以对该文件的检验是非常重要的。

5.5.1 交换文件的显示与设置

1. 交换文件的显示

由于交换文件是个隐藏的系统文件，因此必须首先让系统显示隐藏文件。可在命令行使用 dir/ah 命令，也可选择 Windows 资源管理器【工具】→【文件夹选项】→【查看】→【文件和文件夹】进行高级设置，取消【隐藏受保护的操作系统文件】选项的勾选状态，使具有隐藏属性的系统文件显示出来。通过上面的设置即可查看 C:\pagefile.sys 文件，即非活动交换文件。

2. 交换文件的设置

交换文件的内容是交换到硬盘中的内存中的部分信息，可以在注册表中进行设置，确定系统关闭时是否清除交换文件的内容。具体设置方法如下：

对 HKLM \ System \ CurrentControlset \ control \ Session Manager \ Memory Management\Clear PageFileAtShutdown 键值进行设置。该键值为 0 或 1,其中为 0 表示系统关闭时交换文件不被覆盖,这是默认设置；为 1 表示所有的非活动页面在系统关闭时用零覆盖。

5.5.2 交换文件的检验

当交换文件的设置为关闭系统时文件不被覆盖状态时,交换文件中就可能有内存中被交换到交换文件中的信息。但由于交换文件内容是以二进制方式存储的,所以在检验时通常使用关键字搜索的方法进行检验。

例如,在 EnCase 中,将 password 定义为关键字,设置的搜索范围为 pagefile.sys 文件,开始搜索。在搜索【命中】中可以看到所有包括 password 字符串的信息,如图 5-23 所示。

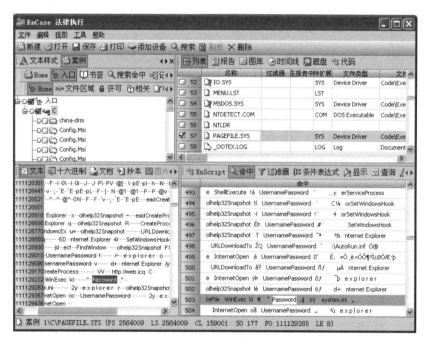

图 5-23　pagefile.sys 文件搜索【命中】窗口

5.6　办公文档碎片的检验

所谓的办公文档碎片是指办公文档已经被破坏或被删除,不能正常打开,但还是以文件的方式或以碎片的方式存在于未分配空间或其他文档的文件残留区中。

常用的关于办公文档碎片的检验方法为关键字查找,其中一种是根据文档的内容和文档属性等内容作关键字进行查找(这些内容可能会因文档不同而改变),另外一种是根据文档的结构信息等内容作关键字进行查找(这些内容不会因文档不同而改变)。办公文档碎片的检验方法如下。

5.6.1 办公文档碎片的文本检验

从 office 2000 以后,基本是采用 Unicode 编码来存储数据的,所以,搜索办公文档碎片内容只须将要找的数据直接输入为关键字,设置编码为 Unicode,进行搜索即可。

例如,从被破坏的文档中搜索包含"计算机"的 Word 文档(包括未分配空间)。

第一步:定义【关键字】为"计算机",【编码】为"Unicode";

第二步:设置【搜索范围】及【关键字范围】;

第三步:单击【开始】按钮开始搜索;

第四步:切换到【搜索命中】窗口浏览搜索结果。

5.6.2 办公文档碎片的图片检验

在 Office 文档中的图片还是以原来的格式保存,并且没有经过压缩,所以,可以通过搜索图片的文件头来搜索文档中的图片。

其中,JPEG 文件头为\xFF\xD8\xFF[\xFE\xE0]\x00[\x1A\x10];GIF 文件头为 GIF8[79];BMP 文件头为 BM....\x00\x00\x00\x00....\x28;数码相片文件头为\xFF\xD8\xFF\xE1..\x45\x78\x69\x66。

例如从未分配空间中搜索 JPG 文件。

第一步:JPG 图片文件的文件头定义为关键字。

第二步:选择【搜索范围】和【关键字】。

第三步:单击【搜索】按钮进行搜索。

第四步:切换到【搜索命中】窗口,右击搜索到的数据,在弹出的菜单中单击【书签数据】,在弹出的窗口【数据类型】中选择【图片】类型,浏览图片。

5.7 打印脱机文件的检验

打印脱机文件是指打印工作在后台执行时,延时发送数据到打印机时生成的临时缓冲文件,包含了需要打印的数据和完成打印操作的足够信息。当从一个应用软件打印文件时,Windows 系统会在硬盘中建立一个打印脱机文件,并将打印的文件用一种特殊的增强图元格式复制到这个文件中。当这个打印脱机文件创建完毕时,Windows 系统就将控制权交给使用的应用软件,然后,这个打印脱机文件将在后台被送往打印机进行打印。

5.7.1 打印脱机文件的设置

打印脱机文件的生成与否与打印机的属性设置有关。设置方法是在打印机图标上右击鼠标,从弹出的菜单中选择【属性】命令,在弹出的【打印机属性】对话框中选择【高级】选项卡,勾选【保留打印的文档】选项,才会生成打印脱机文件。

5.7.2 打印脱机文件的类型

在打印过程中产生的两种脱机文件的后缀分别是".SHD"和".SPL"。

SHD 文件：.SHD 是一个镜像文件,它包含了有关打印操作的信息,包括了所有者、打印机、打印文件的名称以及打印数据类型方式（RAW/EMF）。在 RAW/EMF 方式中,SPL 文件包含了需要打印的数据。每个.SPL 文件中打印数据以一个或多个 EMF/RAW 文件存在。每个打印页都有一个 EMF/RAW,因此在打印操作中由多页组成的.SPL 文件就包含了多个 EMF 文件。在默认方式下,打印脱机数据格式使用 EMF 方式。这种方式应用最广泛,因为这种格式生成的文件较小,同时几乎可与所有的打印机兼容。在打印处理器中可以设置默认的数据类型,如图 5-24 所示。

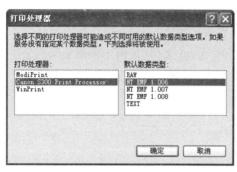

图 5-24 【打印处理器】数据类型设置窗口

5.7.3 打印脱机文件的存放位置

在 Windows 操作系统中打印脱机文件的默认保存位置是"%systemroot%\System32\spool\Printers"文件夹。

5.7.4 打印脱机文件的检验

在前面已经介绍了在扩展名为 SPL 的文件中包含了打印的数据。为此,在对打印文件进行取证时,主要是对.SPL 文件进行解码,该文件的内容不能直接解读,需要利用电子物证检验工具进行检验。在本文中主要是利用 EnCase 检验工具进行搜索与解码。

1. 搜索打印脱机文件

为了提高检验速度,可以先利用 EnCase 检验工具中的过滤器查找.SPL 文件,并将其所在的位置设置为搜索的范围。

2. 搜索 EMF 文件

在进行搜索之前,需先定义 EMF 文件关键字,定义步骤如下。

第一步：在关键字的窗格中,右击鼠标,在弹出的快捷菜单中选择【新】,弹出【新关键字】对话框。

第二步：在【搜索表达式】文本框中输入 EMF 文件的文件头信息"\x01\x00\x00\x00..\x00.{34,34}EMF",【名字】命名为"EMF 文件",勾选 GREP 和【活动代码页】,如图 5-25 所示。

第三步：单击 EnCase 窗口中的【搜索】按钮,根据所安装操作系统类型选择搜索范围,例如在 Windows XP 中选中打印脱机文件的存放位置"C\Windows\system32\spool\

第 5 章　Windows 系统的检验方法

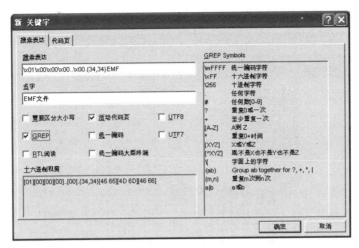

图 5-25　【新关键字】对话框

printers",在弹出的【搜索】对话框中,勾选【只是选中的文件】、【搜索松弛文件】和【只是选中的关键字】复选项。单击【开始】按钮开始搜索。

3. 查看搜索结果

搜索结束后,在搜索命中查看搜索结果,如图 5-26 所示。

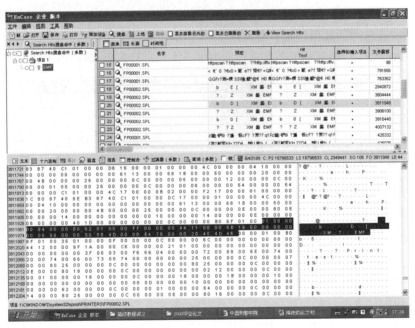

图 5-26　搜索结果

4. 解码搜索结果

在图 5-26 中看到,搜索到了很多的 SPL 文件,而且文件的内容均是十六进制代码,并不能直接读懂其内容,为此需要进行解码,解码步骤如下。

第一步：选中需要解码的.SPL 文件，如图 5-27 所示。

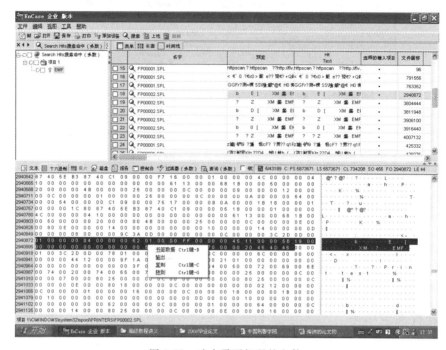

图 5-27　选中需要解码的文件

第二步：在选中的数据位置右击鼠标，在弹出的快捷菜单中单击【书签数据】命令，弹出【书签数据】对话框，在该对话框的数据类型中选择图片进行解码，解码结果如图 5-28 所示。

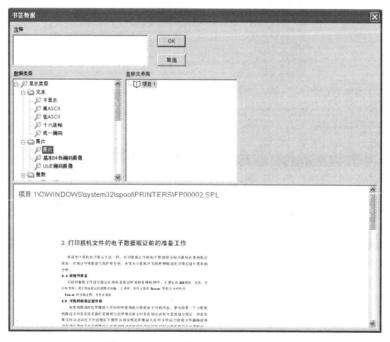

图 5-28　打印脱机文件的解码结果

因为每个.SPL文件中有多个EMF文件，所以可按照上面的步骤对每个搜索到的EMF文件进行解码。

5. 保存解码文件

在解码出的EMF文件位置右击鼠标，弹出【输出报告】对话框，在对话框中选择输出格式和路径，输入文件名，如EMF1.rtf，将EMF文件内容保存到该文件中。

6. 打印脱机文件取证时需注意的问题

（1）使用上述方法进行取证时，需要注意打印脱机文件的生成与打印属性的设置有关。只有在【打印属性】对话框的【高级】选项卡中选中【保留打印的文档】才有可能找到打印脱机文件。

（2）打印执行完毕后缓冲文件被系统释放（被删除），但数据内容并未被覆盖，所以可以通过对打印脱机文件的检验来查找关于嫌疑人在机器上曾经打印过的东西，即使数据不保存在连接打印机的计算机上。

（3）当打印文件较多时，则以前打印文件所产生的打印脱机文件可能被覆盖，导致无法检验到打印的文件内容。

5.8 删除文件的检验

在很多情况下，检验时需要恢复删除的文件，因为这些文件往往与案件直接相关，能否将删除的文件进行恢复将是检验工作的关键。目前对于删除文件的恢复或检验通常有以下几种方法，即使用数据恢复软件、还原回收站中的文件、恢复临时文件等方法。

5.8.1 删除文件的方法

Windows系统中删除文件通常有以下几种方法。一种是逻辑删除，即选中文件后，按下键盘Delete按钮或者在鼠标右键中选择【删除】选项，这种删除文件的方法只是把文件放到回收站，任何被删除的文件都可以在回收站中选择【还原】进行恢复；另一种是物理删除，即选择文件之后按下Shift+Delete键，被删除的文件将不会移到回收站而直接从硬盘分区中删除，然而此种删除方法也只是将被删除文件作了删除标记，这些文件的数据会一直保持完整，直到新数据覆盖它们原来在磁盘上占据的物理区域，所以该种方法删除的文件只要未被覆盖即可恢复；第三种是粉碎删除，这种方法删除的文件用普通办法将无法恢复；第四种是数据擦除，该种方法可以借助软件对磁盘指定位置或文件进行数据擦除，使用普通方法也将无法恢复文件。所以，本节介绍的删除文件的检验只是针对物理删除文件方法而进行的数据检验。

5.8.2 删除文件的检验

所谓删除文件的检验主要是对删除文件进行恢复。目前，用于恢复删除文件的软件有很多，如EasyRecovery、FinalData、Recover My File、FileRecovery等，本节以FinalData

为例介绍删除文件的恢复方法。

FinalData 使用非常方便，分类也很清楚，其界面、操作使用都和 Windows 资源管理器非常类似，是目前较好的删除文件数据恢复软件之一。

第一步：启动 FinalData，使用工具栏里第一个工具图标或者【文件】→【打开】菜单选项，打开物理或者逻辑驱动器，选择物理驱动器，单击【确定】，就会出现一个查找分区的进度指示，所有分区查找完毕，给出分区表。

第二步：在对话框中选择想要操作的逻辑分区，单击【查找格式】按钮，就会出现分区格式查找结果。单击【选择格式】按钮，那么 FinalData 就使用这个格式开始查找要恢复的数据，在正式开始之前会出现一个【查找范围选择】对话框。这个功能非常实用，尤其对一个大的分区，如果知道需要恢复文件的大概位置，就可以选择一个搜索区域，以加快搜索速度。

第三步：单击【确定】按钮后，FinalData 开始查找根目录的内容。所选择的范围扫描完成后，就出现扫描结果列表，如图 5-29 所示。

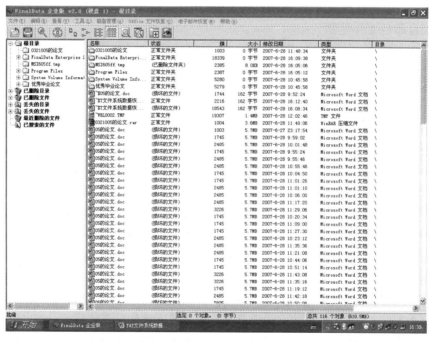

图 5-29　扫描结果列表

这时 FinalData 通过在内存中建立一个文件目录映像，并没有在磁盘上写下任何相关的数据。FinalData 左边窗口中分门别类地列举了目前正常的目录、已删除的目录、已删除的文件、丢失的目录、丢失的文件和已搜索的文件。其中丢失的目录是没有目录名的，FinalData 自动使用其起始簇号当作目录名。丢失的文件则以后缀进行分类，FinalData 在目录信息遭到破坏的情况下，仍可以恢复常用的文件类型。

第四步：找到需要恢复的内容后，下一步就是把这些数据存储。选择要保存到的文件或目录，只能在右边的列表中进行选取，其选择方法与资源管理器一样。当选择完内容后,单击第二个图标或者单击【文件】→【恢复】,就会出现【选择目标驱动器】对话框。

首先选择目标驱动器,然后在列表中选择相应的目录即可,然后单击【保存】按钮。就开始保存选取的文件和目录。保存过程中,会有进度对话框,显示当前正在保存的目录、文件名称、文件大小和进度信息。

至此 FinalData 恢复数据就完成了,利用 FinalData 恢复数据操作非常简单,而且数据恢复的成功率也很高。

该软件除了可以对删除文件进行恢复检验以外,还可以对格式化的磁盘进行恢复,也可以对损坏的 Office 文件进行修复。

5.9 回收站的文件检验

回收站是 Windows 系统中一个隐藏的系统文件夹,被删除的文件或文件夹将存放到这个特殊的文件夹中,但这些文件没有真正从磁盘上删除,只是暂时移到"回收站"中,用户既可以将回收站中的信息恢复,也可以将其删除。

5.9.1 回收站的特点

在每个分区(驱动器号)的根目录下都有一个隐藏的用于存放删除文件的文件夹,不同的 Windows 文件系统所建的文件夹名称也不一样,FAT 文件系统所建的文件夹名称为 RECYCLED,而 NTFS 文件系统所创建的文件夹名称为 RECYCLER。该文件夹不是在操作系统安装时创建的,而是在相应分区第一次删除文件时由系统自动创建的,并且在回收站中添加了隐藏系统文件名为 INFO(Windows 95)或 INFO2 二进制文件的信息。该文件主要包括删除文件的日期、时间、路径和原文件名。在 Windows95/98 和 Windows ME 中,该文件的记录长度为 280 字节,对于 Windows NT/2000 和 Windows XP,记录长度为 800 字节。

当被删除文件进入回收站时,回收站中的信息包括文件删除前的原始名字及位置、在回收站中的索引号(在回收站中的顺序,当回收站为空时将零分配给第一个文件)、在回收站中的新的名字。

发送到回收站中的每个文件被重新命名,名字格式是:

D[文件原始隶属盘符][索引号][原始扩展名],例如,回收站是空的,当删除"C:\test.txt"文件进入回收站时,"C:\test.txt"将改名为 DC0.TXT,

文件的原始名字和路径"C:\test.txt"、文件被删除的日期和时间被添加到 INFO/INFO2 文件中。

5.9.2 回收站的文件检验

因为 INFO/INFO2 文件是二进制文件,所以对该文件进行解析时需要使用特殊的工具来进行。本节以 EnCase 为例介绍 Windows XP 操作系统回收站信息恢复的方法。

第一步:在 EnCase 中使用过滤脚本 Search Filenames 查找 INFO2 文件。

第二步:对找到的 INFO2 文件解码。解码方法如下:根据 INFO2 文件记录长度建立相应的文本风格,如图 5-30 所示,名称为"回收站文本风格",代码页为其他中的 GB2312,并选择该文本风格。

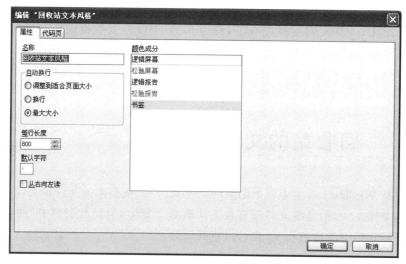

图 5-30 创建 INFO2 文件文本风格

第三步:切换到案例界面,选择【回收站】文件夹中的 INFO2 文件,在下面的文本窗口中选择从有字符的位置开始选择需要解码的数据,使其反白显示。

第四步:在被选中的位置右击鼠标,单击【书签数据】,对数据进行解码。

第五步:在书签数据的对话框中,选择数据类型为相应的 Windows 类型,如"Windows 2000 信息文件记录",在下面的窗口中则得到了解码的信息,如文件原来所在路径、文件名、删除日期时间,如图 5-31 所示。

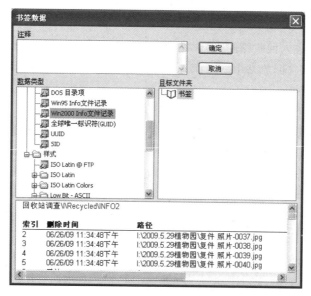

图 5-31 解码后的 INFO2 文件内容

第六步：在有关删除文件信息窗口中右击鼠标，在弹出的菜单中单击【输出】，将上述信息制作成检验报告，选择报告的输出格式、路径及文件名。

5.10 IE 访问痕迹的检验

IE 是 Internet Explorer 的缩写，是目前占主要地位的浏览器软件。使用 IE 上网时，会在计算机中留下访问的痕迹，主要保存在 Cookies、History 和 Temporary Internet Files 等文件夹的相关文件中。

5.10.1 Cookies 文件的检验

Cookies 是用户浏览网站时，由服务器置于用户硬盘上的一个非常小的文本文件，它可以记录用户的用户名、浏览过的网页、停留的时间等信息。当用户再次访问该网站时，网站通过读取 Cookies，得知用户的相关信息，就可以作出相应的动作。

1. Cookies 文件保存的位置

Cookies 文件保存位置根据不同的操作系统保存位置也不一样，其中 Windows9x/ME 操作系统中该文件默认保存在"C:\Windows\Cookies"文件夹中；在 Windows2000/XP 操作系统中保存在"C:\Documents and settings \Username\Cookies"文件夹中。

硬盘中的 Cookies 文件的命名格式为"用户名@网站地址[数字].txt"。如用户名为 administrator 的用户访问 163 网站生成的 Cookies 文件名为"administrator@163[1].txt"。同时 Cookies 数据还将被写入一个名字为 Index.dat 的文件中，该文件默认的记录长度为 256。需要特别注意的是该文件和各个独立的 Cookies 文件在一起可以为检验人员提供一些非常重要的信息，如犯罪嫌疑人曾经访问过的网站地址、访问某网站地址的频率、访问某网站的时间信息等。

2. Cookies 文件的检验

Cookies 文件的内容不能直接进行解读，需要通过专用的软件进行解读和分析。下面通过 IECookiesView 和 EnCase 进行检验。

(1) 使用 IECookiesView 进行检验

第一步：启动 IECookiesView 软件，在【档案】菜单中选择【Cookies 数据夹】菜单项。

第二步：在弹出的【选择 Cookies 数据夹】对话框中，单击【浏览】按钮，选择需要检验的 Cookies 文件夹，如图 5-32 所示，即可浏览 Cookies 文件夹中的所有 Cookies 文件内容，包括浏览的网站、点击数、最后存取的日期等。

说明：该软件只能对未被删除的 Cookies 的文本文件进行检验。

图 5-32 【选择 Cookies 数据夹】对话框

（2）使用 EnCase 进行检验

因为 Cookies 数据同时还将写入到 Cookies 文件夹中的 Index.dat 文件中,该文件的默认记录长度是 256,Cookies 的名字被放置在每个记录的 104 字节,并且记录了由 URL 开始的 Cookie 的头部信息。所以当 Cookies 的文本文件被删除后,通过对 Index.dat 文件的检验还可检验出曾经访问过的网站地址、访问某网站的时间等信息。具体检验方法如下。

第一步:在 EnCase 中通过过滤或搜索方法找到 Cookies 文件夹中的 Index.dat 文件。

第二步:定义一个新的文本样式,名称为"index.dat 文本样式",自动换行设置为"换行",每行长度为 256,代码页为其他中的"US-ASCII",如图 5-33 所示,然后单击【确定】按钮。

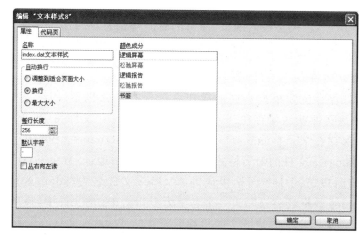

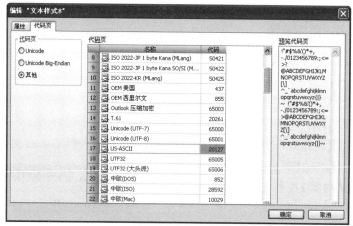

图 5-33　定义文本样式窗口

第三步:切换到浏览 index.dat 文件窗口,选择定义的【index 文本样式】,查看 index 文件内容。

第四步:Cookies 的名字被放置在每个记录的 104 个字节。从 URL 开始到第 24 个字节包括了文件的创建时间和最后访问时间,选中上述24个字节,单击右键菜单中的【书签数据】按钮,选择 Windows 日期和时间进行解码,得到文件的创建时间和文件最后的访问时间,如图5-34所示。

图 5-34　index 文件的时间解析结果

说明:当对 index 文件的时间进行解析时,需要注意的是检验工作站的时区设置需要与检材的时区设置相一致,否则将导致解析错误。

5.10.2　历史记录文件的检验

历史记录中记录了IE的活动足迹,不仅包含上网记录,还包含打开过的文件信息。

1. 历史记录保存的位置

在 Windows 9X/ME 操作系统中保存在"C:\Windows\History"文件夹中;在 Windows2000/XP 操作系统中存放在"C:\Documents and Settings\UserName\Local Settings\History"文件夹中。

2. 历史记录文件的检验

未被删除的历史记录可以直接通过资源管理器按照时间分类文件夹进行浏览,也可以通过 IEHistoryView 软件进行浏览,或通过 EnCase 软件对文件夹中的 index.dat 文件进行解析,检验出曾经访问的网站或文件信息。由于使用 EnCase 对 index.dat 的解析方法与 cookies 文件夹中的 index.dat 文件解析方法相同,所以本节只介绍使用 IEHistoryView 对历史记录文件进行检验的方法。

第一步:启动 IEHistoryView 软件,选择【文件】菜单中的【选择历史记录之目录】菜单项,弹出【选择历史记录之目录】对话框。

第二步:单击【浏览】按钮,在弹出的对话框中选择需要检验的历史记录的路径。单击【确定】按钮。

第三步:在 IEHistoryView 窗口中即可浏览曾经访问的网站或文件的相关信息,如

图 5-35 所示。

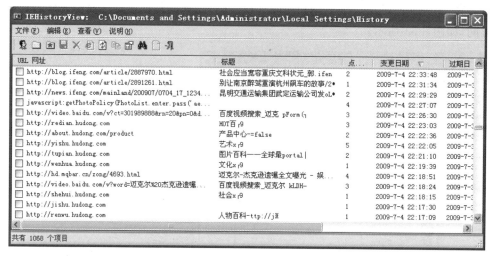

图 5-35 历史记录内容

5.10.3 Internet 临时文件的检验

Internet 临时文件是由系统来维护的,是为了加快访问互联网的速度。如果一个站点或者页面被访问过,系统会将该网页的信息记录到用户计算机上,以加快下一次的访问速度。根据对该部分文件的检验,可以了解案件嫌疑人访问过的网站内容以及网上邮件的内容。

1. Internet 临时文件的保存位置

在 Windows9x/ME 操作系统中,默认保存在"C:\Windows\Local Settings\Temporary Internet Files"文件夹中;在 Windows2000/XP 中默认保存在"C:\Documents and settings \Username\Local Settings\Temporary Internet Files"文件夹中。

2. Internet 临时文件的检验

未被删除的临时文件的检验可以直接通过资源管理器进行浏览检验。

对于已被删除的 Internet 临时文件的检验可通过对其 index.dat 文件进行检验。该文件可以通过 Cache Reader 或 EnCase 软件对 index.dat 文件进行解析,其中使用 Cache Reader 进行检验的方法如下。

第一步:启动 Cache Reader 软件,单击菜单中的 Select Cache 菜单项,弹出 Open 对话框,查找需要解析的 Internet 临时文件的 index.dat 文件,如图 5-36 所示。

第二步:单击图 5-36 中的【打开】按钮,即可显示 Internet 临时文件。

5.10.4 Index.dat 文件的检验

上面几节中涉及了 index.dat 文件的检验方法。在 Windows 操作系统中,index.dat 是一个由 Internet Explorer 浏览器和资源管理器创建的文件,具有"隐藏"属性,它记录着

第 5 章　Windows 系统的检验方法

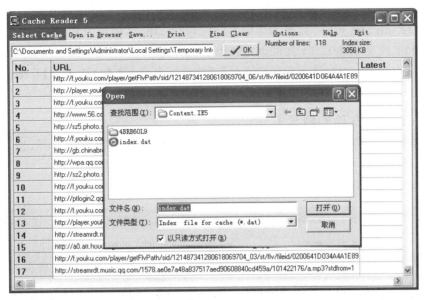

图 5-36　Cache Reader 窗口

通过浏览器访问过的网址、访问时间、历史记录等信息。实际上它是一个保存了 cookie、历史记录和 IE 临时文件中所记录内容的副本，即使在 IE 中把这些内容都清除了，index.dat 文件中的记录还是存在的。

1. Index.dat 文件保存位置

不同版本的 Windows 操作系统 Index.dat 文件保存的位置不一样，例如在 Windows 7 操作系统中，在用户的文件夹中多处都有 Index.dat 文件存在，具体位置如图 5-37 所示。而在 Windows XP 操作系统中的"Documents and Settings\Username\Cookies"、"Documents and Settings\Username\Local Settings\History\History.IE5"、"Documents and Settings\Username\Local Internet Files\Content.IE5\"等文件夹中都存在着 index.dat 文件。

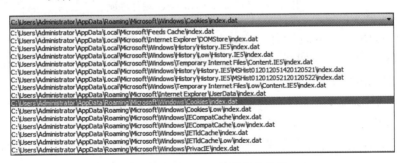

图 5-37　Index.dat 文件存在位置

系统为了保密是不允许用户直接查这些地方的 index.dat 文件，即使在文件夹选项中设置成了让系统显示所有文件和不隐藏受操作系统保护的文件，也同样查看不到这些文件。但当试着进入 IE 的临时文件夹 Temporary Internet Files，在窗口地址栏的"Temporary Internet Files"后面手动加上"\Content.IE5"，便能发现该文件夹下面还有别的文件和文件夹，index.dat 文件也是其中之一。

即使用户在 IE 中执行【删除脱机文件】、【清除历史记录】、【清除表单】等操作，在上述位置的 index.dat 文件也不会被删除。

2. Index.dat 文件的检验方法

Index.dat 文件除了可以用上面几节中所介绍的手动查看方式以外，还可以通过 Index.dat Analyzer 专用工具进行检验和查看。

Index.dat Analyzer 软件的界面如图 5-38 所示。

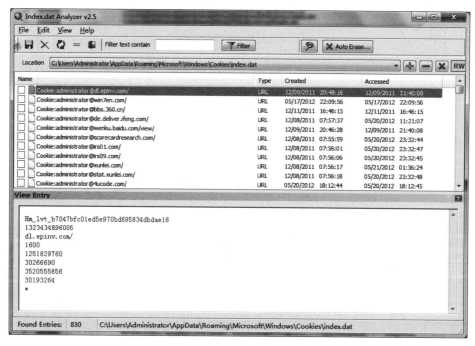

图 5-38　Index.dat Analyzer 软件界面

第一步：如果检验本地所有 Index.dat 文件，可以直接单击工具栏中的 ![] Quick rescan for Index.dat Files 图标，系统将自动查找本地所有 Index.dat 文件，并将其添加到 Location 文件列表框中。

第二步：在 Location 文件列表框中选择需要检验的 Index.dat 文件，如图 5-38 所示的 Cookies 文件夹中的 Index.dat 文件，则直接在下面的窗口中显示 Index.dat 文件中的内容，即所有访问过的网站的记录，包括访问的网站名、文件建立时间、访问时间。

如果检验的文件不是本地的，也可以单击 ![] 按钮，在弹出的如图 5-39 所示的 Add Index.dat Files 对话框中添加需要检验的 Index.dat 文件进行检验。

3. 检验说明

index.dat 文件内容虽然不容易清除，但在两种情况下可以被删除。

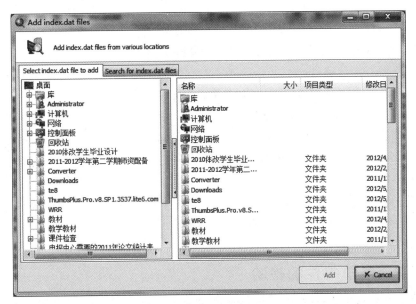

图 5-39　Add Index.dat Files 对话框

（1）在纯 DOS 模式下删除

例如在 Windows 操作系统中，可利用启动光盘引导系统到纯 DOS 模式下（不是 Windows XP 的命令提示符窗口），然后进入 index.dat 所在目录中，用 DEL 命令来删除该文件，不过由于这个文件存储位置比较分散，因此逐一删除有点麻烦。

另外，由于在 Windows 操作系统中，"％system％\Documents and Settings\"等是长文件名，所以要转换为 8.3 格式才能正常进入目录。

（2）用 Tracks Eraser Pro 软件来删除

在纯 DOS 模式下删除手动进入各文件夹删除 index.dat 文件比较麻烦，最简单的方法是使用专用的软件来完成。Tracks Eraser Pro 软件即可完成擦除上网痕迹。

在 Tracks Eraser Pro 中，先单击 Eraser Settings 按钮进行设置，重点是检查 IE 标签下的项目设置（最好全选），尤其要确保勾选中 index.dat。单击 OK 按钮后回到主界面，单击 Erase Now 按钮。很快，软件将根据设置清理上网痕迹。

5.11　电子邮件的检验

电子邮件是 Internet 应用最广的服务，通过网络的电子邮件系统，用户可以以非常快速的方式与世界上任何一个角落的网络用户联系。

一封电子邮件的发送到接收至少要经过四台计算机。例如，当一个用户发送邮件时，他一般是在自己的计算机上编辑邮件，然后将邮件发送到 ISP 的邮件服务器上。ISP 邮件服务器查找接收者指定的邮件服务器的 IP 地址，然后将邮件发送给该目的服务器。当接收者从接收邮件服务器取得发送给他的邮件到自己的 PC 之后，通常该邮件将被删除。

5.11.1 电子邮件传输原理

在 Internet 上将一封电子邮件从一台计算机传送到另一台计算机上，可通过两种协议来完成，即 SMTP(Simple Mail Transfer Protocol，简单邮件传输协议)和 POP3(Post Office Protocol 3，邮局协议 3)。SMTP 是 Internet 协议集中的邮件标准。在 Internet 上能够接收电子邮件的服务器都有 SMTP。电子邮件在发送前，发件方的 SMTP 服务器与接收方的 SMTP 服务器联系，确认接收方准备好了，则开始邮件传递；若没有准备好，发送服务器便会等待，并在一段时间后继续与接收方邮件服务器联系。这种方式在 Internet 上称为"存储——转发"方式。POP3 可允许 E-mail 客户向某一 SMTP 服务器发送电子邮件，也可以接收来自 SMTP 服务器的电子邮件。换句话说，电子邮件在客户 PC 与服务提供商之间的传递是通过 P0P3 来完成的，而电子邮件在 Internet 上的传递则是通过 SMTP 来实现的。

5.11.2 电子邮件的检验

目前，电子邮件有两种类型，一种是基于网页收发的电子邮件，一种是基于电子邮件客户端收发的电子邮件。本节将主要介绍基于上述两种方法收发的电子邮件的检验方法。

1. 基于网页的电子邮件检验

常见的网页邮件有 Hotmail、MSN、QQ、163、126、Sina 等。基于网页的电子邮件以 HTML 语言为基础，所以首先进行检验的地方便是 Temporary Internet Files 文件夹中的相关文件。

(1) 使用 EnCase 软件进行检验

第一步：建立相关网页邮件关键字；

第二步：设置搜索范围，勾选 Temporary Internet Files 文件和文件残留区和未分配空间；

第三步：单击【搜索】按钮开始搜索；查看搜索结果；

第四步：导出搜索结果，保存为网页格式并通过脱机浏览器查看网页内容，即电子邮件内容。

(2) 使用取证大师软件进行检验

在取证大师软件中，有针对【Web 邮件信息】进行取证的功能项，可直接选取，但需要注意的是在设置窗口中需要勾选【未分配空间】选项，以便于在未分配空间中检验 Web 邮件。

2. 基于电子邮件客户端的电子邮件检验

(1) 电子邮件保存位置

目前主流电子邮件客户端软件主要有 Outlook Express、Outlook、Foxmail 等。

Outlook Express 是随 IE 浏览器捆绑安装的，Windows 操作系统的机器都会有 Outlook Express 软件。在 Windows 2000/XP 中，OutlookExpress5/6 中的电子邮件存

储位置为\Documents and Settings\User Name\Local Settings\Application Data\Identities\{UserIDl}\MicrosoftkOutlookExpressl中的收件箱.dbx,发件箱.dbx,已发送邮件.dbx,已删除邮件.dbx,草稿.dbx。

Outlook 是 Office 办公套件的一部分,在安装 Office 时可以选择安装 Outlook。其电子邮件数据默认封装在"\Documents and Settings\UserName\Local Settings\Application Data\Microsoft\Outlook\"下以.pst 为扩展名的文件中。

Foxmail 是由中国人开发的、更适合中国人习惯的电子邮件客户端。电子邮件默认存储在安装目录下的"mail\{User ID}\"下以.box 为扩展名的文件中。

(2) 电子邮件的检验

① 用相应的电子邮件客户端直接查看

首先删除检验工作站上电子邮件客户端中电子邮件相关的文件,然后将检验的电子邮件客户端中相关的电子邮件文件复制到相关位置,运行电子邮件客户端即可查看。

② 利用 EnCase 软件进行解析查看

第一步:利用过滤方法过滤出电子邮件相关文件,如 Outlook Express 的收件箱.dbx 文件。

第二步:选择该文件后右击鼠标,在弹出的快捷菜单中单击【查看文件结构】按钮,对该文件进行解析。

第三步:解析后的结构如图 5-40 所示,即可直接浏览邮件内容,若需要导出保存,可直接在邮件内容位置右击鼠标,在弹出的菜单中选择输出,选择输出位置,输入文件名,扩展名需输入为 eml 即可。

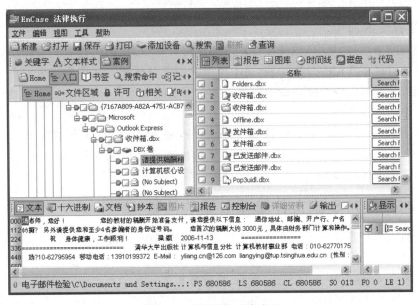

图 5-40　浏览邮件内容窗口

③ 根据电子邮件编码进行检验

根据 Windows 操作系统中电子邮件的编码标准 MIME 或者编码类型 base64、QP 进行检验。检验的方法是将编码标准或者编码类型定义为关键字,然后按关键字搜索方法进行搜索,将搜索命中的内容导出为 eml 格式文件,使用电子邮件客户端打开即可。

5.12 隐藏数据的检验

目前隐藏数据的方法很多,本节主要针对利用磁盘特殊空间(松弛空间、未分配空间、自由空间)隐藏数据、NTFS 流文件隐藏数据进行检验。

5.12.1 磁盘特殊空间隐藏数据的检验

EnCase 强大的关键字搜索功能可以检验磁盘上任何位置的隐藏信息,利用关键字查找隐藏数据的方法如下。

1. 新建关键字

根据检验要求创建正确的关键字,特别需要注意的就是关键字的编码问题,只有选择正确的关键字编码才能保证检验到隐藏的数据。

2. 设置搜索范围

为了快速在海量磁盘上搜索隐藏数据,在开始搜索之前设置好搜索范围,其中,选中【搜索松弛文件】和【查询先前复原文件】选项,可以查找存储在松弛空间、未分配空间、自由空间隐藏的数据,若查找利用工具隐藏的文件,需要选择【检验文件签名】选项,其他选项根据需要进行选择。设置完成后,单击【开始】按钮即可。

3. 查看搜索命中

当搜索完毕后,结果可以在【项目】下面的【搜索命中】视图中查看。在【搜索命中】视图中可以执行许多其他的分析功能,而不用切换到项目视图。在搜索完成前单击工具栏的【刷新】按钮就可以查看搜索命中内容了。在搜索的过程中 EnCase 会不断地更新搜索命中窗口中的内容。

除了 EnCase、FTK 等专业检验工具之外,还有很多十六进制编辑工具,例如 WinHex、Ultraedit 等也可利用其字符串搜索功能对磁盘松弛空间、未分配空间、自由空间隐藏的数据进行检验。

5.12.2 NTFS 流文件隐藏数据的检验

对于利用 NTFS 文件系统多数据流功能隐藏数据的,NTFS Stream Info 是一个很好的检验工具。

NTFS Streams Info 可以创建、删除、检验数据流。

检验方法:启动 NTFS Stream Info 软件,选取需要检验的磁盘,单击 scan 选项卡即可开始扫描,凡是文件前带有红色 stop 图标的文件均带有流文件。

此外,流文件的检验同样可以用 EnCase 来实现。由于流文件可能存在于 NTFS 文件系统中文件主体数据之外的任何附属区域,因此,在使用 EnCase 时必须进行全方位大面积的磁盘搜索,查找证据文件的每一个字节,以保证检验到对案件有帮助的隐藏信息。

5.13 聊天记录的检验

自从网络即时通信工具 ICQ 出现以来,其他的网上聊天工具也在迅猛发展,新浪 UC、网易 POPO、雅虎通、E 话通、淘宝旺旺、雅虎通、MSN 等也在迅速发展自己的用户市场。尤其是 QQ 和 MSN 两种主流聊天工具用户数量不断攀升。由于腾讯是中国最早的互联网即时通信软件开发商,又是中国的互联网服务及移动增值服务供应商,并一直致力于即时通信及相关增值业务的服务运营,因此,腾讯 QQ 已成为国内用户最多的个人即时聊天工具。

5.13.1 QQ 聊天记录的检验

1. QQ 聊天记录等数据保存位置

QQ 即时聊天软件每年都有更新,不同版本的 QQ 聊天相关数据存储位置也不一样。目前 QQ 的主流版本号为 QQ 2012。在 Windows 7 操作系统中 QQ 的聊天相关数据存储在"%system%\用户\用户名\我的文档\TencentFiles\QQ 号码"文件夹中。该文件夹中的主要内容如图 5-41 所示。

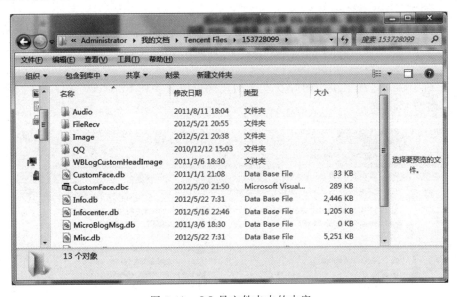

图 5-41　QQ 号文件夹中的内容

(1) Audio 文件夹:用于存储音频文件。即通过手机聊天时发送或接收的录音信息就存在这里面。

(2) FileRecv:用于存储接收好友发送的文件。

(3) Image:用于存储聊天图片。其中 MarktingMsgCachePic 文件夹存储的是聊天图片的缓存,WBlog 文件夹里面存的是微博图片缓存。

（4）QQ 文件夹：该文件夹中有一个 Registry.db 文件，这个文件中存储的不仅是 QQ 的好友列表等，还有 QQ 临时注册信息，例如密码设置、界面设置等；该文件夹中还有一个 Photo 文件夹，主要记录的是视频聊天时用拍照功能记录的照片。

（5）WBLogCustomHeadImage：微博头像缓存，可以删除。

（6）CustomFace.db：该文件中存储的是用户自定义表情。

（7）CustomFace.dbc：该文件中存储的是用户的头像。

（8）Info.db：该文件存储的是好友的信息。

（9）Msg2.0.db：该文件存储的是 QQ 聊天记录。

（10）MicroBlogMsg.db：QQ 微博的记录。

（11）Infocenter.db：个人的信息。

（12）Misc.db：包括好友的自定义头像等。

（13）Registry.db：QQ 号的系统设置，例如自定义图像/好友列表。

以上 .db 文件全都是 QQ 相关数据文件，是经过腾讯加密的。

2. QQ 聊天记录的检验

根据"％system％\用户\用户名\我的文档\TencentFiles\QQ 号码"文件夹中存储的文件夹及文件的功能开展有针对性的检验。

（1）对于聊天过程中通过手机发送和接收和音频文件可以直接通过 Audio 文件夹进行浏览和检验，如图 5-42 所示。

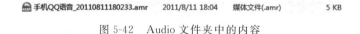

图 5-42　Audio 文件夹中的内容

（2）对于聊天过程中接收的好友发送的文件可以直接在 FileRecv 文件夹中进行浏览和检验，如图 5-43 所示。

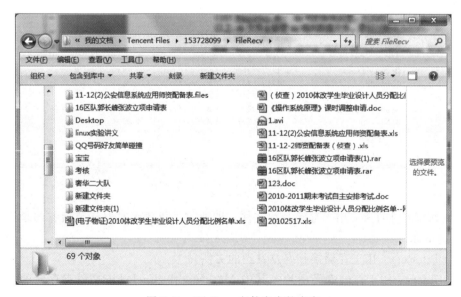

图 5-43　FileRecv 文件夹中的内容

(3) 对于聊天过程中发送的图片可以通过 Image 文件夹进行浏览和检验,如图 5-44 所示。

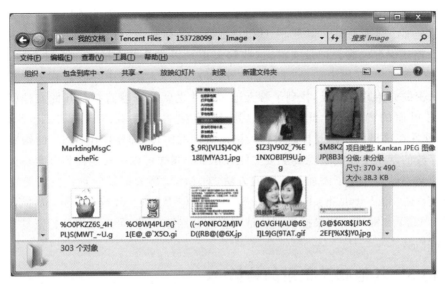

图 5-44　Image 文件夹中的内容

(4) 聊天内容是以加密的方式保存在 Msg2.0.db 文件中的,如果知道检验 QQ 的密码,可以将检验的 QQ 号码文件粘贴在检验使用的电脑 QQ 对应的文件夹中,登陆对方的 QQ 后即可查看聊天记录。如果不知道 QQ 密码,可以使用电子数据取证工具设置关键字(编码为 Unicode)对检材进行搜索,可能会在虚拟内存文件(pagefile.sys)中找到聊天内容。另外也可以通过电子数据取证软件进行检验,如图 5-45 所示是 SafeAnalyzer 在获得密钥的情况下获得的 QQ 聊天记录。

图 5-45　SafeAnalyzer 获得的聊天记录

5.13.2　MSN 聊天记录的检验

正常情况下,MSN 的聊天记录文件默认保存位置是"C:\Documents and Settings\

username\My Documents\我接收到的文件\MSN 登录名\历史记录"。但是只有 6.0 以上版本的 MSN Messenger 才提供保存聊天记录的功能,且在使用 MSN 的过程中可以选择是否保留聊天记录,也可以指定聊天记录文件的存放路径。因此,MSN 的聊天记录文件并不总是那么显而易见。但是,一旦用户选择了保存聊天记录,那么 MSN 中就一定存在以 xml 格式保存的聊天记录文件,这些聊天记录以每个好友的名字单独存放,每添加一个新的好友就会在"历史记录"下增加一个.xml 文件。文件中存放的聊天信息都是没有经过加密的原始数据记录,找到了聊天记录文件也就意味着直接打开此文件就可以方便地查看里面的内容了。此文件可以用 IE 直接打开查看,也可以用记事本打开。EnCase 软件在这里的作用同样是对聊天记录文件的定位,即使使用 MSN 的嫌疑人改变了文件存放的默认路径或是隐藏了该文件,EnCase 同样可以轻松地找到涉案聊天记录。

在前文中已经介绍了添加关键字的方法,对 MSN 聊天记录的查找只需要在搜索表达中填入:＜? xml-stylesheet type='text/xsl' href='MessageLog.xsl'? ＞,然后,文本样式选择为 UTF-8 即可。如果搜索到的是完整的已删除文件,可以使用数据恢复软件进行恢复后再检验。

5.13.3 其他聊天记录的检验

对于其他聊天记录的检验,包括前面介绍的两种聊天记录的检验均可以通过取证大师中的即时通信功能对聊天记录进行检验,其中包括的聊天工具如图 5-46 所示。

图 5-46 取证大师聊天记录检验窗口

设置好检验聊天工具以后即可单击【下一步】按钮,软件自动对添加的设备中的相关聊天记录进行检验,检验结果自动分类存储。

习题 5

1. 写出搜索含有"下注金额"四个字的网页文件的步骤。
2. 什么是办公文档碎片？
3. 常用的办公文档碎片的检验方法有哪些？
4. 什么是打印脱机文件？扩展名为.SHD、.SPL 的文件包含了哪些内容？写出检验 EMF 文件的检验步骤。
5. 什么是回收站？回收站的特点是什么？当被删除文件进入回收站时，回收站中的信息包括什么？
6. 回收站中有一文件名字为 DC0.TXT，说明其含义。
7. 写出对回收站中 INFO/INFO2 文件的检验过程。
8. 简述操作系统日志文件的检验方法。
9. 简述网络服务器日志的格式，写出检验服务器日志的方法。
10. 简述下列日志内容的含义

#Software: Microsoft Internet Information Services 6.0
#Version: 1.0
#Date: 2012-05-20 11:42:39
#Fields: date time s-ip cs-method cs-uri-stem cs-uri-query s-port cs-username c-ip cs(User-Agent) sc-status sc-substatus sc-win32-status 2012-05-20 11:42:39 192.168.146.128 POST/login.aspx -80 -192.168.146.1 Mozilla/4.0+ (compatible;+MSIE+8.0;+Windows+NT+6.1;+Trident/4.0;+SLCC2;+.NET+CLR+2.0.50727;+.NET+CLR+3.5.30729;+.NET+CLR+3.0.30729;+Media+Center+PC+6.0;+Tablet+PC+2.0;+ PPI:!##VlMPUn3FAsAxNDMxMTU3Yi41YjVnO21hbw==#:PPI;+360SE) 200 0 0

11. 常用的电子邮件的编码有哪几种，各是什么？写出 Outlook Express 的邮件检验步骤。
12. cookies 文件夹中的 index.dat 文件默认记录的长度是多少？如何设置该文件的文本样式使其记录正常显示？写出 cookies 文件的检验方法及步骤。
13. 简述 QQ 聊天记录的检验方法及步骤。

第 6 章 UNIX/Linux 系统的检验方法

随着我国计算机网络的迅速发展以及网民数量的快速增长,我国网络犯罪案件呈现快速增长的趋势。而这几年的网络犯罪案件更是具有危害性大的特点,如政府网站和各大门户网站被各种别有用心的黑客入侵,在社会上造成了较坏的影响。这些网站所使用的服务器相当一部分安装的是 UNIX 系统或 Linux 系统,因此 UNIX 和 Linux 环境下电子证据的收集对于网络犯罪侦查与检验工作尤为重要。Windows 系列操作系统下能够用于电子证据收集的系统工具与应用软件较多,而 UNIX/Linux 环境下可以使用的方法与手段却并不为人所熟知。所以,本章主要介绍 UNIX/Linux 环境下文件系统、日志信息、用户与用户组等内容的检验方法,同时也对 UNIX/Linux 环境下电子证据收集的基本步骤与注意事项予以探讨。

6.1 UNIX/Linux 环境下文件系统的检验

本节重点结合 The Sleuth Kit 软件包介绍 Ext3 文件系统下的电子物证检验方法,The Sleuth Kit 软件包是一款功能全面且强大的软件,并且是开源的,可以从 www.Sleuthkit.org 网站免费下载得到。利用该软件介绍针对 Ext3 文件系统的电子物证检验方法,可以帮助读者更为深刻地理解 Ext3 文件系统。

6.1.1 UNIX/Linux 文件系统简介

UNIX/Linux 支持的文件系统主要包括 Ext2、Ext3、Ext4、Minix、Ramfs、NFS、Msdos、Fat、NTFS、Hpfs、Proc、Ios9660、Ufs 以及 Hfs,其中目前最常用的文件系统为 Ext2 与 Ext3。

Ext2 作为 GNU/Linux 系统中标准的文件系统,其特点为存取文件的性能极好,对于中小型的文件更显示出优势,这主要得益于其簇快取层的优良设计。其单一文件大小与文件系统本身的容量上限和文件系统本身的簇大小有关,在一般常见的 x86 电脑系统中,簇最大为 4KB,则单一文件大小上限为 2048GB,而文件系统的容量上限为 16384GB。

Ext3,顾名思义,它就是 Ext2 的下一代,也就是在保有目前 Ext2 的格式之下再加上日志功能。因此,Ext3 称得上是一种日志式文件系统。日志式文件系统最大的特色是,它会将整个磁盘的写入动作完整记录在磁盘的某个区域上,以便有需要时可以回溯追踪。由于资料的写入动作包含许多细节,例如改变文件标头资料、搜寻磁盘可写入空间、逐个写入资料区段等,若一个细节进行到一半时被中断,就会造成文件系统的不一致,因而需要重整。然而,在日志式文件系统中,由于详细记录了每个细节,故当其在某个过程中被中断时,系统可以根据这些记录直接回溯并重整被中断的部分,而不必花时间去检查其他的部分,故重整的工作速度相当快。

6.1.2 The Sleuth Kit 软件包使用说明

TCT(The Coroner's Toolkit)软件包是 Dan Farmer 和 Wietse Venema 在 1999 年 8 月编写出来的一个针对被入侵的 UNIX 系统的计算机司法分析软件。The Sleuth Kit 则是 Brian Carrier 在 TCT 工具包的基础上改进而来的,主要改进之处是增加了对 FAT 和 NTFS 文件系统的支持。The Sleuth Kit 能够用于对磁盘或是由 dd 生成的分区镜像文件进行检验分析。主要针对一个目录文件或镜像文件进行分析,但是这个镜像文件只能是由一个磁盘分区制作而成的,而不能是整个硬盘。这个工具包里的每个命令都具有一个明确的功能,只要使用得当,完全可以进行完整详细的分析。

首先将下载得到的 sleuthkit-X.XX.tar.gz 压缩包解压至/root 目录下,打开 sleuthkit-X.XX 目录文件,目录文件下的内容如图 6-1 所示。其中有两个文件夹尤其值得重视,一个就是名为"docs"的文件夹,该文件夹中含有 The Sleuth Kit 工具包详尽的说明文档,通过阅读文档可以更为全面更为深入地了解该工具包的功能;另一个就是名为"tools"的文件夹,The Sleuth Kit 工具包中所有的命令工具均包含在此文件夹中,但目前该文件夹中尚未有可执行的命令工具,需要安装之后才会出现。

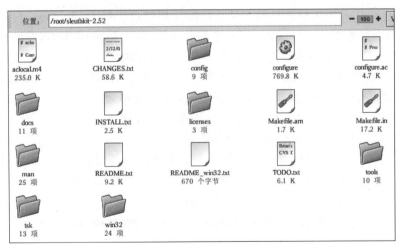

图 6-1　sleuthkit-2.52 目录下的文件

The Sleuth Kit 工具包一般通过命令方式进行安装,首先通过命令行方式在/root/sleuthkit-2.52 下执行./configure 命令,如果没有报错的话,接下来执行 make 命令,然后来到名为"tsk"的文件夹下,执行 make install 命令,这样便完成了该工具包的安装。此时,tools 文件夹下才会出现可执行的命令工具,如图 6-2 所示。

从图 6-2 中可以看出,tools 文件夹下包含有 disktools 文件夹(存放查看磁盘信息的命令)、fstools 文件夹(存放查看文件系统信息的命令)、hashtools 文件夹(存放 hash 校验

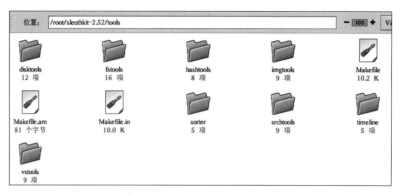

图 6-2　The Sleuth Kit 工具包的可执行命令

的命令)、imgtools(存放查看镜像文件信息的命令)以及 timeline 文件夹(存放时间线信息命令)。其中最重要的就是 fstools 文件夹，该文件夹为了更好地支持各种文件系统，使用阶层式来设计，主要分成五个阶层。

1. 文件系统层

通常，一块磁盘包含了一个或多个分区，每个分区又各自拥有自己的文件系统，如 Windows 的 FAT、NTFS 以及 UNIX/Linux 的 Ext2、Ext3 等。The Sleuth Kit 文件系统层包含有能够获得上述文件系统信息的命令，该层命令一般以字母 fs 开头的，其中最重要的命令就是 fsstat。

fsstat 能够以 ASCII 格式显示文件系统的详细信息。对于 Windows 系列的文件系统，一般会显示其卷 ID、卷标、扇区总数、空闲扇区数、扇区大小、簇大小、引导扇区号及其备份、FAT 表及其备份、数据区范围、簇范围等信息。而对于 UNIX/Linux 系列的文件系统，则会显示其最后挂载时间、最后写入时间、最后检查时间、是否正常卸载、操作系统类型、i 节点号范围、根目录位置、数据块号范围、物理块大小、数据块大小、块组数、每组的数据块数、每组的 i 节点数、物理块数等信息以及每组数据位图、i 节点位图、i 节点表、组描述表所在位置、节点号和数据块号、物理块号的范围等。

使用文件系统层的工具，如 fsstat 命令，通常要指定设备的设备号。获取设备号的操作步骤如下：单击窗口左下角的【开始】按钮，然后选中【系统工具】中的【硬件浏览器】，然后指定【硬盘驱动器】，便会弹出如图 6-3 所示的窗口。

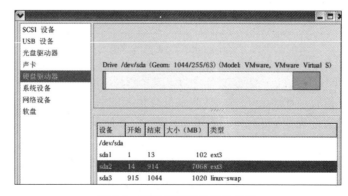

图 6-3　查看指定设备的设备号

从图 6-3 中可以看出,目前系统中的/dev 文件夹下,有三个设备号分别为 sda1、sda2、sda3 的分区,其中 sda1 的大小为 100MB 左右,安装的文件系统为 Ext3,该分区所存储的信息主要为系统启动方面所需的信息;sda2 的大小为 7GB 左右,安装的文件系统为 Ext3,这是真正的 Linux 系统所在的分区;sda3 为 Linux 系统的文件交换区。

接下来便可以使用 fsstat 命令显示 dev 目录下设备 sda2 的文件系统信息,如图 6-4 所示。

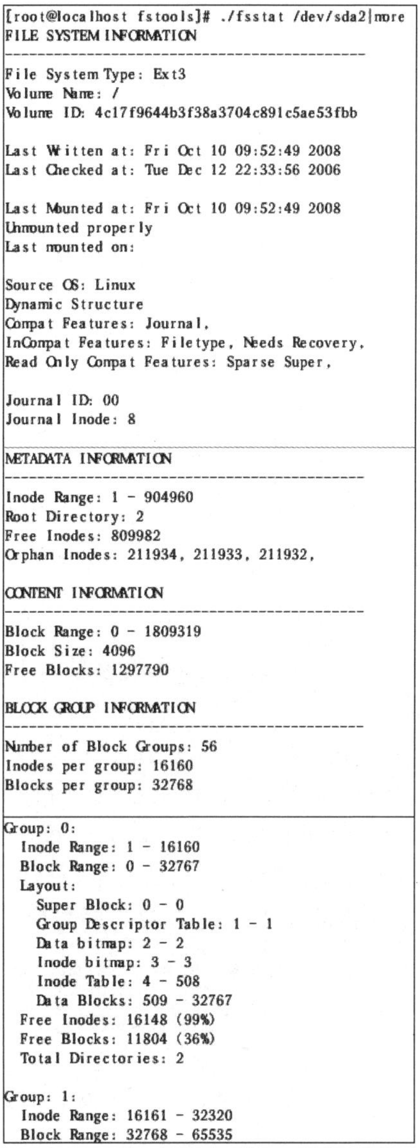

从图 6-4 中可以看出,该设备所安装的文件系统类型为 Ext3,最后写入与最后挂载时间均为 2008 年 10 月 10 日 9 点 52 分 49 秒,而最后检查时间则为 2006 年 12 月 12 日 22 点 33 分 56 秒;系统是被正常卸载的,并且所安装的操作系统为 Linux;i 节点范围为 1~904960,目前空闲的 i 节点数目为 809982;数据块编号为 0~1809319,数据块大小为 4KB,目前空闲的数据块个数为 1297790;共有 56 个块组,每组 i 节点数目为 16160,每组数据块数目为 32768;还有一条信息值得特别关注,就是该文件系统的日志信息存放在 i 节点号为 8 的文件中。具体到 0 号块组而言,该块组拥有编号 1~16160 的 i 节点,以及编号 0~32767 的数据块;超级块占据 0 号数据块,组描述符表占据 1 号数据块,数据块位图占据 2 号数据块,i 节点位图占据 3 号数据块,i 节点表则占据 4 到 508 号数据块,数据区范围为 509~32767 号数据块;目前空闲的 i 节点数目为 16148,空闲的数据块数目为 11804,总共包含两个目录文件。

```
[root@localhost fstools]# ./fsstat /dev/sda2|more
FILE SYSTEM INFORMATION
--------------------------------------------
File System Type: Ext3
Volume Name: /
Volume ID: 4c17f9644b3f38a3704c891c5ae53fbb

Last Written at: Fri Oct 10 09:52:49 2008
Last Checked at: Tue Dec 12 22:33:56 2006

Last Mounted at: Fri Oct 10 09:52:49 2008
Unmounted properly
Last mounted on:

Source OS: Linux
Dynamic Structure
Compat Features: Journal,
InCompat Features: Filetype, Needs Recovery,
Read Only Compat Features: Sparse Super,

Journal ID: 00
Journal Inode: 8

METADATA INFORMATION
--------------------------------------------
Inode Range: 1 - 904960
Root Directory: 2
Free Inodes: 809982
Orphan Inodes: 211934, 211933, 211932,

CONTENT INFORMATION
--------------------------------------------
Block Range: 0 - 1809319
Block Size: 4096
Free Blocks: 1297790

BLOCK GROUP INFORMATION
--------------------------------------------
Number of Block Groups: 56
Inodes per group: 16160
Blocks per group: 32768

Group: 0:
  Inode Range: 1 - 16160
  Block Range: 0 - 32767
  Layout:
    Super Block: 0 - 0
    Group Descriptor Table: 1 - 1
    Data bitmap: 2 - 2
    Inode bitmap: 3 - 3
    Inode Table: 4 - 508
    Data Blocks: 509 - 32767
  Free Inodes: 16148 (99%)
  Free Blocks: 11804 (36%)
  Total Directories: 2
Group: 1:
  Inode Range: 16161 - 32320
  Block Range: 32768 - 65535
```

图 6-4 使用 fsstat 命令显示文件系统信息

2. 数据层

文件系统的数据层包含了文件的真实内容。数据在不同的文件系统里存储在不同名称的单元结构中,如数据块或簇。这个层里的所有工具都以字母 d 开头。如 dcat 命令可以用来显示文件系统中的指定数据单元的内容;dls 命令不仅可以用来显示文件系统中所有未分配空间的内容,还可以以字节流形式输出被删除的文件内容;dstat 命令显示指定数据单元的属性,如分配状况和所属块组号;给定某单元在镜像文件(通常由未分配空间组成)中的具体位置,dcalc 命令能够计算出该单元在原始文件中的位置。

如图 6-5 所示为使用 dcat 命令查看 558969 号数据块存储的具体内容。dcat 命令通常需要后接设备号，然后给出所要查看数据块的编号，即可显示相应数据块的内容。图 6-5 中的“>12. txt”表示将编号为 558969 的数据块内容输出至 12. txt 文件，“cat 12. txt”实际上显示的就是 558969 号数据块的内容。

```
[root@localhost bin]# ./dcat /dev/hda9 558969 >12.txt
[root@localhost bin]# cat 12.txt |more
m|kw|lb|lez|lt|lv|mg|mh|mo|nb|nl|nn|no|oc|om|os|pl|pt|rm|ro|ru|sel|sh|sk|sl|sma|
smj|so|sq|sr|sv|sw|tn|tr|ts|uk|vo|vot|wa|wen|xh|yap|zu:fontversion=0"
"/usr/share/fonts/default/Type1/d050000l.pfb" 0 1043875650 "Dingbats:style=:slan
t=0:weight=100:index=0:outline=True:scalable=True:charset=  !!!!#       :lang=:fo
ntversion=0"
"/usr/share/fonts/default/Type1/n021024l.pfb" 0 1043875650 "Nimbus Roman No9 L:s
tyle=Medium Italic:slant=100:weight=200:index=0:outline=True:scalable=True:chars
et=  |>^1!|>^1!P0oWQ |>]![|>^1!|>^1!!!!%#lm6/eOi)GBlr9j!Oq4jo!!K?&    !!!)$|>]o2|
>^1!|>T(~!!&TQ  9;*f! !!!.%    e0NF1(1+h1   !!!1&|>]![|>^1!q~Bc[ !!B7% !^^7$ !!#0
GM>RAd#y#fx!!!!5   !!!W5   !!#3H !!!!&        !!#6I#?wrx   !!!!X     !!#AL        !!!1&
!!+fv        !!!!?  !!+u{!!!!)          :lang=aa|ast|ava|ay|be|bg|bi|br|bs|ce|ch|co|cs
|da|de|en|es|et|eu|fi|fj|fo|fr|fur|fy|gd|gl|gv|ho|hr|hu|ia|id|ie|ik|io|is|it|kum
|kw|lb|lez|lt|lv|mg|mh|mo|nb|nl|nn|no|oc|om|os|pl|pt|rm|ro|ru|sel|sh|sk|sl|sma|s
mj|so|sq|sr|sv|sw|tn|tr|ts|uk|vo|vot|wa|wen|xh|yap|zu:fontversion=0"
"/usr/share/fonts/default/Type1/n019003l.pfb" 0 1043875650 "Nimbus Sans L:style=
Regular:slant=0:weight=100:index=0:outline=True:scalable=True:charset=  |>^1!|>^
```

图 6-5　使用 dcat 命令查看 558969 号数据块的内容

dls 命令配以 a 参数，后接设备号能够显示指定分区的已分配空间的内容，如图 6-6 所示；如果配以 A 参数，则能够显示未分配空间的内容。在实际应用中，可以使用“dls -A /dev/sda2>1. dls”命令将 sda2 分区中的未分配空间内容导出为 1. dls 文件，然后再使用 find、grep 等命令针对 1. dls 文件进行搜索。同理，也可以只将已分配空间的内容导出，然后再进行处理。dls 命令还支持指定数据块导出的功能，如“dls -A /dev/sda2 32768-65535 >1. dls”便是将 32768～65535 号数据块中未分配空间的内容导出为 1. dls 文件。合理使用 dls 命令，可以从海量数据中将自己感兴趣的数据区域提取出来，然后针对所提取的内容进行处理，这样可以极大地提高工作效率。

```
[root@localhost fstools]# ./dls -a /dev/sda2
  ba  i?-Y   ?? ?-殿H-殿H ??S?   越-E  ?     ??錤  塋¯?8?K?  L?; ?  ?驪?嗖-?0嚼  越-E
 ?  ?  ? ┌8V     ?8_ ?  ?  ? ?8?           -  ?  ?  ? ├6?  ?8?? ? ?_6 8?       碩_8??
?  ? O-?7-   蚁▒8?? ? ?俞?9 ?8├   擶±5/                          ? ?6 ?    ?        ?      ?
O9,


積-8┘?
 ?
 ?
蘿?7F   Π_ ;>? ? ?裝X8?   衕c8V? ? ?韡@6 xtermxtermxtermxtermxtermxtermxterm
蜫?9e?  ?  ? \q?6'        `W8??  ?  ? 魧o8?      k?  ?  ? ]<:      {Z?< ?  ?  ? 鉑 :
?      mkk8g?  ?  ? 惓k9?       9Q?:r?  ?  ?  j?7i      鈋l88?  ?  ? X_ 8?      kj?0
?  ?  ? D@ <F      齡W8R ?  ?  ?  `?8?      闀?:J?  ?  ? Z_1<       ,ho8??  ?  ? ┐
9?      9;4?  ?  ? ?  ?????????????????????????????????????????????????????????
```

图 6-6　使用 dls 命令查看指定分区的已分配空间

给定数据块号，dstat 能够计算出该数据块所在的块组号及其分配情况，如图 6-7 所示，501 号数据块已被分配出去，属于 0 号块组；而 10000 号数据块则尚未分配，属于 1 号块组。

假设通过 dls 命令生成了由/dev/sda2 中的未分配空间组成的镜像文件，并查得某可疑数据块在镜像文件中的数据块编号为 12345，此时便可以使用“dcalc -u 12345/dev/sda2”找出可疑数据块在原始磁盘文件/dev/sda2 中的具体位置。从图 6-8 可以看出，镜像文件中 12345 号数据块的内容存放在原始磁盘文件的 50405 号数据块中。另外，dcalc 命令如果配以 s 参数，则表示镜像文件是由"dls -s"命令生成的，即由空闲空间内容生成的文件；而配以参数 d 则能够得到原始文件中的数据块在 dls 镜像文件中的位置。从图 6-8 可以看出，原始文件中的 12345 号数据块由于已经被分配出去，dcalc 命令判断其不可能存在于 dls 镜像文件中；而对于 212345 号数据块，dcalc 命令则查得其对应于镜像文件中的 145711 号数据块。

```
[root@localhost fstools]# ./dstat /dev/sda1 501
Fragment: 501
Allocated
Group: 0
[root@localhost fstools]# ./dstat /dev/sda1 10000
Fragment: 10000
Not Allocated
Group: 1
```

```
[root@localhost fstools]# ./dcalc -u 12345 /dev/sda2
50405
[root@localhost fstools]# ./dcalc -d 12345 /dev/sda2
ERROR: unit is allocated, it will not be in an dls image
[root@localhost fstools]# ./dcalc -d 212345 /dev/sda2
145711
```

图 6-7　使用 dstat 命令查看数据块所在的块组号及其分配情况　　图 6-8　使用 dcalc 命令找出数据块在磁盘文件中的具体位置

3. *i* 节点层

i 节点又被称为元数据，即用来描述文件或目录属性的数据，如文件的地址、日期、大小等。元数据的作用在于它的格式能使计算机高效率处理文件信息。这个层的命令都以字母 i 开头。如 ils 命令能够列举出指定目录下所有 *i* 节点信息；istat 命令则以 ASCII 格式显示指定 *i* 节点的具体信息；icat 命令用于输出指定 *i* 节点的具体内容，有些类似 UNIX/Linux 下的 cat 命令；ifind 命令则能够通过给定的数据块号或文件名找到其所属的 *i* 节点。

图 6-9 表示的是使用 ils 命令显示 had9 分区下的所有 *i* 节点信息。

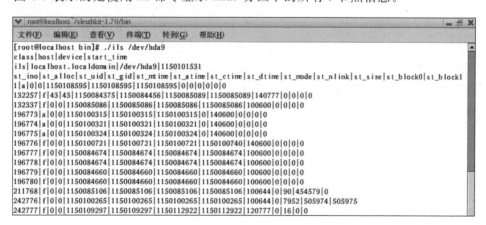

图 6-9　使用 ils 命令显示指定目录下的 *i* 节点信息

具体信息解释如下：

st_alloc——文件节点状态；st_uid——文件所有者 ID；st_gid——文件所有者所属组 ID；st_mtime——文件最后一次修改时间；st_atime——文件最后一次访问时间；st_ctime——文件 *i* 节点状态最后一次改变时间；st_dtime——文件被删除的时间；st_mode——文件访问权限；st_nlink——文件引用计数；st_size——文件长度（以字节为单

位)；st_block0、st_block1——文件磁盘数据区第一、二数据块号。

首先可以看出，st_alloc 项值如果为 f，说明该文件已被删除，如果为 a 的话，则文件未被删除。另外，由于 0 在 Linux 系统中代表 root，因此该文件所有者及其所在组均为 root；st_mtime、st_atime、st_ctime 与 st_dtime 四项所显示的数值可能有些难以理解，实际上 Linux 的时间系统是由“新纪元时间”Epoch 开始计算的，单位为秒，Epoch 则指定为 1970 年一月一日凌晨零点零分零秒，格林尼治时间。大部分 Linux 系统用 32 位来记录时间，正值表示为 1970 以后，负值则表示 1970 年以前。

如果能够确定需要查看的 *i* 节点号，则可以使用 istat 命令来查看该 *i* 节点的具体信息。该命令的参数如图 6-10 所示。

```
root@localhost:~/sleuthkit-1.70/bin
文件(F)  编辑(E)  查看(V)  终端(T)  转到(G)  帮助(H)
[root@localhost bin]# ./istat
usage: ./istat [-b num] [-f fstype] [-z zone] [-s seconds] [-vV] image inum
        -v: verbose output to stderr
        -V: print version
        -b num: force the display of NUM address of block pointers
        -z zone: time zone of original machine (i.e. EST5EDT or GMT)
        -s seconds: Time skew of original machine (in seconds)
        -f fstype: Image file system type
```

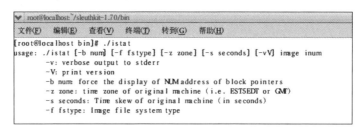

图 6-10　istat 命令的参数

其中最主要的参数为-b num：显示前 num 个数据块号；-z zone：以给定的时区来显示原机器的时间；-s seconds：以秒为单位将原机器的时间重新校对。

```
[root@localhost bin]# ./istat /dev/hda9 278675
inode: 278675
Not Allocated
Group: 17
uid / gid: 0 / 0
mode: -r--r--r--
size: 18968
num of links: 0

Inode Times:
Accessed:       Mon Jun 12 16:25:01 2006
File Modified:  Mon Jun 12 16:23:31 2006
Inode Modified: Mon Jun 12 16:25:51 2006
Deleted:        Mon Jun 12 16:25:51 2006

Direct Blocks:
558966 558967 558968 558969 558970
```

图 6-11　用 istat 命令对 278675 号 *i* 节点的信息进行查看

如图 6-11 所示为使用 istat 命令对 *i* 节点号为 278675 的文件进行查看。

从图 6-11 中可以看出，该文件所属的块组号为 17，为 root 用户创建，大小为 18968B，最后访问时间为 2006 年 6 月 12 日 16 点 25 分 01 秒，最后修改时间为 2006 年 6 月 12 日 16 点 23 分 31 秒，*i* 节点修改时间也为 2006 年 6 月 12 日 16 点 25 分 51 秒，删除时间为 2006 年 6 月 12 日 16 点 25 分 51 秒，占据的数据块为 558966、558967、558968、558969、558970。

经过以上的分析，确定出需要查看具体内容的 *i* 节点后，可以通过 icat 命令来查看具体 *i* 节点的文件内容，如图 6-12 所示为使用 icat 命令以只读方式查看 *i* 节点号为 278675 的文件的具体内容。

在 The Sleuth Kit 中还有一个与 *i* 节点有关的命令 ifind，该命令主要通过给定的数据块号或文件名寻找其对应的 *i* 节点。如图 6-13 所示即为使用 ifind 命令配以参数 n，查得了名为“root”、“dev”和“etc”的文件对应的 *i* 节点号分别为 290881、64641、226241。

ifind 命令在实际工作相当有用，例如通过磁盘查看工具 winhex 搜索到含有关键词的数据块号为 558964，那么可以通过该数据块号直接寻找到该数据块所属的 *i* 节点

```
root@localhost:~/sleuthkit-1.70/bin
文件(F)  编辑(E)  查看(V)  终端(T)  转到(G)  帮助(H)
[root@localhost bin]# ./icat -r /dev/hda9 278675 >11.txt
[root@localhost bin]# cat 11.txt |more
3*!!(MbO^Lu[tV)MClSmQn!!!W( pXM8HUjs5OOj<i6!!(Ppj:2t|pxnr;U.@PTO2TQR?P;M2[RBP9ES
Lld/k@d2!!(Sq4[~z@z]L@yh}GRa$P/Ep    gGfPA!!(Vruj:rsul(/*gbbP:a5}?c|8(8lq~@/H|;xx
qw0B18!!(YsJYT8U  dTMVSg<Qr!CXot0{Nw(JgGdBm!!(]tEc!p$I(n6{z}4y<@e^cG(T@p8!!!!;
!!+Kn        P0oWR!!+fv      |>J~~|>^1!|>^1!!!+iw|>^1!|>^1!|>^1!|>^1!|>^1!|>^1!|>^
1!|>^1!!!+lx9W li         !!+rz!!#eW        !!+~~  |>+l{{zNI;!!!Uc      !!.%!|>^0~|>^1
!P0oWQ     !!!!R:lang=fj|ho|ia|ie|io|om|so|sw|ts|xh|zh-mo|zh-tw|zu:fontversion=13
1072"
"/usr/share/fonts/default/Type1" 0 1150114304 ".dir"
"/usr/share/fonts/default/Type1/n0220231.pfb" 0 1043875650 "Nimbus Mono L:style=
Regular Oblique:slant=100:weight=100:spacing=100:index=0:outline=True:scalable=T
rue:charset=  |>^1!|>^1!P0oWQ |>]![|>^1!|>^1!!!!%#lm6/eOi)GBlr9j!Oq4jo!!K?&    !!
!)$|>]o2|>^1!|>T(~!!&TQ9W lj 9;*f! !!!.%    gdA*&(1.2?   !!!1&|>]![|>^1!q~Bc[ !!B
7% !^^7$ !!#0GM RAd#y#fx!!!!5  !!!W6  !!#3H !!!!&       !!#6I#?wrx  !!!!X    !!#A
L       !!!1& !!+fv        !!!!+ !!+u{!!!!)          :lang=aa|ast|ava|ay|be|bg|bi|br|b
s|ce|ch|co|cs|da|de|en|es|et|eu|fi|fj|fo|fr|fur|fy|gd|gl|gv|ho|hr|hu|ia|id|ie|ik
|io|is|it|kum|kw|lb|lez|lt|lv|mg|mh|mo|nb|nl|nn|no|oc|om|os|pl|pt|rm|ro|ru|sel|s
h|sk|sl|sma|smj|so|sq|sr|sv|sw|tn|tr|ts|uk|vo|vot|wa|wen|xh|yap|zu:fontversion=0
"
```

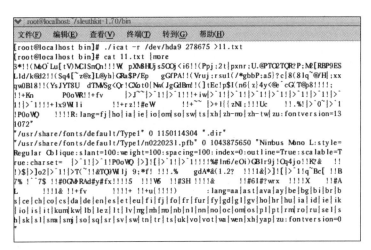

图 6-12　用 icat 命令查看 i 节点号为 278675 的文件内容

278667，进而可以详细查看相关文件的属性。如图 6-14 所示为通过 ifind 命令查找到数据块 558964 所属的 i 节点号为 278667，然后再通过 istat 命令查看该 i 节点的详细信息。

```
[root@localhost fstools]# ./ifind -n root /dev/sda2
290881
[root@localhost fstools]# ./ifind -n dev /dev/sda2
64641
[root@localhost fstools]# ./ifind -n etc /dev/sda2
226241
```

图 6-13　使用 ifind 命令查询指定数据块对应的 i 节点号

```
[root@localhost bin]# ./ifind -d 558964 /dev/hda9
278667
[root@localhost bin]# ./istat /dev/hda9 278667
inode: 278667
Not Allocated
Group: 17
uid / gid: 0 / 0
mode: -rw-r--r--
size: 25086
num of links: 0

Inode Times:
Accessed:        Mon Jun 12 19:40:34 2006
File Modified:   Tue Feb 25 08:24:16 2003
Inode Modified:  Mon Jun 12 19:41:22 2006
Deleted:         Mon Jun 12 19:41:22 2006

Direct Blocks:
558960 558961 558962 558963 558964 558965 558966
```

图 6-14　使用 ifind 命令来查看 558964 号数据块所属的 i 节点

4. 文件层

在这个层里，访问文件方式比 i 节点层更为方便直接。在 Linux 操作系统里，元数据层与文件层分别独立使用各自的数据结构，而其他的操作系统则将其混合在一起。文件层的所有命令均以字母 f 开头。如 fls 命令能够显示指定目录下的文件以及文件夹名称，默认显示的是/目录下的内容，如图 6-15 所示。

fls 命令配以-D 参数，可以只显示文件夹信息，如图 6-16 所示；配以-F 参数则只显示文件信息；配以-d 参数，则只显示被删除的文件信息。

若要查看文件的详细信息，则可以使用-l 参数，如图 6-17 所示。

ffind 命令则能够根据给定的 i 节点号，查找其对应的文件名。从图 6-18 可以看出，通过使用 ffind 命令，可以得知 33079 号 i 节点对应文件名为 cnt-standard. stw 文件。

```
[root@localhost fstools]# ./fls /dev/sda1
d/d 11:   lost+found
d/d 4017:          grub
r/r 13:   message.ja
r/r 12:   message
r/r 18:   config-2.4.20-8
r/r 14:   boot.b
r/r 15:   chain.b
r/r 16:   os2_d.b
r/r 19:   module-info-2.4.20-8
r/r 17:   System.map-2.4.20-8
l/l 22:   vmlinuz
l/l 23:   System.map
r/r 20:   vmlinux-2.4.20-8
r/r 21:   vmlinuz-2.4.20-8
l/l 24:   module-info
r/r 25:   kernel.h
r/r 26:   initrd-2.4.20-8.img
```

图 6-15 使用 fls 命令显示指定
目录下的文件名称

```
[root@localhost fstools]# ./fls -D /dev/sda2
d/d 11:   lost+found
d/d 32321:       boot
d/d 64641:       dev
d/d 129281:      proc
d/d 161601:      var
d/d 210081:      tmp
d/d 226241:      etc
d/d 290881:      root
d/d 323201:      usr
d/d 711071:      bin
d/d 452541:      home
d/d 711078:      initrd
d/d 824206:      lib
d/d 533340:      mnt
d/d 711079:      opt
d/d 824207:      sbin
d/d 372250:      misc
d/d 82449:       tftpboot
```

图 6-16 fls 命令配以-D 参数用来
显示文件夹信息

```
[root@localhost fstools]# ./fls -l /dev/sda2
d/d 11: lost+found  2006.12.12 22:33:58 (CST)        2008.10.10 10:59:38 (CST)
)            2006.12.12 22:33:58 (CST)     16384   0        0
d/d 32321:     boot   2006.12.12 22:33:59 (CST)     2006.12.12 22:33:59 (CST)
)            2006.12.12 22:33:59 (CST)      4096   0        0
d/d 64641:     dev    2008.10.10 09:53:17 (CST)     2008.10.10 10:59:39 (CST)
)            2008.10.10 09:53:17 (CST)    118784   0        0
d/d 129281:    proc   2006.12.12 22:33:59 (CST)     2006.12.12 22:33:59 (CST)
)            2006.12.12 22:33:59 (CST)      4096   0        0
r/r 12:   .autofsck   2008.10.10 09:52:56 (CST)     2008.10.10 10:18:49 (CST)
)            2008.10.10 09:52:56 (CST)         0   0        0
```

图 6-17 fls 命令配以-l 参数查看文件的详细信息

```
[root@localhost fstools]# ./ffind /dev/sda2 33079
/usr/lib/openoffice/share/template/english/wizard/web/cnt-standard.stw
```

图 6-18 ffind 命令根据给定的 i 节点号查找其对应的文件名

ffind 命令配以-d 参数,可以只显示某 i 节点对应的被删除文件的文件名,如图 6-19 所示,被删除文件会用字符"*"在前面表示。

但是,ffind 命令却无法判断出文件系统日志文件的文件名。例如,已知文件系统的日志信息存放在 i 节点号为 8 的文件中,使用 ffind 命令进行查看,提示信息却为"File name not found for inode",如图 6-20 所示。

```
[root@localhost fstools]# ./ffind -d /dev/sda2 293118
* /root/.ICEauthority-c
```

图 6-19 ffind 命令配以-d 参数只显示某 i 节
点对应的被删除文件的文件名

```
[root@localhost fstools]# ./ffind /dev/sda2 8
File name not found for inode
```

图 6-20 ffind 命令无法判断文件系统
日志文件的文件名

5. 日志层

jls 命令能够显示指定文件系统的日志信息,如图 6-21 所示。

jcat 命令则用于显示存储日志信息的数据块中的具体内容,通过 fsstat 得到的信息,可知该文件系统日志文件的 i 节点号为 8,然后使用 istat 命令查看该日志文件属性的详细信息,如图 6-22 所示,得知 518 号数据块属于该日志文件,然后便可使用 jcat 命令查看

第 6 章　UNIX/Linux 系统的检验方法

该数据块的具体内容，如图 6-23 所示。

```
[root@localhost fstools]# ./jls /dev/sda2
JBlk    Descriprion
0:      Superblock (seq: 0)
1:      Unallocated Commit Block (seq: 23951)
2:      Unallocated Descriptor Block (seq: 23952)
3:      Unallocated FS Block 131309
4:      Unallocated FS Block 1605683
5:      Unallocated FS Block 458808
6:      Unallocated Commit Block (seq: 23952)
7:      Unallocated Descriptor Block (seq: 23953)
8:      Unallocated FS Block 1605683
9:      Unallocated FS Block 458808
10:     Unallocated FS Block 458752
11:     Unallocated FS Block 1
12:     Unallocated FS Block 0
13:     Unallocated FS Block 131309
```

```
[root@localhost fstools]# ./istat /dev/sda2 8|more
inode: 8
Allocated
Group: 0
Generation Id: 0
uid / gid: 0 / 0
mode: -rw------
size: 33554432
num of links: 1

Inode Times:
Accessed:        Thu Jan  1 08:00:00 1970
File Modified:   Tue Dec 12 22:33:58 2006
Inode Modified:  Tue Dec 12 22:33:58 2006

Direct Blocks:
514 515 516 517 518 519 520 521
522 523 524 525 527 528 529 530
```

图 6-21　使用 jls 命令显示指定文件系统的日志信息

图 6-22　使用 istat 命令查看日志文件属性的详细信息

```
[root@localhost fstools]# ./jcat /dev/sda2 518|more
A-
--More--
```

图 6-23　使用 jcat 命令查看日志文件数据块的具体内容

除了上述 fstools 文件夹中的 5 层工具外，The Sleuth Kit 工具包还提供了其他一些辅助工具，以帮助检验人员更为方便地进行检验。如 timeline 文件夹中的 mactime 命令就可以将 UNIX/Linux 时间信息转化为平常所用的时间信息。首先，利用 ils 命令配以 -m 参数（该参数的主要功能是将所输出的信息转化为后续命令能处理的格式）将 i 节点详细信息导入 1.txt 文件中，如图 6-24 所示。

```
[root@localhost bin]# ./ils -m /dev/hda9 >1.txt
[root@localhost bin]# cat 1.txt
class|host|start_time
body|localhost.localdomain|1150100818
md5|file|st_dev|st_ino|st_mode|st_ls|st_nlink|st_uid|st_gid|st_rdev|st_size|st_atime|st_mtime|st_ctime|st_blksize|st_blocks
0|<hda9-alive-1>|0|1|0|----------|0|0|0|0|0|1150108595|1150108595|1150108595|4096|0
0|<hda9-dead-132257>|0|132257|49663|srwxrwxrwx|0|43|43|0|0|1150084456|1150084375|1150085089|4096|0
0|<hda9-dead-132337>|0|132337|33152|-rw-------|0|0|0|0|0|1150085086|1150085086|1150085086|4096|0
0|<hda9-alive-196773>|0|196773|49536|srw-------|0|0|0|0|0|1150100315|1150100315|1150100315|4096|0
0|<hda9-alive-196774>|0|196774|49536|srw-------|0|0|0|0|0|1150100321|1150100321|1150100321|4096|0
0|<hda9-alive-196775>|0|196775|49536|srw-------|0|0|0|0|0|1150100324|1150100324|1150100324|4096|0
0|<hda9-dead-196776>|0|196776|49536|srw-------|0|0|0|0|0|1150100721|1150100721|1150100721|4096|0
0|<hda9-dead-196777>|0|196777|33152|-rw-------|0|0|0|0|0|1150084674|1150084674|1150084674|4096|0
0|<hda9-dead-196778>|0|196778|33152|-rw-------|0|0|0|0|0|1150084674|1150084674|1150084674|4096|0
0|<hda9-dead-196779>|0|196779|33152|-rw-------|0|0|0|0|0|1150084660|1150084660|1150084660|4096|0
0|<hda9-dead-196780>|0|196780|33152|-rw-------|0|0|0|0|0|1150084660|1150084660|1150084660|4096|0
0|<hda9-dead-211768>|0|211768|33188|-rw-r--r--|0|0|0|0|90|1150085106|1150085106|1150085106|4096|0
0|<hda9-dead-242776>|0|242776|33188|-rw-r--r--|0|0|0|0|7952|1150100265|1150100265|1150100265|4096|0
```

图 6-24　使用 m 参数将 ils 输出信息进行转化

然后便可以使用 mactime 命令将这些输出信息的时间转化为平常所用的 24 小时制时间，如图 6-25 所示。需要注意的是，mactime 命令一般只对 fls 和 ils 命令产生的信息列表进行处理。

vstools 文件夹中的 mmls 命令则可以显示磁盘大小、分区情况等详细信息，如图 6-26 所示。

```
[root@localhost bin]# ./mactime -b 1.txt 6/1/2006 >2.txt
[root@localhost bin]# cat 2.txt
Mon Jun 12 2006 11:52:22      14 .a. lrwxrwxrwx 0      0    243008  <hda9-dead-243008>
Mon Jun 12 2006 11:52:55       0 m.. srwxrwxrwx 43     43   132257  <hda9-dead-132257>
Mon Jun 12 2006 11:52:56      19 .a. lrwxrwxrwx 0      0    244151  <hda9-dead-244151>
Mon Jun 12 2006 11:53:37      14 ..c lrwxrwxrwx 0      0    243007  <hda9-dead-243007>
                              14 ..c lrwxrwxrwx 0      0    243008  <hda9-dead-243008>
Mon Jun 12 2006 11:54:10      19 ..c lrwxrwxrwx 0      0    244150  <hda9-dead-244150>
                              19 ..c lrwxrwxrwx 0      0    244151  <hda9-dead-244151>
Mon Jun 12 2006 11:54:16       0 .a. srwxrwxrwx 43     43   132257  <hda9-dead-132257>
Mon Jun 12 2006 11:57:40    1795 m.. -rw-r--r-- 0      0    438712  <hda9-dead-438712>
                               0 mac -rw------- 0      0    196779  <hda9-dead-196779>
                             991 m.. -rw-r--r-- 0      0    438713  <hda9-dead-438713>
```

图 6-25 使用 mactime 命令以时间为标准对 ils 输出信息进行转化

```
[root@localhost vstools]# ./mmls /dev/sda
DOS Partition Table
Offset Sector: 0
Units are in 512-byte sectors

     Slot    Start        End          Length       Description
00:  -----   0000000000   0000000000   0000000001   Primary Table (#0)
01:  -----   0000000001   0000000062   0000000062   Unallocated
02:  00:00   0000000063   0000208844   0000208782   Linux (0x83)
03:  00:01   0000208845   0014683409   0014474565   Linux (0x83)
04:  00:02   0014683410   0016771859   0002088450   Linux Swap / Solaris x86 (0x82)
05:  -----   0016771860   0016777215   0000005356   Unallocated
```

图 6-26 使用 mmls 命令显示磁盘大小、分区情况等信息

imgtools 文件夹中的命令主要用于显示磁盘分区信息，如 img_cat 命令能够显示指定分区所存储的信息，如图 6-27 所示。

```
[root@localhost imgtools]# ./img_cat /dev/sda1
隔莴 c f 鳌   ? $騫 $騫??S?   捉~E   ?  j灈0温F菡!|舥P? /boo!蛸?   D蚣? X`%蠹 捉~E
?   ??@@l ` ` ` ` ? ? ? ?   ? ? ??   ? ? ?? ? ? ? ?? ?   ?
?@ @ @ ?   ? ?  ? ? ? ? ??????????????????????????????????????????????
??????????????????????????????????????????????????????????????????????
??????????????????????????????????????????????????????????????????????
```

图 6-27 使用 img_cat 命令显示指定分区所存储的信息

而 img_stat 则用于显示分区大小信息，如图 6-28 所示。

```
[root@localhost imgtools]# ./img_stat /dev/sda
IMAGE FILE INFORMATION
--------------------------------------------
Image Type: raw

Size in bytes: 8589934592
[root@localhost imgtools]# ./img_stat /dev/sda2
IMAGE FILE INFORMATION
--------------------------------------------
Image Type: raw

Size in bytes: 7410976768
```

图 6-28 使用 img_stat 命令显示分区大小信息

6.1.3 利用 TSK 工具包检验实例分析

下面通过一个实例说明利用 TSK 工具包进行电子物证检验的基本过程。假设被检介质是一名为"wd0e.dd"的由 dd 命令生成的镜像文件，检验要求是查看其未分配空间中是否含有字符串"abcdefg"。首先，使用 dls 命令将 wd0e.dd 文件中的未分配空间导出为

wd0e.dls：

```
#dls -A images/wd0e.dd>output/wd0e.dls
```

接下来，利用 UNIX/Linux 自带的系统工具 strings 提取所有的 ASCII 字符串：

```
#strings -t d output/wd0e.dls>output/wd0e.dls.str
```

如果搜索的是单一关键字，上述两个步骤并不是很必要；但如果是多关键字搜索的话，这些步骤会极大地缩短搜索时间。接着再使用 UNIX/Linux 自带的系统工具 grep 进行字符串搜索：

```
#grep "abcdefg" output/wd0e.dls.str|less
10389739:abcdefg
```

从输出结果可以看出，字符串"abcdefg"的偏移地址为 10389739，接下来我们需要确定该字符串所在的数据块，这里就需要使用 fsstat 命令查看磁盘详细信息。

```
#fsstat images/wd0e.dd
<…>
CONTENT-DATA INFORMATION
----------------------------------------
Block Range: 0 - 266079
Block Size: 1024
```

通过得到的数据块大小信息 1024B，可以换算得出 10389739B 所在的数据块号为 10146。这意味着字符串"abcdefg"在 wd0e.dls 文件的 10146 号数据块中。如果要查看 10146 号数据块的内容可以使用以下命令：

```
#dd if=images/wd0e.dls bs=1024 skip=10146 count=1|less
```

但这个数据块号是在 wd0e.dls 中的编号，而不是 wd0e.dd 中的。因此，我们需要使用 dcalc 命令确定其在原始文件中的位置。dcalc 命令配以-u 参数能够得到未分配空间中的数据块号在原始文件中的位置，而配以-d 参数则能够得到原始文件的数据块号在镜像文件中的位置，此处使用的是-u 参数。

```
#dcalc -u 10146 images/wd0e.dd
59382
```

至此，我们得知字符串"abcdefg"在原始文件的 59382 号数据块中。然后可以使用 dcat 命令查看数据块存储的信息。

```
#dcat images/wd0e.dd 59382|less
```

若要查看该数据块所属的文件属性信息，可以先使用 ifind 命令查看其所属的 i 节点信息。

```
#ifind -a images/wd0e.dd 59382
493
```

从结果可以看出,59382 号数据块所属的 i 节点号为 493,然后便可以使用 istat 命令查看 493 号 i 节点文件的详细信息。

```
#istat images/wd0e.dd 493
inode: 493
Not Allocated
uid/ gid: 1000/ 1000
mode: rw-------
size: 92
num of links: 1
Modified:        08.10.2011 17:09:49      (GMT+0)
Accessed:        08.10.2011 17:09:58      (GMT+0)
Changed:         08.10.2011 17:09:49      (GMT+0)
Direct Blocks:
59382
```

通过"num of links"信息,可以得知有一文件与此 i 节点相关联,因此使用 ffind 命令查看其文件名与文件位置信息。

```
#ffind -a images/wd0e.dd 493
* /dev/.123456
```

从结果可知,被删除文件/dev/.123456 其 i 节点号为 493,包含有 59382 号数据块,其中含有字符串"abcdefg"。

6.1.4 利用系统命令进行搜索

在刚才介绍的实例中,利用了系统提供的字符串搜索工具 grep。在实际工作中,关键字搜索可以说是每次调查检验工作中的关键环节,其范围涵盖从邮件侵扰到远程网络受损等情况。关键字内容的设定非常重要,例如可以把嫌疑人的后门程序密码、用户名、MAC 地址或 IP 地址等信息作为关键字进行设定。在这里主要介绍一下 Linux 系统提供的搜索工具 grep 与 find。

1. 使用 grep 进行字符串搜索

功能强大、使用灵活的 grep 命令是字符串搜索的主要工具。要在文件内部进行字符串搜索,则按如下方式使用 grep 命令。

grep 命令格式:grep [option] expression [file]。

其中,-i:忽略大小写;-n:显示行号;-A n:显示匹配以下的 n 行;-B n:显示匹配以上的 n 行。

如在命令行方式下输入如下命令:

```
[root@lwh]#grep root /etc/passwd
root:X:0:0:root:/root:/bin/bash
```

passwd 文件是一个文本文件,命令执行结果将 passwd 文件中含有字符串 root 的行作为输出值。也可以对二进制文件运行 grep 命令，如：

[root@lwh]#grep PROMISC /sbin/ifconfig
Binary file /sbin/ifconfig matches

这次，该字符串没有出现，但是会出现一个通知，显示某个二进制文件有一个匹配项。如果确实想查看该匹配项，可以使用-a 选项来对二进制文件进行操作处理。

[root@lwh]#grep -a PROMISC /sbin/ifconfig
[NO FLAGS]UP BROADCAST DEBUG LOOPBACK POINTOPOINT NOTRAILERS
RUNNING NOARP PROMISC ALLMULTI   SLAVE MASTER MULTICAST DYNAMIC

2. 使用 find 命令进行文件搜索

find 命令主要针对文件属性进行搜索。使用 find 命令可以找到所有和正则表达式相匹配的文件名。

find 命令格式：find [path][expression][action]。

功能：find 命令从指定的起始目录开始，递归地搜索其各个子目录，查找满足寻找条件的文件并对之采取相关的操作。find 命令对很多搜索都很有用，它可以在文件系统上搜索满足特征的文件，这些特征包括修改或访问时间、文件所有者、文件内部的字符串、文件名中的字符串等。

-name：指定搜索的文件名；-user：指定的搜索的用户名。

例如，用 find /-name core 命令查找文件名为 core 的文件。

find /tmp -user mf -print 查找 tmp 文件夹下用户名为 mf 的所有文件并在打印机上输出。

6.1.5 Linux 环境下的数据删除与恢复

数据恢复，简单地说就是找回由于某种原因而丢失的数据。通常，彻底删除某个文件或文件夹、重新格式化磁盘、重新进行磁盘分区等操作都会造成数据的丢失。本节主要介绍的就是 Linux 操作系统的数据删除原理与具体恢复方法。

1. Linux 操作系统的数据删除

Linux 使用的主流文件系统 Ext2 中的数据存储在磁盘上的数据块中，数据块的状态（空闲/已分配）信息存储在数据块的位图中，借助 inode 和目录文件等元数据，Ext2 文件系统将一个或多个数据块中的数据组合成抽象的文件。

Ext2 文件系统下，删除文件需要调用一个系统函数，该函数保存在 fs/ext2/inode.c 中，现给出如下：

```
voidext2-delete-inode(struct inode * inode)
{
……if(is-bad-inode(inode)||
inode→i-ino==EXT2-ACL-IDX-INO
inode→i-ino==EXT2-ACL-DATA-IN
```

```
gotono-delete;
//修改删除时间
inode→u.ext2-i.i-dtime=CURRENT-TIME
mark-inode-dirty(inode);
//修改链接数
ext2-update-inode(inode,IS-SYNC(inode))
inode→i-size=0;
if(inode→i-blocks)
    //释放占用的数据块
    ext2-truncate(inode);
//释放索引节点
ext2-free-inode(inode);
……

}
```

由上述函数可以看出在 Ext2 文件系统中删除一个文件的过程是：先将删除时间（当前时间）和链接数（0）写入 inode 信息中，把 inode 和文件所占用的数据块的状态信息标记为空闲。值得注意的是，此时系统对于数据块和 inode 都仅仅是释放而已，并没有清除数据区中数据块的内容，也没有清除 inode 表中的 inode。也就是说，到目前为止，文件的数据块本身还没有真正丢失，其内容仍然保留在数据区中，inode 也保留在 inode 表中。正是由于 Ext2 文件系统的这些特点，所以在计算机的磁盘中会留下大量记录着过去曾经发生过的文件操作信息，如果被删除的数据块没有被重新写入，文件数据就可以被找回来。

文件数据块的真正丢失发生在新数据写入的时候。此时系统会查找空闲块并分配给新数据使用，而被删除文件所占用的数据块对系统来说已经被标记为空闲了，因此这些数据块很可能会被系统分配出去。这时，数据块中被覆盖部分的旧数据就彻底丢失了。如果知道被删除文件中若干字节的内容，那么可以根据这一字符串搜索文件系统，从而得到文件所在的数据块，依其块号将数据抓取出来，这样可以部分恢复文件。如果要恢复的不是文本文件，或不知道文件的内容，则可以搜索尾部全部为 0 的数据块。因为 Linux 文件最后一个数据块尾部都是用 0（ASCII 码值）填充的。

因此，要完全恢复被删除的文件，只有当其数据块尚未被新数据覆盖的时候进行才可能成功，否则就无法完整地恢复出来。所以，一旦发现文件意外丢失或被误删除，首要的工作是马上防止新数据写入磁盘，例如将文件所在的分区卸载（umount）或者将其 mount 为只读。

2. Linux 环境下的数据恢复

（1）debugfs 文件系统调试器

debugfs 是 Linux 系统自带的文件系统调试器，它允许用户（必须具有 root 权限）直接存取文件系统中的磁盘数据结构，即 inode 表包含的全部信息，其参数部分须指定 inode 号（通过 ls 命令可获得文件的 inode 号）。

其常用的命令参数如下：

-f cmd_file：打开 cmd_file 文件，对它进行调试；

-w：以可写方式打开文件系统，默认是以只读方式打开文件系统。

debugfs 的运行命令：

cat filespec：将 inode 的 filespec 内容复制到标准输出设备上；

check block：显示使用块的 inode；

dump [-p] filespec out_file：将 inode 的 filespec 内容复制到 out_file 上；

find_free_block [goal]：从开始搜索并分配第一空闲块；

find_free_inode [dir[mode]]：搜索并分配第一块空闲 inode，如果设置了 dir 参数，指定了 inode 和 inode 所在目录，指定了其权限；

ncheck inode_num：读入 inode 列表，然后显示这些 inode 对应的路径名；

open [-w][-f] device：打开指定文件系统；

show_super_stats [-h]：列出超级块的内容，组描述符。如果提供-h 选项，那么只显示超级块的内容；

stat filespec：显示指定 inode 的结构内容；

quit：退出 debugfs。

使用 debugfs 显示的 inode 信息中，包括文件所有者标识（User）、文件所在组的标识（Group）、文件大小（Size）、修改时间（Mtime）、访问时间（Atime）、inode 状态改变时间（Ctime）、文件访问权限（Mode）、引用计数（Links）以及文件所占数据块（Block）等信息。其中，引用计数、文件大小和文件所占数据块三项尤其重要。正常文件的引用计数是非零值，当其被复制时引用计数加 1；而当被删除时，Linux 会将引用计数减 1，即使引用计数被置为 0，其 inode 所指向的物理磁盘上的数据并没有被真正删除。因此，使用这三项信息便能够重构文件，达到恢复被删除文件的目的。

debugfs 恢复有两种方法，一种是找出文件的 inode，然后使用 dump 命令读出数据；另一种是去掉 inode 中关于"文件已被删除"的信息，将文件自动地恢复出来。下面以/root/rec 文件为例，使用 debugfs 进行数据恢复。在删除之前对原文件进行 MD5 校验，以供恢复后对比，如图 6-29 所示。

图 6-29　MD5 校验结果

首先要进入 debugfs 执行环境，并打开待检分区（假设 Linux 所属分区为/dev/hda8）：

#debugfs/dev/hda8

就会出现 debugfs 提示符 debugfs。

使用 lsdel 命令可以列出该分区中被删除的文件的信息，如图 6-30 所示。

信息的第一字段是 inode 号，第二字段是文件所有者，第三字段是读写权限，接下来是文件大小、占用块数、删除时间。一般来说，根据文件的大小、删除时间、文件的所有者

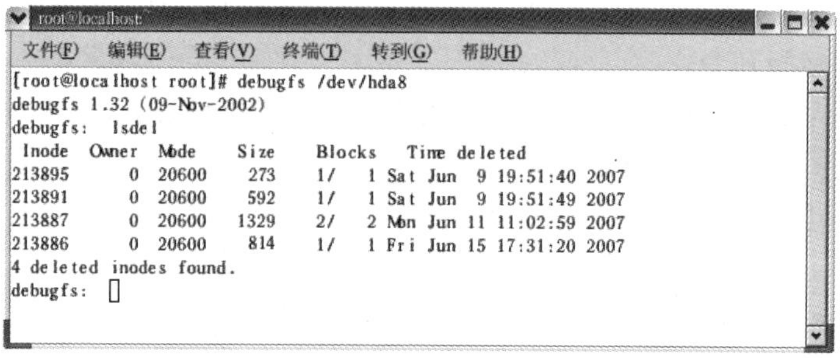

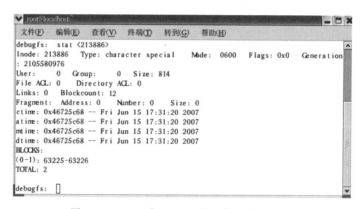

图 6-30　用 lsdel 列出被删除的文件的信息

等信息，就能够判断出需要恢复的文件 inode。在本例中原文件/root/rec 的删除时间是 6 月 15 日，由此可以判断出 213886 是需要恢复文件的 inode。然后使用 stat 命令查看文件数据状态，如图 6-31 所示。

图 6-31　inode 为 213886 号文件的数据状态

一种方法是使用 dump 命令将所要恢复的 inode 内容复制到一个新文件上，从而达到恢复文件的目的，如图 6-32 所示。

图 6-32　使用 dump 命令恢复文件及 MD5 校验结果

其中，213886 为文件的 inode，/mnt/rec 为新文件名（需要指明路径）。通过 MD5 校验值可以看出恢复文件与原文件相同。

另一种方法是手动修改索引节点信息，以达到自动恢复文件的目的。

首先要以可写方式启动 debugfs。

```
#debugfs/dev/hda8  -w
```

然后执行 mi 命令直接修改索引节点的信息，使用 mi 指令后每次显示一行信息以供编辑,其他行可以直接按回车表示确认。需要做的一是把删除时间(Deletion time)改为0,二是把链接数(Link count)改为1,如图6-33所示。

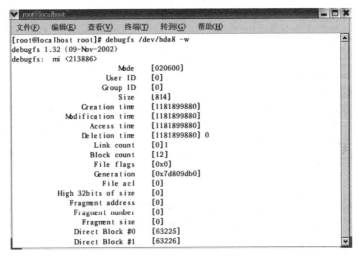

图6-33 mi命令修改inode为213886的信息

退出debugfs,并运行e2fsck检查系统状态,检查完成后查看该分区根目录下的lost+found目录,会发现有个名为♯213886的文件(213886即为恢复文件的索引节点号),这就是恢复的文件。

(2) TCT(The Coroner's Toolkit)或The Sleuth Kit软件包

除了The Sleuth Kit软件包之外,TCT软件包也可以作为调查分析以及数据恢复的工具。TCT(The Coroner's Toolkit)是Earthlink网络的Dan Farmer和IBM公司的Wietse Venema研究员为了协助计算机取证而设计的软件工具包,它可以运行于Linux、FreeBSD、OpenBSD、Solaris、UNIX等平台之上。TCT可以针对文件的最后修改、访问或者改变的时间进行分析,并且根据inode的值提取出文件列表,找出被删除的数据。下面以/root/file文件为例,使用TCT进行数据恢复。在删除之前对原文件进行MD5校验,以供恢复后对比,如图6-34所示。

图6-34 MD5校验结果

ils命令是用来显示inode信息的,它可以显示每个被删除的inode的原始资料,如图6-35所示。

如图6-35所示,将/dev/hda8中inode的信息输出到/root目录下的ilsdump.txt,并使用cat命令查看该文本内容。

可以看出,如果st_alloc项值为f的话,说明该文件已被删除;如果为a的话,则文件未被删除。如果st_link项的值为0的话,说明该文件被删除了;如果不为零的话,则文件未被删除。

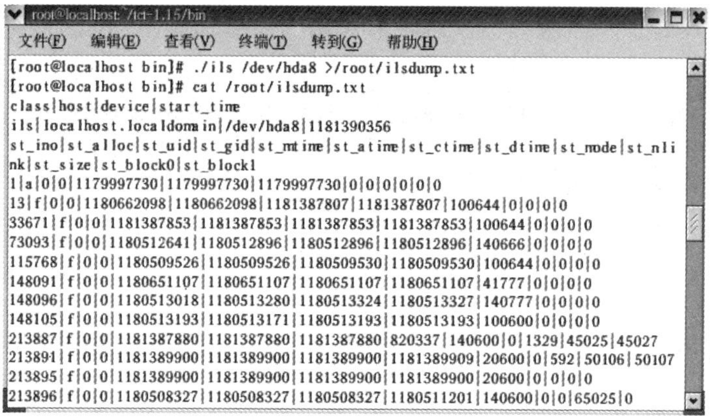

图 6-35　用 ils 命令查看 inode 的信息

然后使用 mactime 命令将这些输出信息的时间转化平常所用的 24 小时制时间,其中可以指定显示某个时间之后的信息,本例中指定输出 2007 年 6 月 1 日之后的 inode 信息,如图 6-36 所示。

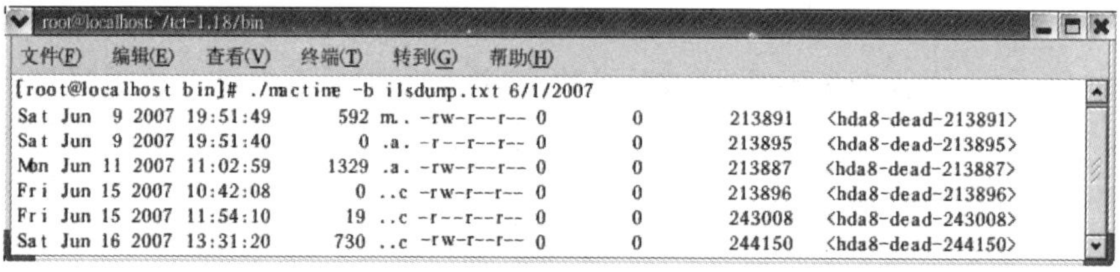

图 6-36　用 mactime 命令转化信息

这样就可以根据时间判断被删除文件的 inode 了。在本例中被删除文件的时间是 2007 年 6 月 16 日,inode 为 244150。然后就可以用 icat 命令将 inode 中的内容输出到指定文件,即完成恢复,如图 6-37 所示。

图 6-37　用 icat 命令恢复 i 节点为 244150 的文件并进行 md5 校验

图 6-37 中使用了 TCT 中的一个小工具 MD5,它可以生成 MD5 校验值并保存在以 .md5 为扩展名的同名文件中,经比较可以看出恢复文件与原文件相同。

6.2　日志文件检验

日志主要的功能有审计和监测,同时还可以实时监测系统状态、监测和追踪侵入者等。UNIX/Linux 中提供了异常日志,并且日志的细节是可配置的。UNIX/Linux 日志多数以明文形式存储，所以用户不需要特殊的工具就可以进行搜索和阅读。

6.2.1 日志配置文件检验

Linux 系统的日志文件是由/etc/syslog.conf 文件配置的，因此进行日志文件检查的第一步通常是要对/etc/syslog.conf 文件进行检查，以确定系统记录有哪些信息。

通常，/etc/syslog.conf 中的信息除注释语句外，每一行的格式为：

facility.loglevel   logtarget

其中，facility 指的是日志所在的组别，loglevel 指的是日志级别，logtarget 则为日志信息的存放位置。关于 facility、loglevel 和 logtarget 的具体描述，如表 6-1~表 6-3 所示。

表 6-1 facility 描述

facility	描述	facility	描述
auth	安全性/验证信息（负面）	mail	邮件子系统
authpriv	安全性/验证信息	news	新闻消息
cron	系统定时任务	syslog	内部 syslog 消息
daemon	其他系统守护进程	user	一般用户级消息
kern	内核信息	uucp	UUCP 子系统
lpr	行打印字系统	Local0-local7	自定义的级别

表 6-2 loglevel 描述

loglevel	描述	loglevel	描述
emerg	系统已不可用	warning	警告
alert	必须马上采取行动	notice	普通但重要的情形
crit	危急	info	通知信息
err	错误	debug	调试信息

表 6-3 logtarget 描述

logtarget	描述
/path/filename	将消息追加在指定文件的尾部
@loghost	将消息写到 loghost 的日志服务器中
|/path/named_pipe	将消息写到指定的管道
User1,User2	将消息写到所列的用户
*	将消息写到所有的用户
/dev/console	将消息写到指定的终端

如"kern.notice /var/log/kern.log"表示的就是将内核的优先级别为 notice 或更高

级别的日志信息记录到/var/log/kern.log文件中;而"mail.＊root"则表示将所有与mail有关的日志信息传递给系统用户root。如果希望使用确定的级别可以使用两个运算符号!(不等)和＝,如user.＝info表示告知syslog接受所有在info级别上的user功能信息。

还有一点需要指出的就是,logtarget中的@loghost,在此处@loghost可以是远程syslog服务器的IP地址。在实际工作中,如果某系统遭到破坏,嫌疑人把整个日志文件都删除了,则可以查看logtarget项,看其在远程服务器上是否有备份;如果在远程服务器上确实有备份的话,则可通过分析备份日志寻找相关的证据线索。

6.2.2 日志管理文件检验

除了要查看/etc/syslog.conf文件外,还要查看/etc/logroatate.conf文件,该文件主要用于日志文件的管理,能够根据指定的时间周期或文件大小来轮转日志文件,当条件满足时,当前日志文件将被滚动为logfile.1,而原来的logfile.1则滚动为logfile.2,以此类推。如果在/var/log/下看到许多诸如maillog.1、maillog.2、boot.log.1、boot.log.2之类的文件,通过分析/etc/logroatate.conf文件,就可以得出相关文件之间的时间关系等信息。下面是它的一个范例:

```
#see "man logrotate" for details
#rotate log files weekly
weekly
#以 7 天为一个周期
#keep 4 weeks worth of backlogs
rotate 4
#保留 4 份备份文档
#send errors to root
errors root
#发生错误向 root 报告
#create new (empty) log files after rotating old ones
create
#转完旧的日志文件就创建新的日志文件
#uncomment this if you want your log files compressed
#compress
#指定是否压缩日志文件
#RPM packages drop log rotation information into this directory
include/etc/logrotate.d
/var/log/test.log {
        monthly
        size=10M
        rotate 5
        nocompress
        sharedscripts
        prerotate
```

```
            /usr/bin/chattr -a/var/log/admin.log
    endscript
    sharedscripts
    postrotate
            /usr/bin/killall -HUP syslogd
            /usr/bin/chattr+a/var/log/admin.log
    endscript
}
#system-specific logs may be configured here
```

其中,♯后面的是注释信息,通过分析具体内容可以看出,该系统以 7 天为一个周期,并保留 4 份备份文件,发生错误时需要向 root 报告。具体到/var/log/test.log 文件,该日志文件要以一个月为周期,要求保留 5 份备份文档;如果日志文件大小大于 10MB,则强制替换,不考虑一个月的期限;备份文档不压缩;在备份之前,执行/usr/bin/chattr-a/var/log/admin.log,而在备份之后则执行/usr/bin/killall-HUP syslogd 与/usr/bin/chattr＋a/var/log/admin.log。

6.2.3 日志文件检验

在检查完用于日志配置和管理的相关文件后,便可以着手具体的日志分析工作。如表 6-4 所示列出了常见的日志文件及其查看方法。

表 6-4 常见的日志文件及其查看方法

日 志 文 件	记 录 信 息	查 看 方 法
/var/log/secure	记录系统安全信息	直接查看
/var/log/boot.log	记录系统引导过程中发生的事件(Linux 系统开机自检过程显示的信息)	直接查看
/var/log/message	主要记录系统所发生的错误信息	直接查看
/var/log/mail	记录发送到系统或从系统发出的电子邮件的活动	直接查看
/var/log/xferlog	记录 FTP 会话	直接查看
/var/log/cron	记录例行性服务信息	直接查看
/var/adm/sulog	记录 su 命令信息	直接查看
/var/log/lastlog	记录用户最近成功登录事件和最后一次不成功登录事件	lastlog 命令
/var/log/wtmp	记录每个用户登录、注销及系统的启动、停机的事件	last 命令
/var/run/utmp	记录与当前登录用户相关的信息	who 或 users 命令
~/.bash_history	记录命令执行记录	直接查看
Web 日志文件	记录 Web 访问信息	直接查看
路由器日志文件	记录路由器相关信息	直接查看

下面着重对几个重要的日志文件进行分析说明。

1. /var/log/secure 文件

/var/log/secure 日志文件中的每一条记录通常包含有日期与时间信息、主机名称、服务名称与 ID 以及显示信息。

```
Nov 4 16:28:35 UNIX xinetd[7831]: START: telnet pid=7841 from=192.168.1.11
Nov 4 16:28:35 UNIX xinetd[7841]: FAIL: telnet address from=192.168.1.11
Nov 4 23:41:17 UNIX sshd[10803]: Accepted password for test from 192.168.1.11 port 3117 ssh2
Nov 4 23:41:17 UNIX sshd[10805]: session opened for user test by (uid=500)
Nov 4 23:41:29 UNIX su[10838]: authentication failure; logname=test uid=500 euid=0 tty=ruser=test rhost=  user=root
Nov 4 23:41:34 UNIX su[10839]: session opened for user root by test(uid=500)
```

上面所示为一段从/var/log/secure 文件中提取的日志信息,通过分析可以看出,IP 地址 192.168.1.11 试图登录名为 UNIX 的主机启动的 telnet 服务,但是没有成功;后来 IP 地址 192.168.1.11 使用 test 账号成功登录 UNIX 主机,并获得了 root 权限。

2. /var/log/messages 文件

/var/log/messages 日志文件中的每一条记录通常包含有日期时间、主机名、程序名,后面是包含 PID 或内核标识的方括号、一个冒号和一个空格,最后是消息。该文件有一个不足,就是被记录的入侵企图和成功的入侵事件,被淹没在大量的正常进程的记录中。但该文件可以进行定制,由/etc/syslog.conf 配置文件决定系统如何写入/var/log/messages。

```
Sep 3 08:30:17 UNIX login[1275]: FAILED LOGIN 2 FROM (null) FOR suying, Authentication failure
Sep 4 17:40:28 UNIX  --suying[2017]: LOGIN ON pts/1 BY suying FROM fcceec.www.ec8.pfcc.com.cn
Sep 4 17:40:39 UNIX su(pam_unix)[2048]: session opened for user root by suying (uid=999)
```

从以上三条/var/messages 中的记录可以看出,9 月 3 日 8 点 30 分有一用户名为 suying 的用户试图登录系统,但是没有成功;9 月 4 日 17 点 40 分 suying 成功登录系统,并取得了 root 权限。

3. /var/log/lastlog 文件

/var/log/lastlog 日志文件记录用户最近成功登录和最后一次不成功登录事件,由 login 生成。在每次用户登录时被查询,由于该文件是二进制文件,需要使用 lastlog 命令查看。每条记录通常包括用户登录名、端口号和上次登录时间等信息。如果某用户从来没有登录过,就显示"**Never logged in**"。该命令只能以 root 权限执行。输入 lastlog 命令后就会看到类似的信息:

```
Username        Port      From           Latest
root                      tty2           Tue Sep  3 08:32:27+0800 2008
```

```
bin                              **Never logged in**
daemon                           **Never logged in**
```

可以看出,root 用户于 2008 年 9 月 3 日成功登录系统,而名为"bin"和"daemon"的用户却从没登录过。

4. /var/log/xferlog 文件

/var/log/xferlog 日志文件则用于记录 FTP 会话,可以显示出用户向 FTP 服务器或从服务器拷贝了什么文件。该文件的格式为:第一个域是日期和时间;第二个域是下载或上传文件所花费的秒数、远程系统名称、文件大小、本地路径名、传输类型(a 表示 ASCII,b 表示二进制)、与压缩相关的标志(tar 表示压缩文件,_ 表示非压缩)、传输方向(相对于服务器而言,i 表示进,o 表示出)、访问模式(a 表示匿名,g 表示输入口令,r 表示真实用户)、用户名、服务名(通常是 FTP)、认证方法(0 表示无,1 表示 RFC931),认证用户的 ID("ⅹ"代表无效 ID),传输状态(C 表示完全)。下面是该文件的一条记录:

```
Wed Sep 4 08:14:03 2008 17 UNIX 27553
/var/ftp/lib/libnss_files-2.2.2.so b _ o a root ftp 0 * C
```

从该记录可以看出,用户 root 于 2008 年 9 月 4 日 8 点 14 分以匿名身份登录到名为 UNIX 的 FTP 服务器上,并进行了文件下载操作,下载了一个大小为 27MB 左右的非压缩二进制文件,用时 17s,并将该文件保存为/var/ftp/lib/libnss_files-2.2.2.so。

5. /var/adm/sulog 文件

/var/adm/sulog 文件主要记录使用者执行 su 命令的信息,可以使用 more 在命令行方式下打开该文件,也可以利用文本编辑器直接打开该文件。

```
#more /var/adm/sulog
SU 08/17 19:10+0 userone-root SU 08/17 19:10+0 userone-root
SU 08/17 19:36 -0 usertwo-root SU 08/17 19:36 -0 usertwo-root
SU 08/17 19:36 -0 usertwo-root SU 08/17 19:36 -0 usertwo-root
SU 08/17 19:36:00+0 userone-root SU 08/17 19:36:00+0 userone-root
SU 08/17 19:37 -0 usertwo-gooduser1 SU 08/17 19:37 -0 usertwo-gooduser1
```

从该文件信息中,可以得知,userone 已顺利使用 su 命令取得 root 身份。第二位使用者 usertwo 则未成功。此外,usertwo 也未成功使用 su 取得 gooduser1 身份。

6. /var/log/cron 文件

/var/log/cron 文件主要记录由 Crontab 决定的例行性服务信息,从图 6-38 中可以看出该系统会定期运行 cron.daily、cron.weekly、cron.monthly 存放的任务。

cron.daily、cron.weekly、cron.monthly 文件夹存放在/etc 目录下,如图 6-39 所示的便是/etc/cron.daily 文件夹中的内容。

7. ~/.bash_history 文件

"~/.bash_history"("~/"表示用户目录)文件能够保存相关用户最近使用过的命

```
Dec 12 14:50:33 localhost crond[1803]: (CRON) STARTUP (fork ok)
Dec 12 14:50:39 localhost anacron[2013]: Anacron 2.3 started on 2006-12-12
Dec 12 14:50:39 localhost anacron[2013]: Will run job `cron.daily' in 65 min.
Dec 12 14:50:39 localhost anacron[2013]: Will run job `cron.weekly' in 70 min.
Dec 12 14:50:39 localhost anacron[2013]: Will run job `cron.monthly' in 75 min.
Dec 12          localhost anacron[2013]: Jobs will be executed sequentially
Dec 12 15:01:00 localhost CROND[2302]: (root) CMD (run-parts /etc/cron.hourly)
Dec 13 14:35:18 localhost crond[1692]: (CRON) STARTUP (fork ok)
Dec 13 14:35:23 localhost anacron[1902]: Anacron 2.3 started on 2006-12-13
Dec 13 14:35:23 localhost anacron[1902]: Will run job `cron.daily' in 65 min.
Dec 13 14:35:23 localhost anacron[1902]: Will run job `cron.weekly' in 70 min.
Dec 13 14:35:23 localhost anacron[1902]: Will run job `cron.monthly' in 75 min.
Dec 13 14:35:23 localhost anacron[1902]: Jobs will be executed sequentially
```

图 6-38　/var/log/cron 文件记录的例行性服务信息

图 6-39　/etc/cron.daily 文件夹中的内容

令。系统提供这样功能的目的是使用户输入使用过的长命令变得容易。每个在系统中拥有账号的用户在其目录下都有一个名为".bash_history"的隐藏文件,使用 ls 命令配以-al 参数才能够显示该文件。bash shell 能够保存少量的命令,但在每次用户注销时这些历史命令会被删除,因此获取此类信息一定要及时。如图 6-40 所示的是 root 所使用的命令,可以看出 root 用户使用过 ls、gcc、vi 等命令;而来到 lwh 目录下,通过查看.bash_history 文件,可知 lwh 用户曾经使用 su 命令获取过 root 权限,如图 6-41 所示。

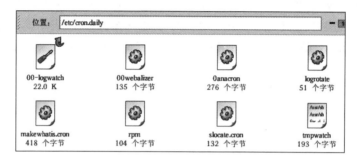

```
[root@localhost root]# more .bash_history
cd sy3
ls
gcc -g sy3_1.c -o copyB.out
vi sy3_1.c
gcc -g sy3_1.c -o copyB.out
vi sy3_1.c
gcc -g sy3_1.c -o copyB.out
vi sy3_1.c
gcc -g sy3_1.c -o copyB.out
```

```
[root@localhost root]# cd /home/lwh
[root@localhost lwh]# more .bash_history
su root
```

图 6-40　root 所使用的命令　　　　　　图 6-41　lwh 用户曾经使用 su 命令

嫌疑人在得到了系统的 root 访问权之后,首先采取的步骤就是删除.bash_history 文件。然后把文件链接到"/dev/null",使其无法记录命令。无论何时对怀疑受害的 UNIX/Linux 系统进行调查时,都要检查 shell 历史文件。如果历史记录功能启用了,但却不存在历史文件,则很可能是黑客或嫌疑人删除了历史文件。如果历史文件作为"/dev/null"的一个链接存在,这种情况更表明系统遭到了损害。此外,注意文件的日期/时间,这是入侵者留下的线索,可用于进一步调查。

```
[root@lwh/root]#ls -al
```

```
total   52
drwxr-x---  5  root   root 4096  Dec  12  04:47  .
drwxr-xr-x 18  root   root 4096  Dec   8  01:54  ..
-rw-------  1  root   root  108  Dec  12 04:47  .Xauthority
-rw-r--r--  1  root   root 1126  Aug  23   1995  .Xdefaults
lrwxrwxrwx  1  root   tty     9  Dec   8  14:50  .bash_history->/dev/null
```

在获得root权限后,嫌疑人建立了自己的入侵账号,更高级的技巧是给类似uucp、lp不常使用的系统用户名加上密码。在遭受入侵后,即使嫌疑人删除了.sh_history或者.bash_history这样的文件,执行kill-HUP cat/var/run/inetd.conf即可将保留在内存页中的bash命令记录重新写回到磁盘,然后执行find/-name.sh_historyprint,仔细查看每个可疑的shell命令日志,尤其是当在/usr/spool/lp(lp home dir)、/usr/lib/uucp/(uucp home dir)这样的目录下找到了.sh_history文件时。往往嫌疑人在需要目标机和工作机传送文件时为了避免被系统日志文件记录,可能使用从目标机ftp到工作机的方法,因此在.sh_history中有可能发现类似ftp xxx.xxx.xxx.xxx 或者 xxx@xxx.xxx.xxx.xxx:/tmp/backdoor这样能够显示出嫌疑人IP或域名的命令。

8. Web日志文件

针对Web日志进行检验是确定嫌疑人真实攻击发源地的最有效方法。以Apache服务器为例,在所设置的相关目录下可以发现access.log文件,该文件记载了访问者IP、访问时间和请求访问的内容。在遭受入侵后,应该可以在该文件中发现类似下面的信息:

```
xxx.xxx.xxx.xxx - - [28/Apr/2011:00:29:05 -0800] "GET/cgi-bin/rguest.exe"404
xxx.xxx.xxx.xxx - - [28/Apr/2011:00:28:57 -0800] "GET/msads/Samples/SELECTOR/sho-
wcode.asp" 404-
```

该信息表明来自IP为xxx.xxx.xxx.xxx的某人在2011年4月28号的0点28分试图访问/msads/Samples/SELECTOR/showcode.asp文件,这是在使用Web cgi扫描器后遗留下的日志。结合攻击时间和IP,可以获得嫌疑人或入侵者的大量相关信息。在分析Web日志时,需要注意Web页面访问会留下详细时间,它是由服务器生成的而非客户端时间,不能随意更改,因而可根据时间高低频度为站点生成相应报告另外,大多数日志分析软件能基于IP地址执行质询功能,确定用户所在国家、地区、城市甚至是哪家公司;还可将Web访问划分为多个时段,据此分析访问状态:耗时200s以内为成功访问;300s以上意味着客户端被重定向到了不同页面;400s表明客户端出错(如404文件未找到);任何情况下达到500s意味着服务器出错(如ASP脚本错误)。

9. 路由器日志

默认方式下路由器不会记录任何扫描和登录,因此嫌疑人或入侵者常利用其作跳板来进行攻击。如果某企业网被划分为军事区和非军事区的话,添加路由器的日志记录将有助于日后追踪入侵者。系统管理员可以通过这样的设置确定攻击者到底是内贼还是外盗,电子物证检验人员也可以通过日志文件获得大量的信息。在CISCO路由器上可以进行如下设置:

```
router(config)#logging faclity syslog
router(config)#logging trap informational
router(config)#logging [服务器名]
```

而在 log server 上则进行下列操作，首先在/etc/syslog.conf 中加入一行：

```
*.info /var/log/router.log
```

然后生成日志文件：

```
touch /var/log/router.log
```

重启 syslogd 进程：

```
kill -HUP 'cat/var/run/syslogd.pid'
```

对于嫌疑人或入侵者来说，在实施攻击的整个过程中不与目标机试图建立 TCP 连接是不太可能的，这里有入侵者主观和客观等多方面原因，而且在实施攻击中不留下日志也是相当困难的。如果花上足够的时间和精力，就可以从大量的日志中分析出需要的信息。就入侵者的行为心理而言，他们在目标机上取得的权限越大，他们就越倾向于用保守的方式来建立与目标机的连接。仔细分析早期的日志，尤其是包含有扫描的部分，会有更大的收获。

6.2.4 进程记账信息检验

进程记账是对进程活动的记录，可以将其看作是一种特殊的日志信息。原数据保存在/var/log/pacct 文件中，其许可权限为 600。该文件的存在是进程记账有效的保障。与连接记账不同，进程记账必须处于打开状态，使用下面的命令设置打开状态。

```
#accton /var/log/pacct
```

如果被检系统记录记账信息的话，便可以通过记账信息的检查获取相关的信息。可以使用 sa 和 lastcomm 命令解释/var/log/pacct 中的非用户可读的原数据。

1. sa 命令

sa 命令可以获得每个用户或每个命令的进程使用的大致情况，并且提供了系统资源的消费信息。另外，如果需要处理的信息量很大的话，可以使用脚本或程序筛选这些信息。sa 对于识别特殊用户，特别是查看特殊用户使用的可疑命令十分有用。

```
#sa -u |grep joe
joe      0.00    cpu    bash
joe      0.00    cpu    ls
joe      0.01    cpu    ls
joe      0.01    cpu    lastcomm
joe      0.01    cpu    tcpdump
joe      0.01    cpu    reboot
```

"sa -u|grep joe"命令所完成的功能是输出指定用户 joe 曾经执行过的命令程序。输

出结果从左到右依次为：用户名、CPU 使用时间秒数、命令（最多为 16 个字符），从上例中可以看出用户 joe 曾经执行过 ls、lastcomm、tcpdump、reboot 等命令。

2. lastcomm 命令

与 sa 命令不同，lastcomm 命令提供每一个命令的输出结果，同时打印出与执行每个命令有关的时间印戳。lastcomm 命令以命令名、用户名或终端名为变量。该命令可以查询进程记账数据库。下面显示 lastcomm joe 的输出结果，每行表示命令的执行情况，从左到右为：用户、设备、使用的 CPU 时间秒数、执行命令的日期和时间。

```
#lastcomm joe
reboot      joe     ttyp1    0.01    secs    Fri  Feb 26  18:40
tcpdump     joe     ttyp1    0.01    secs    Fri  Feb 26  18:39
lastcomm    joe     ttyp1    0.01    secs    Fri  Feb 26  18:32
ls          joe     ttyp1    0.01    secs    Fri  Feb 26  18:30
ls          joe     ttyp1    0.00    secs    Fri  Feb 26  18:28
bash        joe     ttyp1    0.00    secs    Fri  Feb 26  18:25
```

如果系统被侵害，不要过分相信 lastlog、utmp、wtmp、pacct 中记录的信息，但也不可忽略，因为这些信息可能被修改过了。通常，在已经识别某些可疑活动后，进程记账可以有效地发挥作用。使用 lastcomm 可以隔绝用户活动或在特定时间执行命令，但是使用该命令必须设置为打开状态。

总的说来，进行日志等相关信息的检查，检验人员应该提高警惕，注意各种可疑状况，仔细检查各种系统日志文件，包括一般信息日志、网络连接日志、文件传输日志以及用户登录日志等。在检查这些日志时，特别要注意是否有不合常理的时间记载。例如：用户在非常规的时间登录；不正常的日志记录，如日志的残缺不全或者是诸如 wtmp 这样的日志文件无故地缺少了中间的记录文件；用户登录系统的 IP 地址和以往的不一样；用户登录失败的日志记录，尤其是那些一再连续尝试进入失败的日志记录；非法使用或不正当使用超级用户权限 su 的指令；无故或者非法重新启动各项网络服务的记录。

另外，尤其提醒检验调查人员注意的是日志并不是完全可靠的。高明的嫌疑人或入侵者在侵害系统后，经常会打扫现场。所以检验调查人员需要综合运用以上的系统命令，全面、综合地进行审查，切忌断章取义，否则很难发现侵害线索甚至作出错误的判断。

6.2.5 日志分析工具的使用

日志文件检查是电子物证检验的重点工作之一，但有时如果遇到海量的日志信息，就需要使用日志分析检查工具以节省时间精力，并可以避免漏掉重要信息。本节所介绍的日志分析工具叫做 Swatch，可以从 Swatch 官方网站 http://sourceforge.net/projects/swatch/ 免费下载得到可靠的 Swatch 软件包。

Swatch 从字面上可以简单理解为 Watcher（守护者），其他的日志分析软件能够定期地扫描日志文件，报告系统已经发生的问题或者状况。Swatch 程序不仅能够作这些，还能够像 Syslogd 守护程序那样主动地扫描日志文件并对特定的日志消息采取修复行动。

将 swatch-3.2.3.tar.gz 软件包下载后，首先需要通过执行如下命令进行安装：

```
#perl Makefile.PL
#make
#make test
#make install
#make realclean
```

Swatch 程序安装成功后,便可进入 swatch-3.2.3 文件夹,使用相关工具进行日志文件的分析,swatch-3.2.3 文件夹内的内容如图 6-42 所示。

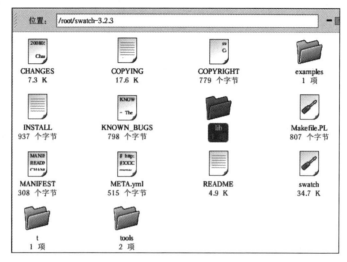

图 6-42 swatch-3.2.3 文件夹内的内容

Swatch 程序使用正向表达式(Regular Expressions)来发现有嫌疑的目标行。一旦 Swatch 发现某一行匹配预设定的模式,它会立即采取行动,例如屏幕打印、发送电子邮件,或者采取用户预先设定的行动。使用 Swatch 程序可以根据检验的实际需要配置脚本,以节省时间与精力。

```
watchfor/[dD]enied|/DEN.*ED/
echo bold
bell 3
mail
exec "/etc/call_pager 5551234 08"
```

上面的脚本就是 Swatch 配置文件一个部分的例子。首先 Swatch 在指定的日志文件中寻找包含设定单词"denied,Denied",或者其他以 DEN 开始或者以 ED 结束的单词的行。一旦搜索到某行包含三个搜索单词中的任何一个,Swatch 程序立即向终端显示粗体行和响铃三下,然后发送电子邮件给运行 Swatch 程序的用户(通常是 root 用户)。

Swatch 使用起来简单方便,例如使用 Swatch 对日志进行静态检查,可以运行:

```
swatch --config-file=/home/zhaoke/swatch.conf
--examine=/var/log/messages
```

上面的例子中配置文件所在的绝对路径是/home/zhaoke/swatch.conf,需要检查的日志文件是/var/log/messages。

使用 swatch 检查不断增加的日志文件,即动态检查日志,则可以使用下面的命令:

```
swatch --config-file=/home/zhaoke/swatch.conf
--tail-file=/var/log/messages
```

6.3 用户账号与用户组信息检验

嫌疑人会经常修改受侵害系统上的用户账户和用户组,所作的修改可能是添加账户或提高当前账户的权限,其目的可能是为将来访问受侵害系统建立一个后门程序。因此,针对受侵害系统上的用户账号与用户组信息的检验是进行 UNIX/Linux 系统电子物证检验的关键步骤之一,本节所讨论的就是具体的用户账号与用户组信息检验的方法。

6.3.1 用户账户检验

用户信息存储在/etc/passwd 文件中,该文件是文本格式的,因此可以通过双击打开直接进行浏览。/etc/passwd 中的每一行代码都是一个单独的记录,对应着一个用户的信息,如图 6-43 所示。

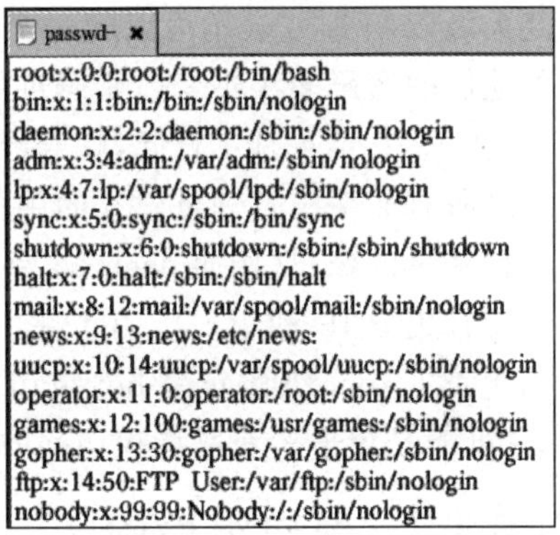

```
passwd~
root:x:0:0:root:/root:/bin/bash
bin:x:1:1:bin:/bin:/sbin/nologin
daemon:x:2:2:daemon:/sbin:/sbin/nologin
adm:x:3:4:adm:/var/adm:/sbin/nologin
lp:x:4:7:lp:/var/spool/lpd:/sbin/nologin
sync:x:5:0:sync:/sbin:/bin/sync
shutdown:x:6:0:shutdown:/sbin:/sbin/shutdown
halt:x:7:0:halt:/sbin:/sbin/halt
mail:x:8:12:mail:/var/spool/mail:/sbin/nologin
news:x:9:13:news:/etc/news:
uucp:x:10:14:uucp:/var/spool/uucp:/sbin/nologin
operator:x:11:0:operator:/root:/sbin/nologin
games:x:12:100:games:/usr/games:/sbin/nologin
gopher:x:13:30:gopher:/var/gopher:/sbin/nologin
ftp:x:14:50:FTP User:/var/ftp:/sbin/nologin
nobody:x:99:99:Nobody:/:/sbin/nologin
```

图 6-43 /etc/passwd 文件内容

从图 6-43 中可以看出,每条记录中的项目栏位都由“:”所分隔,以“root:x:0:0:root:/root:/bin/bash”为例,其具体含义如下:

使用者名称为 root,该项目栏最多 8 个符号,可以用大小写,但通常都是小写;“x”显示在密码栏,其加密过的密码存放在“/etc/shadow”文件中;root 的 user id 为 0,Linux 使用这一项以及后面的群组栏以辨别文件属于哪个使用者;root 的 group id 也为 0,RedHat 使用 group id 作为独特的强化文件安全的方法。通常 group id 会和 user id 相同;使用者全名为 root,应尽量保持合理(30 个字符以下);使用者的 home 目录为/root,通常是/home/username,所有使用者个人文件、网页、回复信件等都会放在该文件夹下;使用者的 shell 账号为/bin/bash,用户登录后,由这个程序接受和执行 Linux 操作系统命令。需要特别指出的是,root 账户对整个系统有完全的控制权,可以存取系统的所有文件,同时只有 root 才能运行某些程序(如 httpd 程序),因此攻击者或嫌疑人要想完全控制系统,就必须成为 root。每一个用户 ID 为 0 的用户,不论其用户名是什么,都具有 root 权限(其他常用的与 root 等价的账号包括 toor 和 super)。查询 UID 为 0 的未授权账号,可以在支持 logins 命令的系统上运行 logins -d 命令。

/etc/shadow 文件内含用户的密码及账号期限资料,如图 6-44 所示,如:

smithj:Ep6mckrOLChF.:10063:0:99999:7:::

像密码文件一样,shadow 的每一个项也是由":"所分隔,意义如下。

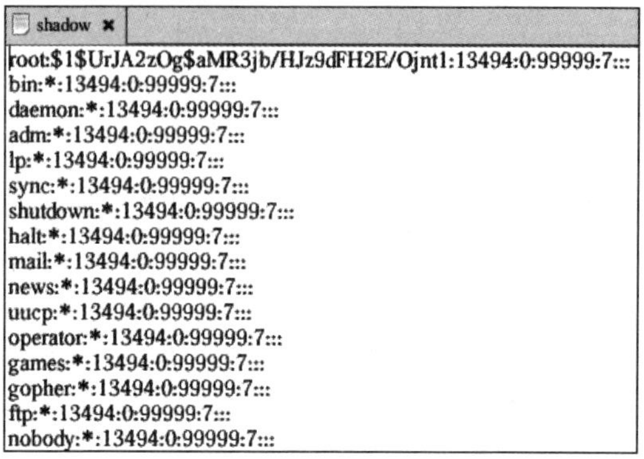

```
shadow
root:$1$UrJA2zOg$aMR3jb/HJz9dFH2E/Ojnt1:13494:0:99999:7:::
bin:*:13494:0:99999:7:::
daemon:*:13494:0:99999:7:::
adm:*:13494:0:99999:7:::
lp:*:13494:0:99999:7:::
sync:*:13494:0:99999:7:::
shutdown:*:13494:0:99999:7:::
halt:*:13494:0:99999:7:::
mail:*:13494:0:99999:7:::
news:*:13494:0:99999:7:::
uucp:*:13494:0:99999:7:::
operator:*:13494:0:99999:7:::
games:*:13494:0:99999:7:::
gopher:*:13494:0:99999:7:::
ftp:*:13494:0:99999:7:::
nobody:*:13494:0:99999:7:::
```

图 6-44　/etc/shadow 文件内容

使用者名称：最多 8 个符号,可以用大小写,通常都是小写,直接对应/etc/passwd 文件中的使用者名称；密码,加密过的 13 个字符。一个空格表示登入时不需密码,一个" * "项目指出账号已经关闭；密码最后一次变更起所经过的日数(从 1970 年 1 月 1 日起)；密码经过几天可以变更(0 表示可以随时变更)；密码经过几天必须变更(99999 表示使用者可以保留他们的密码多年不变)；密码过期之前几天要警告使用者；密码过期几天后账号会被取消；从 1970 年 1 月 1 日起,账号经过几天会被取消。

对所有非系统管理员建立的用户账户都应引起警觉。检查所有应该禁用或不应该用于远程登录的账户(例如 daemon、sync 或 shutdown),以确保账户未被操纵。此外,仔细记录所有用户 ID 和组 ID。用户账户中值为 0 或 1 的用户 ID 应引起警觉。这些用户 ID 分别代表了 root 级访问和 bin 级访问。如果某个用户账户原先正常的权限现在被提高了,它可能是攻击者获取特权访问的后门程序。

6.3.2　用户组检验

用户组的所有信息都存放在/etc/group 文件中,文件内容如图 6-45 所示。此文件的格式也类似于/etc/passwd 文件,由":"隔开若干个字段,这些字段有组名、口令、组标识号、组内用户列表。"组名"是用户组的名称,由字母或数字构成,与/etc/passwd 中的登录名一样,组名不应重复；"口令"字段存放的是用户组加密后的口令字,一般 UNIX/Linux 系统的用户组都没有口令,即这个字段一般为空,如果是 * ,则使用组影子文件/etc/gshadow,如图 6-46 所示；"组标识号"与用户标识号类似,也是一个整数,被系统内部用来标识组；"组内用户列表"是属于这个组的所有用户的列表,不同用户之间用","分隔,这个用户组可能是用户的主组,也可能是附加组。

从图 6-45 中可以看出,该文件列出了组及与组相关的用户。每个用户都有一个默认组,由/etc/passwd 文件中该用户对应行的第四个字段指定。也就是说,要确定属于给定组的所有用户,需要查看/etc/passwd 和/etc/group 两个文件。另外,当审核系统上的组账户时,查找组中高权限的用户。例如,bin 组中的用户账户需要进一步的调查,因为该

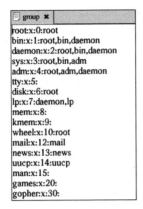
图 6-45 /etc/group 文件内容

图 6-46 影子文件/etc/gshadow 的内容

访问为用户账户提供了对敏感系统文件的访问,这在通常情况下是不允许的。

6.4 系统启动任务的检验

恶意程序往往隐藏在系统的自启动项或定时任务中,等待系统定期运行自己,以达到完成恶意功能的目的。因此,在电子物证检验过程中,针对系统启动任务的检验也是关键步骤之一。

inet.conf 是系统守护进程的配置文件,里面的服务会随系统的启动而启动,因此需要检查/etc/inet.conf 文件中的信息。如系统开放了 Telnet 服务,inet.conf 文件中就会有这样一个语句:

telnet stream tcp nowait root/usr/sbin/in.telnetd in.telnetd

从左到右依次表示的是服务名称、套接口类型、协议类型、运行动作、进程所属用户、守护进程路径名、守护进程名字及参数。而未被开启的服务则不会出现在/etc/inet.conf 文件中,即使出现,前面也会被加上"#"进行注释,如:# ftp stream tcp nowait root/usr/sbin/tcpd in. ftpd-l-a。黑客或嫌疑人往往会通过替换或增加其中的服务来运行其恶意后门,调查人员应该对/etc/inetd.conf 中的内容比较熟悉,还可以用如下命令列出其中的所有服务:

$ls -l /etc/inetd.conf

再逐一查看是否有可疑服务、服务名与其对应的程序是否一致。另外,/etc/inet.conf 文件中开启的服务,其对应的端口信息则由/etc/services 文件决定,下列所示便是某/etc/services 文件的具体内容:

```
ssh        22/tcp
ssh        23/dup
ftp        9124/tcp
```

```
telnet      23/tcp
```

需要注意的是,FTP 服务对应的不是通常的 21 端口,而是不常用的 9124 端口,具体调查检验时尤其要注意这样的信息。

还有就是/etc/crontab 文件,该文件是 Cron 服务的配置文件,Cron 用于计划程序在特定时间运行的服务,系统的 crontab 文件在/etc/中,root 用户的 crontab 文件在/var/spool/crontab/root 中,其具体格式如下:

```
10 8 * * 1/usr/bin/calendar
0 10 * **/usr/lib/cleantmp >/dev/null
50 17 * **/etc/shutdown —g0 —y
30 11 1 * tar cvf/kjhs/report/data/ * >/dev/null
```

从左到右依次表示的是分钟、小时、日、月、星期、所要运行的程序。这四行的意义分别是:每个星期一的 8:10 am,运行 calendar 程序;每天的 10:00 am,运行/usr/lib/cleantmp 程序,清理指定目录下的临时文件;每天的下午 5:50 pm 关闭系统;每年的 1 月 1 日的 11:30 am,运行 tar 命令,备份数据文件。超级用户可以通过修改这个文件,指定自己的作业计划,安排合理的时间来完成一些例行的工作任务。同时,超级用户还可以通过/usr/lib/cron/cron.allow 和/usr/lib/cron/cron.deny 两个文件来授权某个用户,让被授权的用户也能指定和修改 cron 作业。

另一个启动文件所在的位置是 rc 目录。rc 目录通常使用"/etc/rc.d"或类似的名称,这个目录包含一系列 UNIX/Linux 系统启动时运行的程序。例如 sendmail 和 portmapper 这样的程序通常由这些配置文件控制。但是,嫌疑人可以轻而易举地在启动脚本中添加项,并在启动时执行木马程序。检验调查人员可以在所有启动脚本中检查伪造项,并核实从此目录下执行的程序的合法性以及是否被攻击者修改过。

启动文件也存储在用户的主目录中。当用户登录或程序运行时,下列文件会自动接受查询:.login、.profile、.bashrc、.cshrc 和.exrc。攻击者可以在这些文件中嵌入恶意程序命令。

6.5 特殊文件检验

在本节,特殊文件主要指的是隐藏文件、具有特殊属性的文件、配置文件、伪装文件等。

6.5.1 隐藏文件与 tmp 文件夹检验

在 UNIX/Linux 内,所有以点(.)开头的文件或目录一般是隐藏起来的,只有使用 -a 选项时,才会在 ls 的命令列表中出现。此外,攻击者经常把文件和目录命名为看起来无害的名称,例如把嗅探器程序命名为 rpc.auditd,或把目录命名为"/tmp/.X11-R5"。目录更常见的命名方式是只使用 3 个点(…)。所有这些名称都和现有的文件和目录名相似,当出现在目录或程序列表时并不会立刻引起调查人员的警觉。要发现这类欺骗方式,首先要确定对列表进行更进一步观察的时间(例如那些使用多个点作为名称的目录)。

在默认状态下,"/tmp"目录是 UNIX/Linux 系统中唯一的所有用户都可进行写入操作的文件系统,这使它成为攻击者和恶意工具理想的藏匿场所。此外,许多可公开获得的工具利用"/tmp"目录存储在权限提升攻击中产生的临时文件,有时这些工具会留下痕迹。在发生事件时,应仔细检查"/tmp"目录,并确定其中是否有隐藏目录或可疑文件。

6.5.2 特殊属性的文件检验

Ext2 文件系统工具包中有两个工具——chattr 和 lsattr,专门用来设置和查询文件的扩展属性。因为 Ext2 是标准的 Linux 文件系统,因此几乎所有的发布都有 e2fsprogs 工具包。

lsattr 命令只支持很少的选项,其选项如下。

-a:列出目录中的所有文件,包括以.开头的文件。

-d:以和文件相同的方式列出目录,并显示其包含的内容。

-R:以递归的方式列出目录的属性及其内容。

-v:列出文件版本(用于网络文件系统 NFS)。

chattr 命令可以通过以下三种方式执行:

(1) chattr +Si test.txt

给 test.txt 文件添加同步和不可变属性。

(2) chattr -ai test.txt

把文件的只扩展(append-only)属性和不可变属性去掉。

(3) chattr =aiA test.txt

使 test.txt 文件只有 a、i 和 A 属性。

每个命令都支持-R 选项,用于递归地对目录和其子目录进行操作。

某些文件看上去可能一切正常,但当尝试删除的时候,可能会像下面一样报错:

```
[root@linux236 root]#ls -l 1.txt
-rw-r--r--1 root root 0 Aug 5 23:00 1.txt
[root@linux236 root]#rm -rf 1.txt
rm: cannot unlink 1.txt: Operation not permitted
```

此时就需要使用 lsattr 命令查看该文件是否包含有扩展属性:

```
[root@linux236 root]#lsattr
---i----------./1.txt
```

通过 lsattr 命令的输出结果可以看出,这个 1.txt 文件带有一个"i"的属性,所以才不可以删除。现在可以用以下的一系列命令完成该文件的删除:

```
[root@linux236 root]#lsattr 1.txt
---i----------1.txt
```

```
[root@linux236 root]#chattr -i 1.txt
[root@linux236 root]#rm -rf 1.txt
[root@linux236 root]#
```

i属性专门用来保护重要的文件不被删除,如果想给一个文件多加点保护,可以使用以下的命令:

```
chattr +i filename
```

这样一来,想要删除这个文件就要多一个步骤。同时,这样的文件也是不可以编辑和修改的,只有 root 用户才能使用 chattr 命令。在具体检验过程中,如果遇到此类带有扩展属性的文件需要特别关注。

6.5.3 配置文件的检验

配置文件是很多事件中证据存在的关键位置。利用 UNIX/Linux 系统所有的内置功能,嫌疑人可以轻而易举地修改应用程序,并进行破坏行动。经常受到攻击的目标一般是受侵害系统上控制访问的文件,如/etc/hosts.allow 和/etc/hosts.deny,嫌疑人可能会修改或删除这些文件,以使某些计算机能随意地连接到受侵害的系统。本节主要介绍 Linux 系统中重要配置文件的功能与内容格式。

1. /etc/hosts

/etc/hosts 文件主要负责提供主机名到 IP 地址的对应关系,内容格式通常如下所示:

```
127.0.0.1 localhost localhost.localdomain
202.118.66.81 helius.dlut.edu.cn helius
```

当访问 helius.dlut.edu.cn 时,系统自动解析出对应的 IP 地址为 202.118.66.81。

2. /etc/resolv.conf

/etc/resolv.conf 主要用于设置 DNS 服务器的 IP 地址及 DNS 域名,内容格式通常如下所示:

```
domainname dlut.edu.cn
nameserver 202.118.66.6
```

3. /etc/HOSTNAME

/etc/HOSTNAME 用于设置主机名,不同 Linux 之间可能有所差别,可以使用 egrep hostname/etc/rc.d/init.d/* 或 egrep hostname/etc/init.d/* 查找相应版本上的主机名设置文件及方法。

4. /etc/inetd.conf

/etc/inetd.conf 用于配置系统所启动的服务,内容中可能包含如下字样:

```
telnet
```

```
ftp
pop3
```

5. /etc/hosts.deny 与 /etc/hosts.allow

这两个文件通过列出一系列规则,来指定一个远程系统应该拒绝哪些服务请求,如某/etc/hosts.deny 文件内容只有下面一行:

```
ALL:ALL
```

则说明该系统拒绝从任何地方来的任何主机的连接请求。

/etc/hosts.allow 与/etc/hosts.deny 的文件格式相同,但目的相反。任何符合/etc/hosts.allow 文件的输入连接请求都将被允许,并取代/etc/hosts.deny 的匹配规则。如:

```
in.talkd in.ftpd:ALL EXCEPT UNKNOWN
```

表示系统接受任何输入的 in.talkd 和 in.ftpd 连接,但拒绝不能确定身份的主机访问。

6. /etc/networks 与 /etc/netmasks

这两个文件能够列出路由所需要的网络地址,例如:

```
/etc/networks
202.199.128.0
/etc/netmasks
202.199.128.0 255.255.240.0
```

6.5.4 文件真实属性检验

file 命令可以用来识别各种不同的文件类型。

```
file [filename]
```

例如:

```
[monkey@ localhost ~]$ file *
aa:         directory
config.log: UTF-8 Unicode English text, with very long line
date:       UTF-8 Unicode text
Desktop:    directory
KDE-die:    ASCII text
```

习题 6

1. 如何利用 TSK 针对 Ext3 文件系统进行电子证据收集?
2. Linux 日志配置文件的格式是怎样的?
3. Ext2 文件系统的扩展文件属性对哪些系统目录不适用?为什么?

4. 针对 Linux 系统启动任务进行检验,需要重点检查哪些文件?
5. 如何使用系统命令进行文件真实属性的查看?
6. 为了进一步完善文件系统,除了文件的常规属性外,需要为文件设置扩展属性,假设你就是文件扩展属性的设计者,请详细说明你应该为文件设置哪些扩展属性,这些属性能够起到什么作用。

第 7 章 手机的检验

目前,随着手机功能的不断增强,手机已经成为人们日常生活中信息交流的一种必备物品。由于手机可以存储通讯录、备忘录、代办事项、电子邮件、密码、信用卡号等大量个人重要信息,而且可以方便地通过网络同其他设备进行通信,手机已成为犯罪分子利用的一种新型工具。由于手机的厂商、型号及其系统各不相同,其数据存储方式也有所不同,给办案人员进行检验调查工作提出了新的挑战。

由于服务商在手机设备上提供了很多增值服务,使手机从单纯的通话工具演变成了数据终端,利用手机从事的诈骗、售假、造谣等违法犯罪活动也随之日益猖獗,因此需要采取有效的技术手段应对这些类型的违法犯罪活动,手机检验技术应运而生。所谓手机检验就是对存在于手机 SIM 卡、内存、扩展卡等介质中的信息进行提取、保存与分析,整理出有价值的案件线索或能被法庭所接受的证据的过程。在简要介绍常见的手机操作系统的基础上,本节主要从收缴手机的保管与封装、常见手机取证工具及手机信息获取等方面说明手机的检验方法。

7.1 手机的操作系统简介

手机的操作系统一般只应用在高端智能化手机上,但实际上很多非智能手机,如芬兰诺基亚 S40、美国摩托罗拉 P2K、英国索尼爱立信 A200 也都具有自己的操作系统,不过由于非智能机多为专用手机操作系统,所以这里我们仅介绍一下智能手机的操作系统。目前应用在手机上的操作系统有 Palm OS、Symbian(塞班)、Windows mobile、Windows Phone、Linux 和 Android(安卓)、iPhone OS、BlackBerry OS 等十余种,下面仅对当前几款主流的手机操作系统及所支持的文件系统做以介绍。

7.1.1 Symbian

Symbian 是一个实时性、多任务的纯 32 位操作系统,具有功耗低、内存占用少等特点,非常适合手机等移动设备使用,可以支持 GPRS、蓝牙、SyncML 以及 3G 技术。它是一个标准化的开放式平台,任何人都可以为支持 Symbian 的设备开发软件。与微软产品不同的是,Symbian 将移动设备的通用技术,也就是操作系统的内核,与图形用户界面技术分开,能很好地适应不同方式输入的平台,也使厂商可以为自己的产品制作更加友好的操作界面、符合个性化的潮流,因此,用户可以见到不同样子的 Symbian 系统。现在,在网上可以找到很多为这个平台开发的 Java 程序,用户可以通过安装这些软件,扩展手机功能。

在 Symbian 的发展过程中,出现了三个分支,分别是 Crystal、Pearl 和 Quarz。前两个主要针对通信器市场,也是出现在手机上最多的。第一款基于 Symabian 系统的手机是 2000 年上市的爱立信 R380 手机,而真正较为成熟的、引起人们注意的则是 2001 年上市的诺基亚 9210,它采用了 Crystal 分支的系统。而 2002 年推出的诺基亚 7650 与 3650 则是 Symbian Pearl 分系的机型,其中 7650 是第一款基于 2.5G 网的智能手机产品,它们都属于 Symbian 的 6.0 版本。索尼爱立信推出的一款机型也使用了 Symbian 的 Pearl 分支,版本已经发展到 7.0,是专为 3G 网络而开发的,而目前的诺基亚已经达到 8.0 的 6630、6681 等,可以说代表了当今最强大的手机操作系统。此外,Symbian 从 6.0 版本就开始支持外接存储设备,如 MMC 卡,这让它强大的扩展能力得以充分发挥,使存放更多的软件以及各种大容量的多媒体文件成为可能。

目前,Symbian 的系统已经发展至 OS 9.4,也就是 S60 的第 5 版操作系统,最大的革新就是加入了触控的可玩性。像 5800XM,5530XM 和最新推出的 5230 都是采用了这个系统。

7.1.2　Windows Mobile

Windows Mobile 是微软针对移动产品而开发的手机操作系统。Windows Mobile 的前身就是微软在 1996 年推出的 Windows CE 操作系统,2000 年第二季度,微软 Windows CE 正式脱离对 Palm 的依赖,把 Windows CE 更名为 Windows Pocket PC(就是我们常说的 PPC),进而开始进军智能手机操作系统市场。到了 2003 年,微软又开发了 Pocket Phone Edition 和 Windows Powered Smart Phone 操作系统,而这两者的融合,才是严格意义上的 Windows Mobile。

Windows Mobile 是微软进军移动设备领域的重大品牌调整,它包括 Pocket PC、Smartphone 以及 Media Centers 三大平台体系,面向个人移动电子消费市场。Windows Mobile 系列操作系统功能较强大,多数具备了音频、视频文件播放、网上冲浪、MSN 聊天、电子邮件收发等功能。而且,支持该操作系统的智能手机多数都采用了英特尔嵌入式处理器,主频比较高,另外,采用该操作系统的智能手机在其他硬件配置(如内存、储存卡容量等)上也较采用其他操作系统的智能手机要高出许多,因此性能比较强劲,操作起来速度会比较快。但是,此系列手机也有一定的缺点,如因配置高、功能多而产生耗电量大、电池续航时间短、硬件采用成本高等缺点。

7.1.3　Windows Phone

Windows Phone 是微软公司发布的一款智能手机操作系统。微软公司于 2010 年 2 月正式发布 Windows Phone 智能手机操作系统的第一个版本 Windows Phone 7,简称 wp7,并于 2010 年底发布了基于此平台的硬件设备。全新的 wp7 完全放弃了 wm5/6x 的操作界面,而且程序互不兼容。

Windows Phone 具有桌面定制、图标拖拽、滑动控制等一系列前卫的操作体验,其主屏幕通过提供类似仪表盘的体验来显示新的电子邮件、短信、未接来电、日历约会等,让人们对重要信息保持时刻更新。它还包括一个增强的触摸屏界面,更方便手指操作,以及一个最新版本的 IE Mobile 浏览器。

早在 2004 年时,微软就开始以"Photon"的计划代号开始研发 Windows Mobile 的一个重要版本更新,但进度缓慢,最后整个计划都被取消了。直到 2008 年,微软才重新组织了 Windows Mobile 的小组并改名为 Windows Phone,并继续开发一个新的行动操作系统,为了要借由不使用手写笔、改采电容型的触控屏幕以及其他硬件的更动来改善 Windows Phone 7 的使用经验。

2011 年 9 月 27 日,微软发布了 Windows Phone 系统的重大更新版本"Windows Phone 7.5"(Mango)版。Windows Phone 7.5 是微软在 Windows Phone 7 的基础上大幅优化改进后的升级版。目前,Windows Phone 的最新版本是微软在 2012 年 6 月 21 日发布的 Windows Phone 8。

7.1.4 Android

Android 是 Google 开发的基于 Linux 平台的开源手机操作系统,它包括操作系统、用户界面和应用程序——移动电话工作所需的全部软件,而且不存在任何以往阻碍移动产业创新的专有权障碍。Google 与开放手机联盟合作开发了 Android,这个联盟由包括中国移动、摩托罗拉、高通、宏达电和 T-Mobile 在内的 30 多家技术和无线应用的领军企业组成。

自 2008 年 9 月 Android 系统发布以来,仅仅 3 年时间,Android 已经取代 Symbian 成为了手机上占有率最高的智能手机操作系统。源代码开放,Google 强大的市场号召力,使得无数的手机软件厂商投身于这个系统的软件开发,作为一个完全免费的操作系统,任何手机厂商都可以生产基于 Android 的手机。

目前,Android 的最新版本是 2013 年 9 月 4 日发布的 Android 4.4 版本。

7.1.5 iPhone OS

iPhone OS(又称 iOS)是由苹果公司为 iPhone 开发的操作系统。它主要是给 iPhone 和 iPod touch 使用。就像其基于的 Mac OS X 操作系统一样,它也是以 Darwin 为基础的。iPhone OS 的系统架构分为 4 个层次:核心操作系统层(the Core OS layer)、核心服务层(the Core Services layer)、媒体层(the Media layer)、可轻触层(the Cocoa Touch layer)。系统操作占用大概 512MB 的存储空间。

它的 UI 设计却革命性地打破了菜单与层级,用平铺式的多屏设计,把每一个应用都平铺在用户的面前,让用户能用最快的速度找到自己喜欢的应用,另外,最重要的一点就是,这个系统软件应用非常丰富,娱乐扩展性和可玩性非常强大,加上完美的触控体验,让这个系统越来越受欢迎。

7.1.6 BlackBerry OS

BlackBerry OS 是由 Research In Motion 为其智能手机产品 BlackBerry 开发的专用操作系统。这一操作系统具有多任务处理能力,并支持特定的输入装置,如滚轮、轨迹球、触摸板以及触摸屏等。BlackBerry 平台最著名的莫过于它处理邮件的能力。该平台通过

MIDP 1.0 以及 MIDP 2.0 的子集,在与 BlackBerry Enterprise Server 连接时,以无线的方式激活并与 Microsoft Exchange、Lotus Domino 或 Novell GroupWise 同步邮件、任务、日程、备忘录和联系人。该操作系统还支持 WAP 1.2。

BlackBerry 的经典设计就是宽大的屏幕和便于输入的 QWERTY 键盘,所以 BlackBerry 一直是移动电邮的巨无霸,不过黑莓在美国之外的使用率非常低。

7.1.7 Linux OS

目前采用 Linux 操作系统的手机也很多,不过几乎每一部手机的操作系统都是厂家自己开发的,Linux 并没有一个统一的平台。不过值得注意的是,近期有厂商推出了 GreenPhone 的概念,也就是提供一个统一的 Linux 软件平台,然后再由手机制造商添加具体的特性,这已经较接近完整的手机操作系统。

目前 Linux 发展的最大阻力在于它对硬件要求比较高,而且没有一个强有力的推广方。这样就导致 Linux 手机的成本并不便宜,而且版本混乱。但 Linux 的优势也相当明显,首先它是免费的,不需要缴纳任何专利费,这对于大多数手机制造商都是极大的诱惑;其次它是开源的,每一家愿意的厂商都能够加入到 Linux 操作系统的底层开发中。

现在其他操作系统已经相当完善,而 Linux 还远远谈不上成熟,所以在短期内 Linux 不会获得大规模应用,但采用 Linux 的手机应该会接连不断地出现在市场上,并且受到一定的欢迎。

7.2 收缴手机的保管与封装

手机检验工作中碰到的第一个问题就是如何对收缴到的手机进行处理。开着的手机是否应该关闭,关着的手机是否应该打开,作为检材的手机应该如何进行封装等,本节所要讨论的就是这些问题。手机收缴后首先就要考虑是否应该关闭或开启手机。如果手机在收缴时处于关闭状态,一般原则是不要开启它。但是,如果手机在收缴时处于开启状态,则需要根据实际情况决定如何进行操作,因为关闭手机或让手机保持开启各有优缺点。通常,在办案实践中,对于开启的手机,采用的一般规则是先拍照记录或文字记录手机屏幕上的信息内容与时间,然后及时关闭它。这是因为及时关闭手机,一方面可以防止手机电池能量耗尽后丢失手机内各存储器中的部分内容;另一方面可以防止新的来自手机网络的通信信息进入手机造成对检材的污染破坏,引起手机通话记录等信息发生变化,或新进入的通信信息在存储过程中重写存储器空闲区域空间而彻底毁坏被删除的信息,而这些被删除信息往往具有较高的侦查和证据价值。新信息进入处于开启状态的手机对手机检验的危害极大,极易破坏手机中原有的信息,因此关闭手机是非常必要的。另外,在进行手机收缴时,还要特别注意其他附件的收集,如充电器、数据连接设备(数据连线、蓝牙或红外)、使用手册、扩展存储卡等,以免给实验室检验阶段造成不必要的麻烦。此外,现场侦查员还要询问或寻找获取手机的 PIN 码或 PUK 码。

考虑到手机检材可能还需要做其他物证鉴定,如 DNA、指印检验等,因此提取和封装手机检材时还必须满足相应检验专业的技术要求。在工作中要使用防静电袋与防静电指套(特殊情况需要戴指套进行手机处理),将手机放入防静电袋后,还要把标签贴在防静电袋上,交由移动设备检验实验室进行进一步的处理。

在实际进行检验操作时为了隔离网络,防止有任何外来短信、外来电话写入手机存储器和 SIM 卡,还需要手机信号屏蔽袋。由高档防辐射材料制成的手机信号屏蔽袋,它对 20MHz~2GHz 频率平均屏蔽效能大于 60dB,基本能够满足一般检验操作的需要。

为了更保险起见,还可以使用 Acquisition Prevention Module。该系统是一个小的桌面式的盒子,实际使用时将手机放入该盒内进行检验,可以满足绝大多数情况下的检验需要。除了上述的设备外,为避免检验时手机电量不足或断电,还应配备能够兼容大多数移动设备的充电器。

7.3 手机常用信息的获取

在案件侦办过程中手机检验主要是对手机 SIM 卡、内存、扩展卡等介质中的信息进行获取和分析,但有关手机的一些其他信息有时对案件的侦办也是很重要的,本节我们就来介绍一下一些常用手机信息的获取方法。

7.3.1 IMEI、ESN 与 PSID 的获取方法

现场收缴到的手机移送至移动设备检验实验室后,由于手机自身的 IMEI、ESN 与 PSID 等标识码对检验调查的意义非常重大,因此在对手机所存储的信息进行检验前,通常要先对手机的 IMEI、ESN 与 PSID 码进行获取。

1. IMEI 及其获取方法

IMEI 码是支持 GSM 的手机的标识。GSM 数字移动通信系统是由欧洲主要电信运营者和制造厂家组成的标准化委员会设计出来的,它是在蜂窝系统的基础上发展而成,包括 GSM850MHz、GSM900MHz、GSM1800MHz 及 GSM1900MHz 等几个频段。GSM 系统有几项重要特点,如防盗拷能力佳、网络容量大、号码资源丰富、通话清晰、稳定性强不易受干扰、信息灵敏、通话死角少、手机耗电量低等。支持 GSM 的手机通常使用国际移动设备识别码(International Mobile Equipment Identification Number,IMEI)作为手机的标志,它存储在移动设备中,可以被看作是手机的"身份证号"。IMEI 码贴在手机背面的标志上,如图 7-1 所示,并且内置于手机内存中,通过输入"*♯06♯"即可查得,如图 7-2 所示。其总长为 15 位,每位数字仅使用 0~9 的数字,其组成为:前 6 位数(TAC)是"型号核准号码",一般代表手机型号,由欧洲型号标准中心分配,只要是同一型号的手机 TAC 就肯定是一致的,否则就有可能是水货;接着的 2 位数(FAC)是"最后装配号",指的是手机最后完成时所在的工厂,每一个工厂都有它特别的代号,诺基亚拥有的 FAC 主要包括 10(芬兰)、20(德国)、30(韩国)、40(北京)、60(东莞);摩托罗拉包括 07(德国)、08(德国)、18(新加坡)、40(苏格兰)、41(苏格兰)、44(英国)、48(香港地区、大陆、东南亚改装机);之后的 6 位数(SNR)是"串号",一般代表生产顺序号;最后 1 位数(SP)为检验码。

图 7-1　手机背面的 IMEI 标志　　图 7-2　输入"＊♯06♯"之后在屏幕上显示的 IMEI 的值

对于获得的 IMEI 码,可以登录 www.tenaa.com.cn/WSFW/FlagValidateImei.aspx 网站进行查询,以获知手机的产地、授权国家等信息,为进一步的调查打好基础。在进行手机串号查询时,除了要填写手机串号外,还必须填写所在的省份,个别情况下手机品牌信息也需要填写。

填写完相应信息后,单击【验证】按钮,即可获知串号为"357973003031959"的手机为诺基亚公司生产的 6111 型 GSM 双频 GPRS 功能数字移动电话机,如图 7-3 所示。

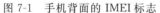

图 7-3　IMEI 信息的查询结果

2. ESN 及其获取方法

ESN 码是支持 CDMA 的手机的标识。CDMA(Code Division Multiple Access,码分多址)是在数字技术的分支——扩频通信技术上发展起来的一种崭新而成熟的无线通信技术。它能够满足市场对移动通信容量和品质的高要求,具有频谱利用率高、话音质量好、保密性强、掉话率低、电磁辐射小、容量大、覆盖广等特点,可以大量减少投资和降低运营成本。支持 CDMA 的手机通常使用电子序列号(ESN,Electronic Serial Number)作为手机标志。CDMA 手机不像 GSM 手机那样,可以通过统一输入"＊♯06♯"查得 IMEI 号码,不同型号的手机获得 ESN 的方式不同。可以从手机机身获得 ESN 号码,打开手机后盖,取下电池,上面露出的 8 位的数字与字母组合就是手机的 ESN 号。另外,还可以通过输入特殊字符获得 ESN 号码,但是不同型号的手机输入的字符有所区别。

对于三星手机,可以在屏幕上输入"＊759♯813580",接下来会出现界面模式,然后按【2】键,再按【4】键,接下来连按 4 次【＊】键,即可得到 8 位的 ESN。在界面模式,如果按【2】键,再按【2】键,接下来连按 5 次【＊】键,还可以得到 IMSI 信息。而对于 LG 手机,则需要按【菜单】键,接下来按【0】键,输入密码 000000(注意,有的老机型密码是 159753),按

【确认】键,即可得到 ESN。对于摩托罗拉手机,可以输入"＊♯25",然后再按三下【录音】键。

7.3.2 手机出厂日期的检验方法

除了获取手机的识别标识,查询手机出厂日期也是手机检验的一个重要环节。犯罪嫌疑人盗、抢、骗手机后,在留为己用时一般称是自己购买的。如果发现手机的出厂时间和其所称的购买时间有矛盾,就应加大审查力度,戳穿其谎言。各种手机出厂日期的查询方法如下(对大部分手机型号适用):

爱立信(ERICSSON)手机:按"→＊←＊←"(右＊左＊左＊)输入后会显示 XXXXXX……,前六位为"年/月/日",即"YY/MM/DD",也可看手机内标签 YYWXX,如 01W14,即为 2001 年第 14 周(4 月份),欧洲产手机均可看标签发现出厂日期。

诺基亚(NOKIA)手机:按"＊♯0000♯",显示"VXX.XX"为该手机使用的软件版本号码,"DD-MM-YY"为生产日期(日-月-年),"NXX-X"为手机型号,如 3310 为 NHM-5。

摩托罗拉(MOTOROLA)手机:查手机内标签 MSN(在手机标贴上)内容,MSN 长度为 10 位"AAA-B-CC-DDDD",AAA 为型号代码(如 A74 对应 CD920/928,A84 对应 L2000),B 为产地代码(2 表示英国,3 表示东方通信,6 表示天津,G 表示美国,R 表示德国),CC 则为出厂日期代码,第 1 位 C 代码为年份,如 X 为 97 年,Y 为 98 年,Z 为 99 年,A 为 2000 年,B 为 2001 年,C 为 2002 年;另一位为月份,对照如下,A. B-1 月份,C. D 为 2 月份,E. F-3 月份,G. H-4 月份,J. K-5 月份,L. M-6 月份,N. P-7 月份,Q. R-8 月份,S. T-9 月份,U. V-10 月份,W. X-11 月份,Y. Z-12 月份。

三星(SAMSUNG)手机:按"＊♯9999♯"显示出厂日期及软件版本,显示 S-1999 年、T-2000 年、A-1 月、B-2 月、C-3 月,以此类推。

西门子(SIEMENS)手机:按"＊♯06♯"然后按左功能键显示出厂日期。

索尼手机:SONY-Z1 按"♯8377466♯"显示软件版本与系统信息;SONY-GMDX1000,按"＊♯06♯"和左功能键显示出厂时间;SONY-GD92 开机后,手机在搜寻网络时输入"＊♯9999♯",会出现一串的资料包括出厂日期、版本号。

松下手机(Panasonic)开机后,在手机搜寻网络时,输入"＊♯9999♯",会出现一串资料,包括生产日期、版本号等。

7.3.3 手机规格信息的查询

在此顺便介绍一下能够用于手机规格查询的网站。如果想查询嫌疑人手机的具体规格信息,可以登录 http://mobile.softpedia.com/phoneFinder 进行查询。该网站包含了几乎所有手机的规格信息,并且无需注册,使用起来十分方便。成功登录该网页后,只需输入手机的型号便可进行查询。

当指定手机牌号为"Nokia"之后,单击 Search now 按钮进行查询,该网站便会列出所有与此相关的手机类型,如图 7-4 所示中便列出了 Nokia 3110、Nokia 6110 的简要信息。

如果想查看 Nokia 6110 的详细信息,可以单击高亮部分,便会列出该型号手机的详细信息。

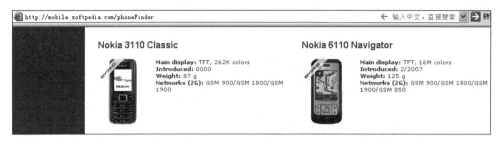

图 7-4　查询得到的 Nokia 3110、Nokia 6110 的规格简要信息

7.3.4　运营商网络包含的证据信息

移动设备运营商网络也包含了有价值的潜在证据信息,主要包括移动运营商的 CDR (Call Data Record)数据库中的呼叫数据记录和用户数据库中的用户资料。其实,手机本身存储的信息和移动运营商记录的信息有一部分是相同的,但也有许多信息是不同的。它们在犯罪侦查中的应用也各有优势。例如,手机中存储的去电/来电号码和时间记录与移动运营商记录的内容是相同的,但前者一般只能记录最近一段时间内的一定数量的通信记录,而后者记录了较长时间跨度内的所有通信情况;又如,手机存储的短信息内容和电话簿信息是移动运营商系统中没有的,而移动运营商系统记录的位置信息的价值又是手机 SIM 卡存储的位置信息所无法比拟的。

具体来说,CDR 记录着一个用户每次成功出入手机的电话或短信的信息。每条 CDR 记录包括主叫用户手机号码、被叫用户手机号码、主叫和被叫手机的 IMEI 号、长度、服务类型和服务基站(BTS)等信息,如图 7-5 所示的即为某 CDR 记录的部分内容。只要根据这些参数对 CDR 进行过滤,不管 SIM 卡是否在使用,都可以获取该 SIM 卡曾经呼叫或接收的所有记录,也可以获取某手机的所有呼叫和接收记录。

起始时间	服务号码	IMSI	对方号码	通话时长	呼叫类型	服务号码区	对方号码区	国家代码	通话类型	服务号码
2008-11-30 14:26	1.394E+10	4.60E+14	2410086	37	主叫	24	24		国内	16642
2008-11-30 14:01	1.394E+10	4.60E+14	2.48E+09	137	被叫	24	24		国内	16642
2008-11-30 11:03	1.394E+10	4.60E+14	2.48E+09	43	被叫	24	24		国内	16642
2008-11-30 10:16	1.394E+10	4.60E+14	2410086	155	主叫	24	24		国内	16642
2008-11-30 10:07	1.394E+10	4.60E+14	2410086	144	主叫	24	24		国内	16642
2008-11-30 9:33	1.394E+10	4.60E+14	2410086	202	主叫	24	24		国内	16789
2008-11-30 9:29	1.394E+10	4.60E+14	24100862	146	主叫	24	24		国内	16642
2008-11-29 11:49	1.394E+10	4.60E+14	2.42E+09	26	被叫	24	24		国内	16642
2008-11-29 8:56	1.394E+10	4.60E+14	2.42E+09	59	被叫	24	24		国内	16642
2008-11-29 8:14	1.394E+10	4.60E+14	2.48E+09	45	被叫	24	24		国内	16642
2008-11-29 7:38	1.394E+10	4.60E+14	1.37E+10	71	主叫	24	24		国内	16642
2008-11-29 7:36	1.394E+10	4.60E+14	24100861	15	主叫	24	24		国内	16642
2008-11-29 7:19	1.394E+10	4.60E+14	1.38E+10	3	被叫	24	24		国内	16642
2008-11-28 18:24	1.394E+10	4.60E+14	1.4E+10	42	被叫	24	24		国内	16789

图 7-5　某 CDR 记录的部分内容

另外,根据查看 BTS 信息,用户任何时刻的呼叫/接听电话或发送/接收短信的地理位置,都能被精确地定位。若手机电源耗尽而非正常关机,导致无法注销,通过移动运营商网络的用户跟踪或定位服务,也能找到用户的位置,这在有些案件中显得尤为重要。用户数据库的用户资料通常包括用户的姓名、性别、住址、手机号码和身份证号码、IMSI 号、SIM 卡序列号、SIM 卡的 PIN 码和 PUK 码以及启动的服务等。因此,在实际的检验调查工作中一定要特别注重对运营商网络信息的获取与分析。

7.4 手机信息的检验

目前牵涉到手机的犯罪行为大致有三种,第一种是在犯罪行为的实施过程中使用手机来充当通信联络的工具;第二种是将手机用作存储介质;最后一种方式是手机被当作短信诈骗、骚扰和病毒软件传播等新型手机犯罪活动的实施工具。

而在这几种犯罪的取证检验工作中,手机取证的电子证据来源主要有三个:手机的SIM卡、手机内存和手机的扩展存储卡。下面我们就从手机证据的这三种来源分别来介绍手机取证的获取和检验方法。

7.4.1 SIM卡信息的检验

移动电话机与SIM卡共同构成移动通信终端设备。无论是GSM系统还是CDMA系统,数字移动电话机用户在"入网"时会得到一张SIM卡。并且GSM数字移动电话机必须装上此卡方能使用。由于SIM卡内存储了大量与用户有关的数据,因此,是我们后期检验的一个重要内容。

1. SIM卡的相关知识

SIM卡(Subscriber Identity Module,客户识别模块),也称为智能卡、用户身份识别卡,GSM数字移动电话机必须装上此卡方能使用。它在一电脑芯片上存储了数字移动电话客户的信息,加密的密钥以及用户的电话簿等内容,可供GSM网络客户身份进行鉴别,并对客户通话时的语音信息进行加密。

SIM卡是一个在内部包含有大规模集成电路的卡片,卡片内部存储了数字移动电话客户信息、加密密钥等内容,它可供GSM网络对客户身份进行鉴别,并对客户通话时的语音信息进行加密。SIM卡的使用有效地防止了并机和通话被窃听的可能,并且SIM卡的制作是严格按照GSM国际标准和规范来完成的,它使客户的正常通信得到了可靠的保障。现在的数字电话都是必须要安装SIM卡之后才可以使用,如果不安装的话,只能拨打119、110等紧急电话的号码。

SIM卡在GSM系统中的应用,使得卡和手机分离,一张SIM卡只能标识唯一客户。一张SIM卡可以插入任何一部GSM手机中使用,而使用手机所产生的通信费用则自动记录在该SIM卡所唯一标识的客户账户上。

(1) SIM卡存储的数据类型

以目前的情况来看,SIM卡能够存储的数据类型主要被分为以下四种。

① 由SIM卡生产厂商存入的系统原始数据。

② 由GSM网络运营部门或者其他经营部门在将卡发放给用户时注入的网络参数和用户数据。

③ 用户自己存入的数据,如短消息、固定拨号、缩位拨号、性能参数、话费记数等;还能够存储有关的电话号码,也就是具备电话簿功能。

④ GSM 用户在用卡过程中自动存入和更新的网络接续和用户信息类数据,如最近一次位置登记时的手机所在位置区识别号(LAI)。不过这种数据的存放是暂时性的,也就是说它并不是永久地存放于 SIM 卡之中。

另外,还有两种与 SIM 卡密切相关的业务代码——个人识别码(PIN 码)与解锁码(PUK 码)。SIM 卡的进入机制是通过一个 3 位数字组成的个人识别码(PIN)实现的。如果 PIN 码被激活,进入 SIM 卡就必须输入 PIN 码,由于不进入 SIM 卡就无法使用手机,因此启用 PIN 码的手机每次开机时都必须输入 PIN 码。如果连续 3 次错误输入 PIN 码,SIM 卡将会被自动锁住。这时候就必须用由 8 位数字组成的 PUK 码开启 SIM 卡,如果 10 次输入不正确的 PUK 码,SIM 卡就会被永久性锁死而无法再开启使用。用户可以修改 SIM 卡的 PIN 码,但 PUK 码是固定的,不能修改,因此网络运营商通常会保存所有用户的 PUK 码。每张 SIM 卡个人密码(PIN)都可以由用户设置,利用加密的功能可以实现防止手机被其他人所盗用甚至被窃听,由此看来 SIM 卡不仅仅可以提供打电话的功能,而且还能为保护自己的隐私提供安全的保障。

(2) SIM 卡中的 ICCID 与 IMSI 信息

在实际使用中有两种功能相同而形式不同的 SIM 卡:卡片式(俗称大卡)SIM 卡,这种形式的 SIM 卡符合有关 IC 卡的 ISO7816 标准,类似 IC 卡;嵌入式(俗称小卡)SIM 卡,其大小一般只有 25mm×15mm,是半永久性地装入到移动设备中的卡。

"大卡"上真正起作用的是它上面的那张"小卡",而"小卡"上起作用的部分则是卡面上的铜制接口及其内部胶封的卡内逻辑电路。目前国内流行样式是"小卡",小卡也可以换成"大卡"(需加装一卡托)。"大卡"和"小卡"分别适用于不同类型的 GSM 移动电话,早期机型,如摩托罗拉 GC87C、308C 等手机用的是"大卡",而目前新出的机型基本上都使用"小卡"。

图 7-6 SIM 卡上的 ICCID 号码

在手机 SIM 卡上,通常用数字或条形码的形式印有该 SIM 卡的卡号,如图 7-6 所示,也称 ICCID(Integrated Circuit Card ID,SIM 卡串号)。标准的 ICCID 由 20 位数字组成。这 20 位数字大多印刷在芯片的背面,也有的印刷在卡基的一方。这 20 位数据全面地反映了该卡的发行国别、网号、发行的地区、发行时间、生产厂商以及印刷流水号等内容。

ICCID 的具体定义如下。

1～6 位:国际移动运营商识别码(IMSI),如 898600 代表中国移动,898601 代表中国联通。在此之后的 7～20 位,移动和联通的定义是不同的,下面以中国移动为例,介绍一下 ICCID 的具体定义。中国移动对 ICCID 的定义如下。

第 7、8 位对应着网络号第 3、4 位;第 9、10 位代表各省编号:01 北京、02 天津、03 河北、04 山西、05 内蒙、06 辽宁、07 吉林、08 黑龙江、09 上海、10 江苏、11 浙江、12 安徽、13 福建、14 江西、15 山东、16 河南、17 湖北、18 湖南、19 广东、20 广西、21 海南、22 四川、23 重庆、24 贵州、25 云南、26 陕西、27 甘肃、28 青海、29 宁夏、30 新疆、31 西藏;第 11、12 位代表编制 ICCID 时的年份;第 13 位代表 SIM 卡生产商的编号;第 14～19 位代表用户识别号;第 20 位代表校验号。

举例来说,如某 SIM 卡的 ICCID 为 89860 07030 03120 94320,则说明该卡为 2003 年生产的新疆移动的 1370 开头的全球通 SIM 卡。如果已经获知了某 SIM 卡的 ICCID,则可通过 ICCID 的分析,得到国别、运营商、省份等相关信息,进而通过向相关部门咨询获得该 ICCID 对应的手机电话号码。

另外,SIM 卡中还存储一种非常重要的信息——IMSI。IMSI 的全称是 International Mobile Subscriber Identification Number,也就是客户识别码。当手机开机后在接入网络的过程中有一个注册登记的过程,这时候会被分配客户号码(客户电话号码)和客户识别码(IMSI)。客户请求接入网络时,系统通过控制信道将经加密算法后的参数组传送给客户,手机中的 SIM 卡收到参数后,与 SIM 卡存储的客户鉴权参数经同样算法后对比,结果相同就允许接入,否则为非法客户,网络拒绝为此客户服务。如果能够获知 IMSI,就可以通过咨询运营商获得手机电话号码。

对于上文谈到的 IMEI、ICCID、IMSI 等信息,可以登录 www.numberingplans.com 网站查询其具体的含义,该网站提供 Phone number、IMSI number、IMEI number、SIM number(ICCID)、ISPC number 五种信息的分析工具。

单击 SIM number analysis,在弹出的对话框中输入想要查询的 ICCID 号码,即可查询该 ICCID 号码的具体含义

单击 IMSI number analysis,在弹出的对话框中输入想要查询的 IMSI 号码,即可查询该 IMSI 号码的具体含义。

www.numberingplans.com 网站提供的信息分析工具对国内的 ICCID 与 IMSI 号码支持不是很好,有时只能解析出部分信息;但对于国外的相关信息却能够比较好地解析,因此在具体使用时需要酌情进行选择。

2. SIM 卡信息的检验方法

SIM 卡提供了存储文本信息的空间。多数现代手机允许用户在手机的存储器中存储文本信息。根据手机软件的设置和用户的配置可以决定先使用哪个存储器和存储文本信息的存储器。通常的配置是收到的短消息按照默认的配置存储,而发送的短消息按照用户的要求存储。大多数的手机在使用手机内部的存储器之前优先使用 SIM 卡上的存储器。

(1) SIM 卡上信息的存储原理

每个 SMS 空间占 176 字节,由如下几个部分组成:第一个字节为 Status(状态字节),第 2~176 字节为 TPDU。状态字节的值定义如下:00000000 表示没使用;00000001 表示手机收到的短消息已读;00000011 表示手机收到的短消息未读;00000101 表示手机发送的短信息已发送;00000111 表示手机发送的短消息未发送。

当用户删除短信息时,很多手机只是把状态字节清零。因此删除的文本消息只要没有被新的短消息覆盖就可以恢复除状态字节外的部分。

(2) SIM 卡信息的获取方法

SIM 卡中存储的信息可能具有重要的证据价值,目前常见的可用于 GSMSIM 卡的取证软件有 Cell Seizure、SIM Card Seizure、SIMcon、卡 e 通等。根据获取信息要求的不

同,可具体选择其中的某一种软件完成具体的操作。

① 针对 SIM 卡信息的读取工具——卡 e 通。

卡 e 通是北京飞天诚信科技有限公司研制的一款手机 SIM 卡编辑软件,它可以通过 USB 读卡器在计算机上编辑和管理手机 SIM 卡中的电话本和短信息,并且可以把手机中的重要信息保存到计算机中。下面介绍一下使用卡 e 通获取 SIM 卡信息的方法。

图 7-7　SIM 卡读卡器

首先,要在取证专用机上安装好卡 e 通的软件和 SIM 卡读卡器的驱动程序,读卡器如图 7-7 所示。

接下来,运行卡 e 通软件,并把待检 SIM 卡插入读卡器连接到计算机上。如图 7-8 所示为卡 e 通运行界面。

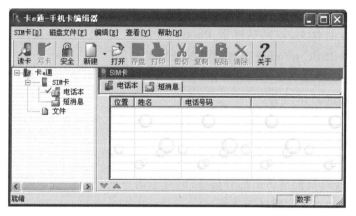

图 7-8　【卡 e 通-手机卡编辑器】运行界面

在卡 e 通界面中单击【读卡】后,即可在界面中查看待检 SIM 卡中存有的电话号码和短信息的具体内容,如图 7-9 和图 7-10 所示。

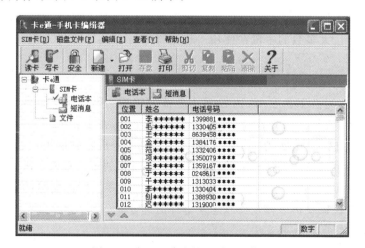

图 7-9　卡 e 通读出的电话号码信息

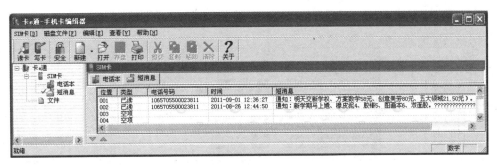

图 7-10　卡 e 通读出的短信息内容

最后，可根据需要查找我们关心的电话号码和短信内容，也可利用该软件自带的功能将这些信息导出，并保存，如图 7-11 所示。

图 7-11　将 SIM 卡中的数据导出

需要注意的是，在卡 e 通读卡器在读卡时不可以将 SIM 卡拔出读卡器，也不可以将读卡器拔出，否则有可能造成系统的崩溃及数据的丢失。

② 针对国外手机对象使用的 SIMCon 检验工具

SIMCon 是一个对于移动设备检验来讲非常重要的设备，主要提取与 SIM 卡相关的信息。建议在处理国外对象的时候，尽量使用该软件来提取相关的数据。SIMCon 使用一个标准的智能卡读卡器，用户可以对 SIM 卡内的数据进行分析，包括联系人、删除的联系人、短信、删除的短信等。它可以支持 GSM/G 的 SIM 卡，是专门为执法机构提供的一个专业的调查工具。其主要特征如下。

读取 SIM 卡上所有可用的文件和压缩文档里的文件；分析并解释存储的联系人及短信的内容；恢复删除的短信与联系人信息；管理 PIN 码与 PUK 码，并可以根据 PUK 码重设 PIN 码；完全与 SIM 卡与 USIM 卡兼容（在国内支持中国移动 GSM 与中国联通的 CDMA）；根据使用者书签的内容，自动生成分析报告；使用哈希值对文件进行归档处理；可以把程序导出为电子表格的格式；支持 UNICODE 字符集。

下面简要介绍一下 SIMCon 的操作方法。将手机中的 SIM 卡取出后，插入飞天诚信的读卡器（经测试，SIMCon 支持该型号的读卡器），然后将读卡器与安装有 SIMCon 的检验平台相连，便可使用该软件的读卡功能读取 SIM 卡信息。

信息获取完成后，便可以查看联系人、短信等信息，如图 7-12 所示的便是获取得到的联系人电话信息。

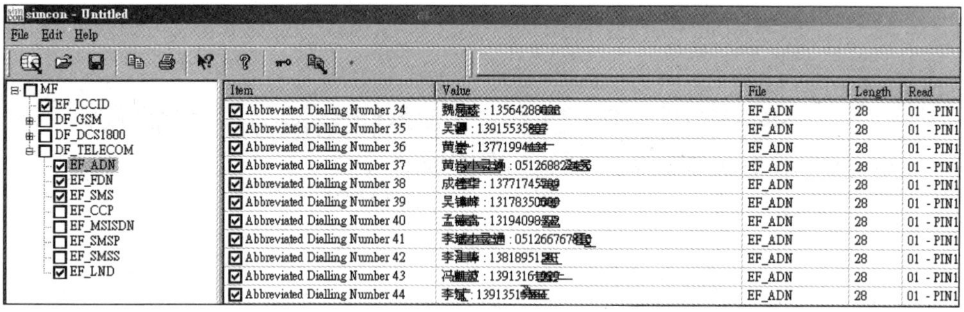

图 7-12 获取得到的联系人电话信息

还可以获得 SIM 卡的 ICCID 信息，如图 7-13 所示，该 SIM 卡的 ICCID 为 8986007913052000847。

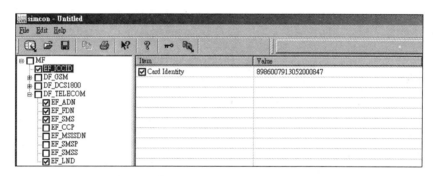

图 7-13 获取得到的 SIM 卡的 ICCID 信息

该软件还可以对删除的短信信息进行恢复和查看，如图 7-14 所示。

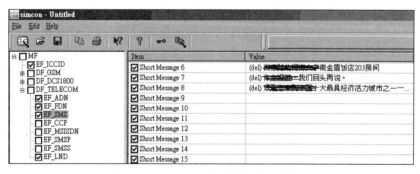

图 7-14 恢复和查看被删除的短信信息

7.4.2 手机机身内存信息的检验

除了 SIM 卡中存储的信息外，手机内存中也包含着用户数据，它主要用来存放从 SIM 卡中释放出来的数据，还可以用于存储通讯录、通话记录等。正常情况下手机内存保存的数据主要包括电话设置信息、日历信息、短信彩信信息、呼叫记录、时间日期、铃声、应用程序的可执行文件等信息。

1. 手机与检验平台的连接

与手机的通信方式是移动设备关注的重点,它涉及通过什么样的连接方式与手机进行通信。总结市面上针对移动设备的检验方式,Paraben 的 Device Seizure 是通过数据电缆与移动设备进行连接,从而获取它的相关的数据的;而最新的产品 XRY,则是采用红外、蓝牙、数据电缆三种方式对移动设备进行检验。数据电缆连接方式大家都比较熟悉,操作起来简单方便,但需要事先准备好不同种类的电缆连线以供各种类型的手机使用。

2. 手机机身信息的检验方法

一般地,手机内存中的数据都保存为私有格式,不同厂商、型号和系统都会有所变化,由于厂家的保密,无法获取其存储格式和原理。但通常我们仍然能够对其取证,目前公安机关对手机的取证多采用一些手机取证的软件,如 Paraben device seizure、DC-4500、盘石手机取证系统等,但这些软件一般都只支持部分厂家的特定型号手机。而对于这些软件不支持的手机型号,我们可以利用手机操作系统或手机制造商提供的接口软件来读出其中的数据,当前在市场上所购的手机多数都会附带同步手机与计算机数据的软件包(如 Nokia PC Suite 和 Sony Ericsson SyncStation)。这些软件通常可从手机内存中得到电话簿、接听/呼叫电话记录、接收/发送短消息记录以及个人行程表等信息,但这些操作有可能会破坏原始数据,而且也不能恢复被删除的数据。另外,iPhone 手机由于采用 iOS 系统,其一般的检验工具是不能完成检验工作的,通常用于 iPhone 手机检验的软件主要有 Wolf、Oxygen Forensics Suite 2010 和 SD Iphone Moblie 取证软件等。

下面我们就分别对几种常用手机机身检验工具予以介绍。

(1) Paraben device seizure 检验工具的使用

Paraben's device seizure 工具是一个由硬件和软件两部分组成的综合取证工具。硬件部分中最主要的部分就是支持各种手机型号的数据连线,基本上能够满足绝大多数情况下手机检验的需要。其他硬件部分包括一个 SIM 卡读卡器以及一个手机临时充电器。

Paraben's device seizure 软件则主要用于获取 SIM 卡、手机内存中的用户数据和部分型号手机的未分配空间数据。该手机检验套件目前支持对 Nokia、Sony、Motorola、Siemens、Samsung、Symbian 等部分特定型号的手机。其特点为操作界面简单方便;可获取短信息、地址簿、呼叫记录等;可恢复删除的数据;校测完整文件的 Hash MD5;支持多种语言(中文、英文等);生成 HTML 报告;可完整获取 GSM SIM 卡中的信息,包括被删除数据;内部的搜索和书签功能;高速下载部分型号手机的数据;加密镜像文件,保护其完整性。

将安装光盘放入光驱后,会自动弹出安装界面,单击 INSTALL NOW 按钮,一直按默认安装单击【下一步】按钮,便可完成该软件的安装。

安装成功后,双击桌面上的图标,便可启动 Paraben device seizure 程序。

如要使用该工具获取 SIM 卡以及手机内存信息,首先需要新建一案例文件,单击任务栏上的【新建】按钮,Paraben's device seizure 要求在新建案例文件之前,输入案件编号、检材编号、检验单位等信息,如果有必要的话,也可输入设备描述方面的信息,如图 7-15 所示。

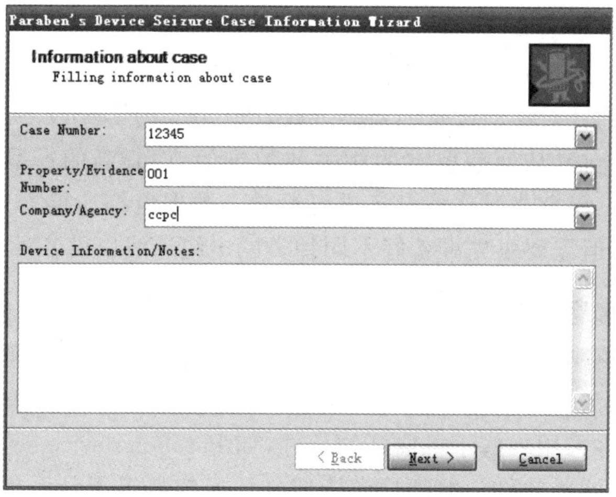

图 7-15 填写建立案例文件所需的相关信息

单击 Next 按钮后,在弹出的窗口中输入检验人姓名、地址、省市、邮编号码等相关信息,以备将来自动生成分析报告的需要。建立完案例文件之后,便可利用 Tools 菜单上的 Data Acquistion 功能进行 SIM 卡及手机内存信息的获取。

单击 Data Acquistion 按钮之后,便会弹出【信息获取向导】窗口,在该窗口中需要根据信息源的类型进行相应的设置,否则就有可能造成信息获取的失败。如果检材是 SIM 卡的话,则在 Device Type Selection 窗口选择 GSM SIM card(logical);如果是进行手机内存获取的话,则要指定手机的生产厂商;对于部分品牌的手机,Paraben's device seizure 除了能够获取其逻辑信息外,还能够获取其物理信息。

当指定获取 GSM SIM card(logical)信息后,Supported models 只能选择 SIM Card,如图 7-16 所示。

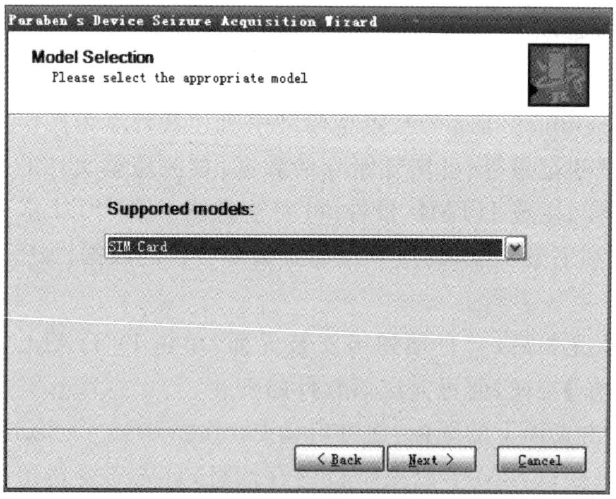

图 7-16 信息源类型决定了支持模式

Paraben'sdevice seizure 软件安装时,会自动完成 Prolific USB-to-Serial Comm Port

的安装,如要进行 SIM 卡的检验,此处就要选择 Prolific USB-to-Serial Comm Port,而如果对手机内存进行检验,则要进行其他的选择,即不同的检材决定了连接方式的不同,因此使用时要注意区别。

然后就要选择获取 SIM 卡中的信息种类,可供选择的包括拨打电话、接听电话、短信、IMSI、文件系统等信息,可以根据实际需要选择上述信息进行获取,但通常需要全部选中。

而对于手机内存的获取,在 Device Type Selection 界面则要根据手机的品牌进行获取,如此处选择的就是 Nokia GSM(logical),如图 7-17 所示。

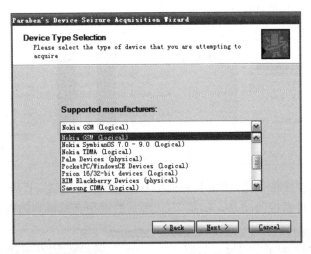

图 7-17　进行手机内存信息的获取

单击 Next 按钮,会弹出 Model Selection 窗口,此处只能选择 Autodetect;接下来会弹出 Connection Selection 窗口,需要根据数据电缆类型进行选择,此处选择的是 USB(DKU-2,CA-53,DKE-2),而不是获取 SIM 信息时的 Prolific USB-to-Serial Comm Port,如图 7-18 所示。

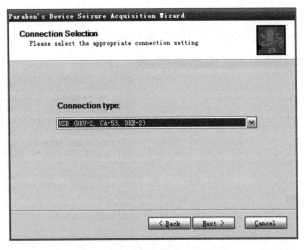

图 7-18　手机内存信息获取的连接方式与 SIM 卡不同

在此可以选择获取手机内存中何种类型的信息，如短信息、通讯录、通话记录、文件系统等，通常情况下需要选择全部信息进行获取。

进行完相关信息设置后，按默认设置单击 Next 按钮，出现相关画面后，单击 Finish 按钮，便完成了 SIM 卡或手机内存信息的获取。

如图 7-19 所示的就是利用 Paraben's device seizure 工具获取到的被删除的短信信息，从中可以看出该工具可以识别出发送与接收短信的手机号码、短信发送或接收时间、短信具体内容等信息。另外，从中还可以看到该软件还能够获取到 IMSI、拨打接收电话记录、文件系统等信息。手机通信记录、电话号码簿和手机记载的日志信息可以提供与犯罪有关的线索或证明犯罪嫌疑人与犯罪活动间关联。

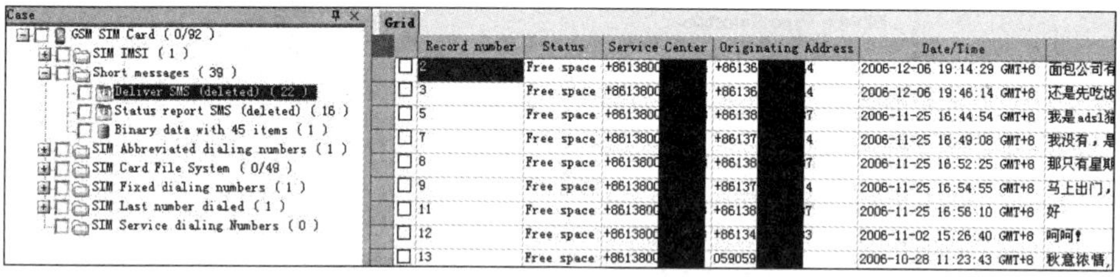

图 7-19　恢复出被删除的短信信息

而对于手机内存中的信息，该工具则能够获取得到上网信息、日历信息、电话簿、拨打电话记录、短信、文件系统等信息。如图 7-20 所示的就是获取得到的电话簿信息。

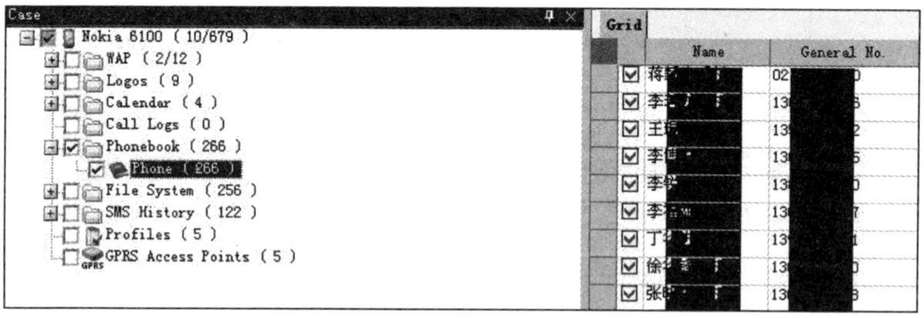

图 7-20　恢复出被删除的电话簿信息

单击 SMS History，则可以查看详细的短信信息，如图 7-21 所示。短信息内容有时

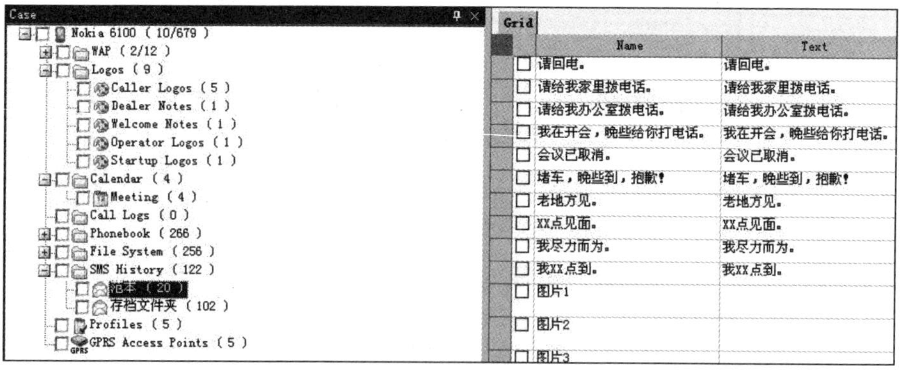

图 7-21　查看详细的短信记录

能够直接表明或反映犯罪嫌疑人与犯罪活动的关联,犯罪嫌疑人手机存储的嫌疑人之间在犯罪活动前后收发的短信息内容或犯罪嫌疑人与受害人之间收发的短信息内容都有可能直接或间接说明或证明犯罪活动的事实。

如果查找到可疑的或有价值的信息,则可以选中该信息,单击右键,选中 Add to Bookmarks 项,对信息进行书签操作,如图 7-22 所示。

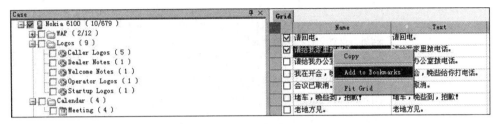

图 7-22 对有价值的内容进行书签操作

同时也可以将选中信息导出,导出类型根据所选中的信息类型决定,如图 7-23 所示。

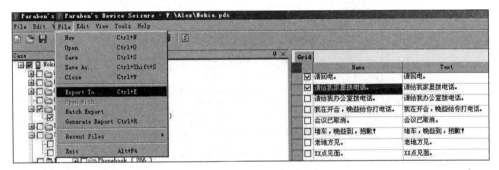

图 7-23 将有价值的内容导出

该工具还可以根据书签内容,生成分析报告,首先单击 File 菜单栏上的 Generate Report,会自动弹出【生成向导】,通过此向导可以根据实际情况订制分析报告。生成向导中可以选择生成的文件格式与表现形式,如图 7-24 所示的就是用目录树的形式以

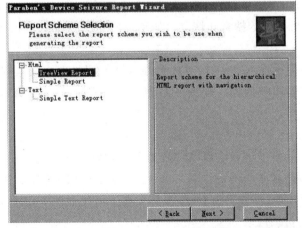

图 7-24 用目录树的形式以 HTML 网页格式生成分析报告

HTML 网页格式生成分析报告。分析报告的内容可以是获取得到的完整信息,也可以只是被书签的信息。

其他选项按默认设置单击 Next 按钮,即可生成分析报告,报告中除了包含有书签信息外,还有案情信息以及数据校验信息,如图 7-25 所示。

图 7-25　自动生成的分析报告

(2) DC-4500 手机取证工具的使用

DC-4500 手机取证系统是厦门美亚柏科信息股份有限公司研制生产的、用于手机(机身、SIM 卡)数据提取和恢复并进行深度分析及数据检索的调查取证产品。它可以获取国内外 50 多个品牌、1700 多款手机的逻辑数据,既可以浏览也可以根据需要打印多种格式的取证报告。此外,它还可以通过配合其他专业取证软件,如 Encase 等,针对通用型号手机进行已删除手机数据的搜索和恢复。如图 7-26 所示为 DC-4500 手机取证系统的设备配件。

使用 DC-4500 进行手机取证时,首先要在取证专用机上安装其安装程序,并在安装好后配合其专用加密狗来使用。如图 7-27 所示为 DC-4500 手机取证系统软件的运行界面。

下面简单介绍一下其使用方法。

首先,DC-4500 手机取证系统以"案例"为单位对取证分析过程中的相关信息进行管理,所以我们首先要新建一个案例。在菜单栏上选择【文件】→【新建案例】选项,或单击工具栏上如图 7-28 所示的【新建案例】快捷图标。在弹出的如图 7-29 所示的【案例信息】窗口对案例的属性进行设置。

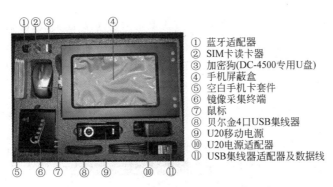

图 7-26　DC-4500 手机取证系统的设备配件

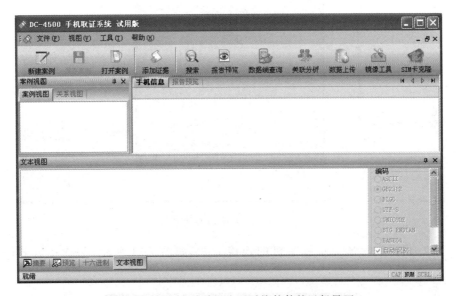

图 7-27　DC-4500 手机取证系统软件的运行界面

图 7-28　"新建案例"快捷图标

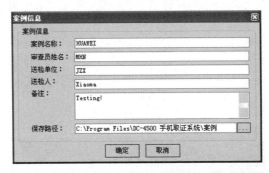

图 7-29　【案例信息】窗口

接下来,在创建好案例后,就可以通过工具栏中的【添加证据】快捷图标添加案例文件,以进行进一步的手机检验工作。如图 7-30 所示为添加证据文件的情况,此时可以根据需要来选择是对手机机身还是手机的 SIM 卡或 SD 卡来进行取证操作。选择【手机取证】,单击【下一步】。

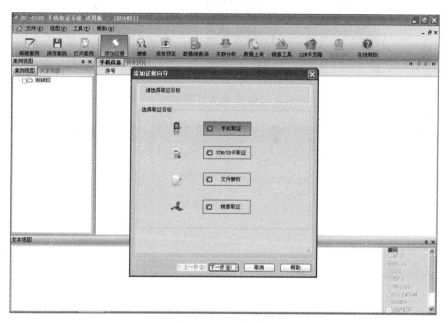

图 7-30　添加证据文件情况

接下来,根据实际情况选择手机的连接方式,如图 7-31 所示,为连接方式的选择界面。

图 7-31　连接方式选择界面

选择好后,单击【下一步】,在选择信息提示框下,选择需要提取的资料,如图 7-32 所示。之后根据向导提示完成添加证据操作即可。

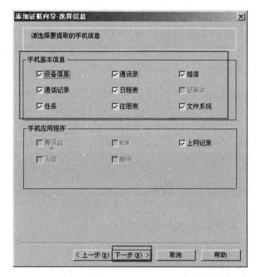

图 7-32 选择提取信息界面

手机信息获取完成后,就可以在 DC-4500 手机取证系统软件的导航界面上看到刚才获得的各种数据,如图 7-33 所示。

图 7-33 DC-4500 获取到的手机信息

此时,我们就可以根据案件需求,查阅想要的信息,或是生成检验报告了。

(3) 效率源 SD iPhone Mobile 手机恢复取证系统简介

效率源 SD iPhone Mobile 手机恢复取证系统是效率源 SD Mobile 系列的首款苹果手机数据恢复取证产品，它采用全中文可视化菜单界面设计，兼容目前越狱 iPhone 手机，同时可针对 IPod Touch、IPad 进行数据恢复和数据提取，包括设备存储的已有文件、删除的通话记录、删除的电话簿、删除的短信、删除的备忘录、移动轨迹，并可通过通信地址号段、通信时间、通信类型等方式分析相关信息的关联性，分析相关目标对象在案件中的角色、活动规律、前后关联等重要信息。如图 7-34 所示为 SD iPhone Mobile 手机恢复取证系统的操作界面。

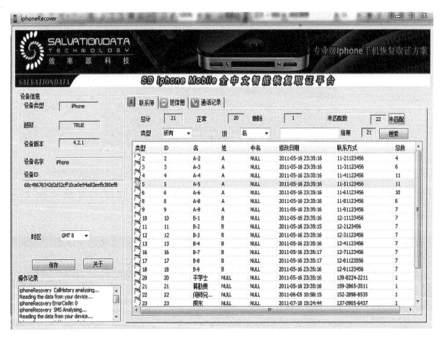

图 7-34　SD iPhone Mobile 手机恢复取证系统的操作界面

7.4.3　手机扩展卡信息的检验

由于 SIM 卡与手机内存的容量有限，因此目前绝大多数的手机都通过添加存储卡来增加手机的信息容量。以前存储卡主要应用于 DV 和 DC 等数码产品，随着手机市场对存储容量的需要日益迫切，尤其是智能手机逐步普及，手机存储卡已经成为了手机的标配之一。

目前手机存储卡主要有 SD 卡、MMC 卡、miniSD 卡、TF 卡和 Memory Stick 卡等。其中，MMC 卡主要应用于诺基亚和摩托罗拉两大手机品牌。此外，国产手机也多采用该类存储卡，所以 MMC 卡占据大部分市场份额；占市场份额第二位的 miniSD 卡，是由日本两大电器集团松下和东芝联手 SanDisk 共同推出的，它主要面向日韩品牌的手机，具有大容量、体积小巧、高速接入、有版权保护、便于携带等特点。miniSD 卡可以记录各种各样的数码内容，从而将各种数码设备组成网络的载体，因此是一种面向未来的跨越性存储设备。

通常，扩展存储卡中包含的多是音频、视频、图片、文档等信息，检验工作站进行扩展存储卡检验时，需要安装有 USB 只读锁，然后将扩展卡与读卡器相连，继而将读卡器与检验工作站连接。通过运行检验工作站上安装的综合取证软件（如 EnCase），即可完成扩展卡的检验工作。扩展存储卡的检验步骤方法与硬盘存储介质的检验方法相同，此处不再赘述。

习题 7

1. 现场收缴到的手机该怎样进行保管？
2. 如何对不同类型手机的标识信息进行获取？
3. SIM 卡中的 ICCID 与 IMSI 信息对侦查检验工作有哪些重要意义？
4. 使用 Paraben device seizure 进行 SIM 卡信息获取，通常包括哪些步骤？
5. 常用的手机取证软件都有哪些？

第 8 章 典型案例分析与检验

当前,利用互联网危害国家安全、扰乱社会管理秩序、侵犯公私财产、侵犯公民人身权利和民主权利及"黄、赌、毒"犯罪案件日显突出,给社会带来了极大危害。网络犯罪从广义上可划分为两大类,一类是针对计算机信息系统实施的非法入侵、删除、修改、复制等危害计算机信息系统安全的犯罪;另一类是利用计算机信息网络,实施危害国家安全、扰乱社会管理秩序、诈骗、盗窃、赌博、贩毒、传播有害信息、盗取商业秘密以及利用网络侮辱、诽谤与恐吓他人的传统的刑事犯罪。

纵观当前的网络犯罪案件,案件类型更加多样,作案手法与技术手段也更加隐蔽复杂。我们必须善于紧跟形势的发展,善于总结借鉴,深入分析研究与预测网上案件的规律特点。总结网络案件中电子物证检验工作的方法,促进电子物证检验队伍的专业化建设。下面通过几个典型的网络案例来分别做一些分析。

8.1 网络赌博案件的检验

据统计,目前全球赌博网站约有 2000 多家,年营业额高达 600 亿美元。其中,中文赌博网站约有 330 多个,主要建在中国台湾、中国香港、美国和东南亚地区。

境外赌博网站不断在国内发展代理与下线,涉赌人数与涉资与日俱增,中国每年由于赌博而流失境外的赌资金额超过 6000 亿元。据介绍,网络赌博 1995 年进入我国,2000 年开始活跃,至今已涉及我国 20 余个省、自治区和直辖市。公安部公布的全国赌博大案中,有超过一半是网络赌博案。

8.1.1 简要案情

2006 年 10 月至 2007 年 1 月,在打击赌博活动中,某市网警支队经过前期调查,掌握全市范围内赌博人员的基本情况。通过统一行动,依法扣押了大量的涉赌嫌疑人的计算机,其中有段××、关××、任××等数名犯罪嫌疑人涉嫌挪用公款进行网络赌博活动所使用的台式和笔记本电脑 20 多台,各种容量硬盘和存储介质 20 余块。该案件要求快速分析涉案计算机,证明其上赌网的事实,摸清各级代理关系及上下线账户等信息,对存储介质中与案件相关的赌球上下线、资金流向、投注情况等证据材料进行查找、分析和整理,同时分析相关的虚拟身份,如 QQ、MSN、电子邮箱、游戏等账号、昵称信息,以进行下一步工作。

8.1.2 网络赌博案件检验步骤及方法

对电子物证的检验工作,一般需要进行常规检验和有针对性的检验。常规检验主要是了解存储介质和其中内容的基本情况。有针对性的检验是根据送检单位的检验要求,提取与案件密切相关的电子证据。

1. 对存储介质进行常规检验

常规检验包括系统信息提取、用户痕迹调查、即时通信、邮件客户端解析、Web 邮件解析、文件分析、反取证软件检测等。

(1) 提取当前存储介质上的操作系统信息、本地用户信息、时区、网络配置、安装软件信息、服务信息、共享信息、网络映射以及硬件信息。这部分分析结果让取证人员对存储介质上安装的操作系统环境有个整体上的认识,方便进一步的调查取证。

(2) 查找历史上网痕迹记录,主要对计算机中的 IE 地址栏、IE 收藏夹、IE 历史纪录、IE 临时文件夹和 Cookies 记录进行查看。IE 浏览器的收藏夹可以反映出用户对哪些站点感兴趣,对案件调查起到辅助分析的作用。IE 的 COOKIES 记录用户所访问过的站点和访问的频率以及最近访问的时间信息等。IE 的历史记录了 IE 的活动足迹,不仅包含上网记录,还包含打开过的文件信息。IE 临时文件夹目录中保存其临时 Internet 文件,也叫 IE 缓存。

网络赌博者必然在网上留下其行为轨迹,根据涉网痕迹提取的内容可以反映出犯罪嫌疑人的活动情况。通过涉网痕迹的访问时间来推测出犯罪嫌疑人的上网时间,通过访问网站的频率进而查找出其上网活动规律,通过其浏览的网址可以证实其登录赌博网站的行为。

(3) 搜索存储介质中的常见文件,如.doc、.txt、网页、邮件等文档以及聊天记录内容。这部分分析结果让取证人员对存储介质上常见文件内容有个整体上的认识。在网络赌博中,网络赌博成员之间使用 QQ 聊天工具进行联络的可能性很大。调查嫌疑人使用的 QQ 聊天记录,可梳理赌博成员上下线关系。

实现常规检验的比较快捷、全面的方式是采用美亚公司的取证大师工具的自动取证功能,该功能操作比较简单、对取证人员水平要求不高,适合中国国情,可提高工作效率,简化工作的流程,降低调查取证的难度。也可以结合 IE 信息读取工具、聊天记录查看器、X-Ways Trace 等一些使用工具进行相互认证。常见文件如.doc、.txt、网页、图片等文件的过滤、查看可在 EnCase 中进行操作,EnCase 工具的稳定性比较好、速度比较快。若是对连接到取证专用机上的存储介质中的常见文件进行查看,可以使用 Quick View Plus。该工具符合检验规则的要求,能够识别的文件类型比较多。

2. 有针对性的检验

本案重点是查找和恢复赌博相关的网页并进行分析、整理,导出证明案件事实的网页文件。同时利用账户信息等关键信息,设置合适的关键字进行搜索,根据搜索结果,查找并导出相关网页碎片。

(1) 赌博相关网页。第一代网络赌博网站普遍使用 HTML 静态页面,在 asp、php 动态页面技术诞生后,又全部采用了动态页面技术,后台的数据库也普遍采用 Access、MS SQL 数据库。虽然服务器端的代码执行方式不同,但是在客户端生成的都是 HTML 页面。

客户端浏览网络赌博网站会在硬盘中留有大量残留信息,使用 EnCase、FTK、X-Ways 等取证工具可以将残留信息提取出来,转换为可视的电子证据。

利用文件过滤,将存储在计算机硬盘中的网页文件快速查找出来。搜索结果中的网页,部分仍然完整地保存在硬盘当中,或者已被删除但仍然可以完全恢复。

(2)网络赌博网页分类。赌博网页的主要类型有准备下注单页面、下注成功页面、下注状况查询页面、账户信息、当日总报表、盘口查询页面、交易统计页面、"退水"情况页面等。

(3)赌博网页特征字。分析赌博网页可以总结出赌博网页特有的特征字如下:

"下注金额"指赌博者下注的金额大小;"分红"指庄家或代理瓜分的赢利;"退水"指从赌局中抽取的提成金额;"笔数"指下注次数;"报表"指代理商或会员统计下注金额、下注人的账户、代理商及其代理数额的表单;"会员"指赌博中的最底层参赌人员;"代理商"指可接受会员投注,从中抽水,也可直接参与投注的赌博管理人员;"赔率"指赌博当中胜负获取利益的比例;"成数"指代理商抽水的比例;"信用额度"指参赌人员最大的下注额度。拥有"用户"、"下注金额"、"总计"、"报表"、"分红"等特征字的网页能够清楚显示用户名称、投注资金的多少、庄家抽水数额,是查清赌博犯罪事实最直接的证据。此外,还可设置账号、人名、电话、邮件、即时通信号码、网站名、赌博公司名等关键字。

(4)赌博网页常用文字编码设置。中国大陆网页大多采用体中文 GB2312 编码,即国标码;中国台湾、中国香港地区一般采用繁体中文 Big5 编码。Unicode(UTF-8)编码使用范围也相当广阔。境外网络赌博公司在境外建立赌博网站,针对不同地区,网页文字采用不同的编码方式。网络"六合彩"赌博采用简体中文的编码,也采用繁体字编码,大部分网络赌球网站使用繁体字,如著名的"新宝盈"赌球网站就是使用繁体字。

为了提高关键字设置的效率,可以使用 EnCase 伴侣进行编码转换,生成 EnCase 脚本进行搜索并生成标签。

3. 赌博网页提取技术

(1)查看网页内容和编码,确定出关键字。临时的 Internet 文件夹虽然存放浏览过的网页信息,但超过一定时间后,旧的网页信息就会被最近的网页信息覆盖,导致形成大量网页碎片,既可能存在于未分配空间中,也可存在于空闲空间当中。筛选出特征字,确定网页文字编码方式,运用 GREP 语法创建关键字,利用关键字搜索,对整个磁盘的物理级进行搜索,查找范围包括正常的文件区和文件残留区,精确定位证据。

(2)导出赌博网页。搜索结果中,存在着大量相同的文件,而且顺序混乱,不便于调查人员分析、查找证据。取证分析工具的排序功能可以将混乱的结果文件按照调查人员的意图,进行升序或降序排序,从而减少调查人员的重复劳动。

对有证据意义的网页可以使用两种方法提取出来。使用"复制/恢复"功能可以快速地将网页文件复制并保存到另一个存储位置。

"复制/恢复"功能只能对具有完整的文件结构的文件起作用。而大部分的网页文件结构已被破坏,并且文件大部分存在乱码,无法直接恢复。据此,在文本解码框中连续选中包含在成对出现的 HTML 基本结构元素之间的内容,导出以 html 为扩展名的文件进行查看。

(3) 赌博网页整理分析。网页碎片有以下特点:第一,网页碎片数量大;第二,网页内容重复;第三,网页形式复杂。不同的赌博网站,其赌博网页名称设计也各有不同。

分类归档,能够清晰地掌握已提取的网页整体情况,捋清赌博脉络,便于参赌人数、赌资统计。根据案件的实际情况,可以以网页类型或者账户为依据进行分类。按照网页类型分类,可建立总账查询页面文件夹、账户历史清单文件夹、代理商报表等文件夹。以账户分类,便于把握赌博人员赌博的全过程,对查清下注时间、下注次数、下注的金额、提取佣金数额大小有着重要作用。

(4) 赌博网页的信息分析。会员账号是确定投注人数的重要参考依据。一般在网络赌博中,报表最直接地反映该会员的赌博状况。如图 8-1 所示为搜索到的一个投注情况报表。

日期:2005-08-15~2005-08-21 -- 報表分類:總帳 -- 投注方式:全部 -- 投注總類:全部 -- 下注管道:網絡下注 -- 回上一頁					
信用額度名稱	筆數	下注金額	會員	代理商	備註
ca10014	24	25305.0	4578.5	4578.5	2530.5/0.081
ca10012	399	255300.0	-22092.7	-21187.4	25530.0/0.819
ba10015	37	29500.0	-470.6	-470.6	2950.0/0.095
ba10753	3	1500.0	1488.7	1488.7	150.0/0.005
總計	463	311605.0	-16496.1	-15590.8	31160.5/1.000

图 8-1 投注情况报表

该报表显示四个账号在 2005 年 8 月 15 日至 2005 年 8 月 21 日当中的投注情况:ca10014 投注 24 笔,下注总额 25305;ba10015 投注 399 笔,下注总额 255300;ba10753 投注 3 笔,下注总额 1500;ba10015 投注 37 笔,下注总额 29500。据此可以推断,该赌博者为代理商,其接受 4 个账户共计 463 次投注,投注总额为 311605。

在查实会员账号及人数之后,对犯罪嫌疑人所控制账号内的赌资数量的定量分析关系到案件的定罪量刑。赌博网页中显示的资料是统计赌资的主要来源,是定罪量刑的重要依据。以账号分类,以下注时间为主线,统计下注金额、抽取佣金、下注次数、信用额度,如图 8-2 所示。

退水或者抽取佣金指代理从赌局中提成其发展下线会员每次投注一定比例的金额。只有处于代理位置的赌博者才拥有这权力,这也是区别代理和会员的一个重要参考。

(5) 赌博脚本使用。在网络赌博案件中,涉及赌博案件的存储媒介容量大,高达几百 GB 容量。赌博的网页数量大,特别是超过系统历史保存时间,被系统自动删除的,或者被用户删除残留于未分配空间、空闲空间当中的结构残缺网页碎片。使用关键字搜索,再提取网页碎片的方法虽然是目前比较可行的办法之一,但是面对巨大和海量数据提取工作,调查取证人员显得力不从心,需要花费大量的时间、精力取证,工作效率低。EnCase 的高级脚本,能很好地解决此问题。

	A	B	C	D	E	F
1	账号	下注时间	下注金额	抽取佣金	下注次数	信用额度
2	tc52321	2004.7.1	30000	0		
3	tc52321	2004.7.2	68000	5000		
4	tc52321	2004.7.5	45780	4500		
5	tc52321	2004.7.28	23100	0		
6	tc52321	2004.8.6	8900	300		
7	tc52321	2004.8.17	6750	1000		
8	合计(tc52321)	2004.7.1--2004.8.17	182530	10800	6	400000
9	asd04	2004.7.1	40000	0		
10	asd04	2004.7.2	80000	1000		
11	asd04	2004.7.8	5000	500		
12	asd04	2004.8.5	7000	0		
13	asd04	2004.9.10	6000	400		
14	asd04	2004.10.7	30000	300		
15	合计(asd04)	2004.7.1--2004.10.7	168000	2200	7	200000
16	cih2608	2004.7.2	56780	0		
17	cih2608	2004.7.5	45760	0		
18	cih2608	2004.8.6	200	0		
19	cih2608	2004.8.17	10070	0		
20	cih2608	2004.9.10	7900	0		
21	cih2608	2004.10.7	38900	0		
22	cih2608	2004.10.11	12000	0		
23	合计cih2608	2004.7.2--2004.10.11	171610	0	7	0
24	x42	2004.7.1	68900	0		
25	x42	2004.7.2	74899	0		
26	x42	2004.7.14	9000	0		
27	x42	2004.8.19	567800	0		
28	x42	2004.8.20	190000	0		
29	x42	2004.9.30	467800	0		
30	合计(x42)	2004.7.4--2004.9.30	1378299	0	6	0

图 8-2 利用 EXCEL 进行统计

大连网警开发的网络赌博网页提取脚本,能快速地提取出赌博网页,效率相对较高。其脚本的工作原理是根据需要提取网页的内容,确定出该网页三个关键字,对所有分区的未分配空间搜索范围,自动提取出以.html 为扩展名的网页文件。该脚本一般使用 GREP 语法设置关键字,使用三个关键字准确地定位文件的结构:第一个关键字与文件头的字节间隔范围、第一个关键字与第二个关键字节间隔范围、第二个关键字与第三个关键字节间隔范围。若间隔设置得当,与文件头、文件尾的结尾间隔设置精确,理论上可以提取所有的文件。

8.1.3 检验时需注意的问题

对网络赌博案件进行检验具有较强的技术特征,需要有很强的侦查思路和过硬的技术,需要网监部门在侦查和电子数据取证过程中发挥关键性作用。

(1) 赌博案件线索收集。掌握涉案相关线索,是收集电子证据的关键前提。在对被查扣的涉赌的电子设备进行取证检验之前,掌握了解案件基本情况为顺利查找、检验电子证据起到十分积极的作用。分析从案件现场查扣的文字资料查找相关信息,同时加强对抓获的嫌疑人审讯力度,尽量获取嫌疑人的赌博网站名称、赌博账号、其上线与下线的基本情况以及联系方式、银行账号、下注的金额、资金的流向、交割方式。讯问嫌疑人是否通过电子邮件、即时聊天工具与其上下线有过联系。掌握以上基本信息对从电子设备中搜索、提取出其赌博证据能起到明确指向作用,提高电子证据的检索效率。

(2) 关键字编码设置。利用 EnCase 取证工具关键字搜索功能对证据介质相关信息进行搜索时,关键字字符编码设置必不可少,关键字搜索的本质就是搜索编码。关键字设置成不同字符编码对搜索命中率产生极大的影响。通过对大多数国内外中文网站网页文字编码调查,发现 Unicode、UTF-8、国标码和 Big5 是最常用的编码。

(3) 网页是由 HTML 语言编写的文件。超文本文档 HTML 的基本结构由文档头和文档体两部分组成。在文档头里,对这个文档进行了一些必要的定义,文档体中才是要显示的各种文档信息。<html> 文件开头、<title>标题、<td>表格单元格、<th>表格单元格开头,这些都是网页文件中最基本的结构元素。在文本解码框中可以清晰看到部分有价值的 HTML 结构。

(4) EnCase 的特定信息搜索和提取脚本,可以让取证工作自动化和方便易行,提高工作效率。

8.2 网络敲诈案件的检验

互联网的高速发展给人们的生活带来了极大方便的同时,也给一些不法分子带来了可乘之机,他们利用互联网大肆进行敲诈活动。低犯罪成本、高隐蔽性、高渗透性决定了网络诈骗比传统诈骗更能吸引骗子,网络诈骗已成为当前网络犯罪的一个突出问题。

8.2.1 简要案情

2007 年 6 月,某企业集团董事长王××接到一封敲诈信,信中以向网络发布其色情照片(经检验为电脑合成)相威胁,向其索要 10 万人民币,要求限期将钱汇入指定的账号,并附有电脑合成的色情图像。该集团董事长立即向公安机关报了案。市公安局十分重视,立即成立由网警参与的专案组,开展侦查工作。网络警察显出英雄本色,仅用 25 小时就成功侦破此案,将犯罪嫌疑人抓获。经查该犯罪嫌疑人先后向全国多个省、市邮寄过类似信件进行敲诈,他相信自己一定会成功。没想到网警太神勇,这么短的时间内他就落网了。网警将嫌疑人使用的笔记本电脑等送到检验部门,请求协助查找、恢复检材中有敲诈内容的电子信件及其中账号、图片和被敲诈对象的姓名、地址等信息。

8.2.2 网络敲诈案件检验步骤及方法

检验要求比较明确,主要就是根据已知敲诈信中文字内容,如姓名、银行账号、地址等,设置关键字对送检笔记本硬盘进行搜索检验;恢复、查找、过滤硬盘中与案情相关的图片文件。

首先将笔记本硬盘进行了证据保全,对该硬盘进行了位对位复制,并进行了 MD5 校验,防止在证据处理中对硬盘数据造成损坏。

1. 对存储介质进行常规检验

提取笔记本硬盘上的操作系统信息、本地用户信息、安装软件信息等,对存储介质上安装的操作系统环境有个整体上的认识。查找历史上网痕迹记录,了解犯罪嫌疑人的网络活动情况。

在对存储介质中的常见文件，如 DOC、TXT、网页、邮件、图片等类型文件以及聊天记录内容的检验过程中发现与关敲诈信有关的证据，其中有敲诈信相关文字内容，如图 8-3 所示，类似所附色情图片。经比对，除被敲诈人姓氏及账号、地点等内容不同外，信件中具有敲诈性质的主体内容与送检材料的敲诈信内容相同。

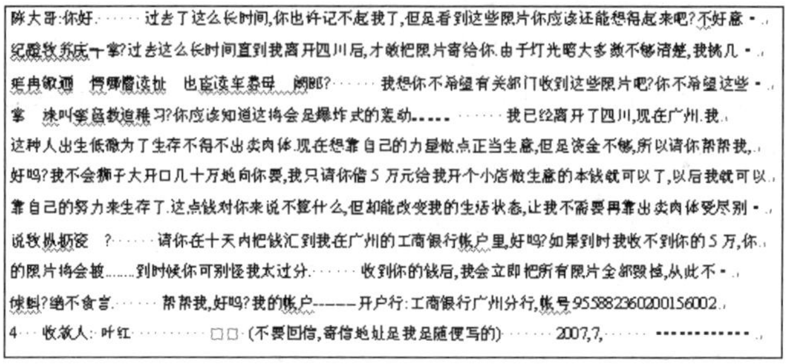
陈大哥:你好……过去了这么长时间,你也许记不起我了,但是看到这些照片你应该还能想得起来吧?不好意·
纪酸敦药庆一掌?过去这么长时间直到我离开四川后,才敢把照片寄给你.由于灯光暗大多数不够清楚,我挑几·
疟冉敏逦 愕舞醬读址 也痖读车恭毋 阚郎?……我想你不希望有关部门收到这些照片吧?你不希望这些·
掌 猍叫寥邑敖追稚习?你应该知道这将会是爆炸式的轰动……我已经离开了四川,现在广州.我
这种人出生低微为了生存不得不出卖肉体.现在想靠自己的力量做点正当生意,但是资金不够,所以请你帮帮我,
好吗?我不会狮子大开口几十万地向你要,我只请你借 5 万元给我开个小店做生意的本钱就可以了,以后我就可以
靠自己的努力来生存了.这点钱对你来说不算什么,但却能改变我的生活状态,让我不需要再靠出卖肉体受尽别·
说敦纵扨瓷 ?……请你在十天内把钱汇到我在广州的工商银行帐户里,好吗?如果到时我收不到你的 5 万,你
的照片将会被……到时候你可别怪我太过分……收到你的钱后,我会立即把所有照片全部毁掉,从此不·
馀料?绝不食言……帮帮我,好吗?我的帐户------开户行:工商银行广州分行,帐号 955882360200156002
4… 收款人:叶红…………□□(不要回信,寄信地址是我是随便写的)……2007,7,…… ------------

图 8-3　搜索到的敲诈信的相关内容

2. 相关文本、图片信息的深度挖掘

以敲诈信中所含有的银行账号、姓名、银行开户行、开户人地址等信息为关键字进一步搜索，找到大量与敲诈信中的文字内容相似的文字碎片，其中含有被敲诈人在内的大量的包含全国各地的公司老总的姓名、地址、邮编、电话、银行账号等信息。

使用 FinalData 等数据恢复软件对图片文件进行恢复，并使用数据搜索软件对图片文件头特征字进行搜索，查找到大量的与案情相关的图片，其中有多张图片除男人头像外，其他部分与送检材料中的照片相同；有大量除男人头像和姿势稍有不同外，其他部分相同的图片；有多张图片显示了图片合成过程，另有多张图片为合成结果图片。另外，还找到从电视节目中截取的企业家头像图片 20 余张和网上获取的几十张色情图片。

3. 案件相关证据的深入分析

这是电子物证检验工作的核心和关键。检验人员除了对证据文件中包含的内容进行提取和分析外，还有一个主要工作就是要结合全案其他证据进行综合审查，注意同其他证据相互印证、相互联系起来综合分析。

(1) 对找到的同一文件夹中的图片文件的时间属性进行分析，发现文件的创建时间和修改时间比较分散，所以基本可以确定，在笔记本电脑中发现的绝大部分图片不是复制下来的，而是本机生成或编辑、修改的。

(2) 在笔记本中发现了在敲诈信提及的发布色情图片的 3 个网站地址，可通过进一步调查，搜索上传网站的图片，并与本机图片的内容和文件时间属性进一步对比，判断网站上图片是否来源于本机。

(3) 在本机登录的 QQ 号的聊天记录中有询问关于看、录电视节目方法的信息，如图 8-4 所示，说明本机操作者有从电视节目中录制视频片段并截取案件相关图像的可能。

8.2.3　检验时需注意的问题

网络诈骗案件受害人众多，涉及地区广，同一案件会有很多地方同时立案侦查，造成

发信人	日期	时间	内容
/太阳/NIKY	2007-5-1	10:5:38	你好　　　　92000000008602黑体
/太阳/NIKY	2007-5-1	10:6:1	天敏硬压大师IV　92000000008602黑体
武汉/wxIT	2007-5-1	10:6:14	你好　　　09000000008602宋体
/太阳/NIKY	2007-5-1	10:7:48	天敏硬压大师IVhttp://auction1.taobao.com/auction/11/item_detail-0db1-f6
/太阳/NIKY	2007-5-1	10:8:26	可以看电视吗?还是只看DV?　92000000008602黑体
武汉/wxIT	2007-5-1	10:9:36	可以看电视　09000000008602宋体
/太阳/NIKY	2007-5-1	10:10:2	数字电视的AV信号可以吗？　92000000008602黑体
武汉/wxIT	2007-5-1	10:11:28	不能　　09000000008602宋体
/太阳/NIKY	2007-5-1	10:12:38	硬件实时压缩,不占CPU资源???也就是说不可以看数字电视??天敏的其它产品都可以
武汉/wxIT	2007-5-1	10:14:29	我们这暂时还没数字信号,对这还不清楚,不好意思。　09000000008602宋体
/太阳/NIKY	2007-5-1	10:14:42	哦　92000000008602黑体
/太阳/NIKY	2007-5-1	10:16:3	天敏的其它产品都可以看数字信号的.在面板上设置　92000000008602黑体
武汉/wxIT	2007-5-1	10:16:34	哦,学习了。　09000000008602宋体
/太阳/NIKY	2007-5-1	10:19:49	你了解一下.我想买一个　92000000008602黑体

图 8-4　聊天记录中有关电视节目录制的内容

重复的劳动、资源的浪费,而且在一定程度上阻碍了信息的共享,不利于侦查、取证工作的开展。因此,对送检的物证介质的检验过程更要全面、深入,不放过任何蛛丝马迹。

（1）本案件所需查找证据涉及的文件类型比较繁杂,需要对各种常见文件类型,如DOC、TXT、图片、邮件、视频以及聊天记录文件等进行过滤查找。

（2）为了保证信息搜索的完整,没有遗漏,需要对敲诈信中所涉及的文字内容的各种编码、图片文件的数字签名进行关键字搜索。

（3）需要对查找到的信息进行处理,如对图片文件比对,对相关人员信息、银行账号信息进行分析、整理。

（4）检验人员除了对证据文件中包含的内容进行提取和分析外,还有一个主要工作就是要结合全案其他证据进行综合审查、相互印证,例如对文件的时间属性进行分析解释和调查等。只有在正确处理文件及目录的时间标签基础上,建立多个相关文件及目录的明确无误的时间序列,并辅助以文件内容等其他的证据,才是正确和完整的计算机取证调查。

8.3　伪造证件、印章案件的检验

近年来,伪造、贩卖国家机关证件、印章,制售假发票类犯罪案件呈多发态势,造假行为涉及的领域不断扩大,大到国家机关公文、证件、印章,小到文凭、成绩报告单。这种行为严重扰乱了正常的社会管理秩序,损害了国家机关的声誉,影响了社会稳定,败坏了社会风气,引起了广大人民群众的强烈不满。虽然公安机关打击力度不断加大,一定程度上遏制了犯罪的蔓延势头,但在经济利益驱使下和庞大的买方市场面前,不断有犯罪分子以身试法,导致此类案件数量仍在高位运行。而且伪造证件、印章工具已由手工制作逐步转向采用计算机打印、扫描和自动刻印等高新技术设备。电子技术等高科技手段的应用,使得伪造的证件、印章"质量高"、"效果好"、"速度快",且一般很难发现破绽。最近,各级公安机关充分发挥经侦、治安、网监等部门的职能作用,形成整体打击,合力铲除了一批伪造和销售国家机关证件、印章和发票的犯罪窝点。

8.3.1 简要案情

2009年3月初,某市治安支队接到群众举报,称有人在市内某地伪造国家机关证件、印章、发票并进行贩卖等犯罪活动。支队领导高度重视,立即组织民警开展初查。经过一个多月的伏击守候,终于摸清该制假、贩假团伙人员的活动规律、制假窝点和主要的违法犯罪嫌疑人。4月初,治安支队对制贩假证件、假印章、假发票窝点实施"端点"行动,捣毁制贩假发票、假证窝点五个,当场抓获犯罪嫌疑人谢某、张某夫妇及同案三人,现场查获伪造的发票2万余份、各类印章50余枚、假证件80余种共4千余本及制假工具计算机、U盘、复印机、雕刻机等。要求电子物证检验人员在近十个硬盘和U盘等物证材料中查找与伪造证件、印章、发票等有关的资料信息。

8.3.2 伪造证件、印章案件的检验步骤及方法

对伪造证件、印章案件的涉案检材进行电子物证检验,一般需要进行常规检验和有针对性的检验。通过常规检验来了解存储介质中的主要内容和用户的基本操作痕迹。有针对性的检验是根据送检单位的具体检验要求,提取与案件密切相关的电子证据或线索。

1. 对存储介质进行常规检验

常规检验主要是检查操作系统信息、用户基本操作痕迹、即时通信、电子邮件、反取证软件以及常见格式文件的过滤、查看等。

(1) 通过操作系统信息,可了解所使用的操作系统、系统时区和时间、系统的安装时间和最后关机时间、登录过的用户名、网络设置、所安装软件的列表等。

在此项检验中发现计算机主机BIOS中的系统时间设置不正常,为2002年4月10日2时42分,距现在相差约2775天。操作系统安装时间为2002年1月1日0时13分39秒,最后关机时间为2002年4月7日22时33分36秒。计算机中安装有软件CorelDRAW、"蒙泰彩色电子出版系统"、"易和激光雕刻排版系统",可用来制作证件、印章、发票,并进行编排和输出。安装有"一键GHOST"软件,该软件可实现一键恢复C盘功能。

(2) 检查用户的操作痕迹可得到上网记录、USB设备使用痕迹、日志文件记录、删除记录以及最近打开、编辑、访问的文档。通过检查电子邮件,发现使用126信箱的邮件中有关于证件、印章的制作、销售方面的信息。还可以通过分析邮件头信息定位发送人和接收人的IP地址。

(3) 检查即时通信信息,在腾讯QQ的聊天记录中发现了传递文件和发送、接收制作证件信息。

(4) 对常见的Office文件、图片文件、网页文件、压缩或打包文件等文件类型进行过滤、浏览,发现大量与伪造证件、公章、票据等相关的信息,文件格式主要有.bmp、.psd、.tif,个别的还有.jpg格式,主要包括毕业证、职称证、结婚证、房产证、机关印章、名章等相关的图片,既有政府职能部门的印章,也有国内各大中专院校的公章。各类假证件更是门类齐全、项目繁多。

2. 对存储介质进行有针对性的检验

通过以上的常规检验,对检材中的内容和操作情况有了基本的了解。接下来的检验

工作是在涉案的存储设备中过滤、查找和恢复与制作证件、印章等相关的图片文件以及制作、打印、雕刻软件等信息，进行分析、整理，并进一步通过数据恢复软件恢复被删除的文件，利用关键字搜索功能对送检存储介质进行搜索、查找与案情相关的文字和图片碎片。

检材中除了与案情有关的常见格式图片文件外，还有大量的制作证件、印章的软件所使用的专用图片格式，主要有.tpf、.cdr、.yz等格式的文件。

（1）对于常见的.bmp、.psd、.tif、.jpg等图片格式，可使用电子数据取证软件EnCase的图库视图进行查看。图库视图根据文件的扩展名显示文件，如果有图片文件扩展名被修改，则需先运行签名分析才能正确显示。还可以使用资源管理器的缩略图显示功能或ACDSee等专用图片浏览工具进行查看。这部分图片主要为制作证件、印章、票据所需要的原始素材。

（2）对于.tpf格式的图片，使用通常的图片浏览工具不能进行查看，只能使用"蒙泰彩色电子出版系统"软件，才可进行图片内容检查，从中发现大量的证件、公章、发票制作的过程图片和结果图片。通过显示抓屏的方式将.tpf图片中的内容转换成常见的图片义件格式。

（3）对于.cdr格式的图片，使用通常的图片浏览工具不能进行查看。.cdr格式是著名绘图软件CorelDRAW的专用图形文件格式。CorelDRAW可用来进行证件、印章绘制、排版及输出等。通过使用CorelDRAW对.cdr格式的图片进行检查，从中发现大量的证件、公章、发票制作的过程图片和结果图片。通过显示抓屏的方式将.cdr图片中的内容转换成常见的图片文件格式。

（4）对于.yz格式的图片，使用通常的图片浏览工具不能进行查看。只能使用印章雕刻专用软件"易和激光雕刻排版系统"，才可进行图片内容检查。利用"易和激光雕刻排版系统"对.yz格式图片进行检查，从中发现少量的证件、公章、发票制作的过程图片和结果图片，如图8-5所示。通过显示抓屏的方式将.yz图片中的内容转换成常见的图片文件格式。

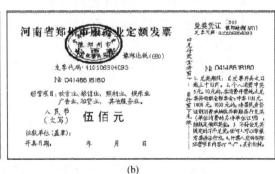

(a)　　　　　　　　　　　　　(b)

(c)　　　　　(d)　　　　　(e)

图8-5　伪造的证件、印章、发票

3. 相关材料的深度挖掘

使用 FinalData 等数据恢复软件对图片文件进行恢复，恢复出大量图片文件。因为一般的数据恢复软件只能恢复已知格式的文件，对于专用格式的文件往往需要分析该格式文件的特征，然后再以该特征作为关键字，使用 EnCase、FTK、X-Ways 等电子数据取证工具软件进行搜索，以确保信息所需查找图片文件没有被遗漏。必要时，可以编写脚本以自动提取该格式文件。

8.3.3　检验时需注意的问题

(1) 伪造、贩卖国家机关证件、印章行为涉及的领域不断扩大，牵扯的人员多，涉及地区广。因此，对送检的物证介质的检验要全面、深入，不放过任何蛛丝马迹。

(2) 此类案件的检验工作需要大量的人工操作对所查找到的数据进行浏览和提取。

(3) 目前所使用的计算机中，大多安装了具有反取证功能的软硬件。一旦数据遭到破坏，重则数据文件丢失，轻则操作痕迹被覆盖，将给电子数据取证工作造成极大的困难。

(4) 除了常见的.bmp、.tif、.psd、.jpg 等格式图片文件外，重要的往往是大量的制作证件、印章软件所使用的专用图片格式，如.tpf、.cdr、.yz 等格式，需要使用相应的查看软件。

8.4　网上非法贩卖枪支弹药案件的检验

公安信息化建设开展以来，公安机关利用信息化手段发现和打击查处各类违法犯罪活动的能力显著增强，特别是对一些利用互联网络勾联、实施违法犯罪活动案件的查处工作力度得到进一步加大。利用互联网络贩卖枪支、弹药就是近年来正在逐渐增多的一类案件。由于买卖枪支的高利润、高回报的特点，此类案件正呈现出蔓延的势头。而在我国涉枪案件还多与一些"恶、赌、毒"犯罪交织在一起，给社会治安带来了严重的隐患，因此，加大对互联网贩卖此类危险物品的打击力度，就显得十分必要。

8.4.1　简要案情

2009 年 8 月 19 日某市公安分局刑警队根据专案组提供线索，将涉嫌非法贩卖枪支弹药案的犯罪嫌疑人胡某抓获，经审查该人供述在网上贩卖枪支弹药，并缴获犯罪嫌疑人使用的计算机主机一台。要求检验与涉枪案有关的资料信息，并查看 QQ 聊天记录信息。

8.4.2　网上非法贩卖枪支弹药案件的检验步骤及方法

1. 磁盘文件信息初步浏览

在对磁盘作具体检验操作前，先对涉案计算机磁盘上的信息进行初步的浏览以明确下一步具体的检验工作是十分必要的。在浏览信息时一般主要关注以下几个内容。

(1) 明确有无可能与案件相关的软件，如网页制作软件及数据库管理软件。

由于网上非法贩卖枪支弹药案件有时是自己创建网站进行贩卖活动，所以，在犯罪嫌疑人的计算机中有可能有一些有关网页制作的工具软件和用于后台网站管理的数据库软件。因此，首先浏览明确一下机器中是否有这类的软件，对我们进一步检验工作是有指导意义的。

（2）明确涉案机器中所使用的即时通信工具类型及版本。

通过初步检查，可以明确犯罪嫌疑人上网时，习惯于使用哪类（些）即时通信工具、通信工具所使用的账号信息、聊天信息等。如 QQ，我们可以在 QQ 的安装路径下找到曾经于这台机器上使用过的 QQ 号码信息，聊天过程中曾经发送、接收的图片信息，最后一次聊天的时间以及 QQ 的版本情况等，以明确具体聊天记录的提取方法。而像 MSN 这类软件，我们甚至可以直接读取出聊天记录信息。

2. 文档信息重点浏览

在网上非法贩卖枪支、弹药案件中，犯罪嫌疑人经常会以文档的形式，记录存储一些涉案相关的信息，如嫌疑人的通讯录信息、账目信息、银行账号、转账、快递物流等信息。因此，对文档文件的查阅是十分重要的。

（1）正常的文档文件。

即未进行加密、删除、修改或是隐藏等处理的文档，主要包括.txt、.doc、.xls、.rtf 等文件。此类文件可利用 EnCase 软件所提供的过滤功能，进行分类查阅、整理分析。如图 8-6 所示为对犯罪嫌疑人的主机进行分类查阅，在赵.txt 文档中发现的交易记录。

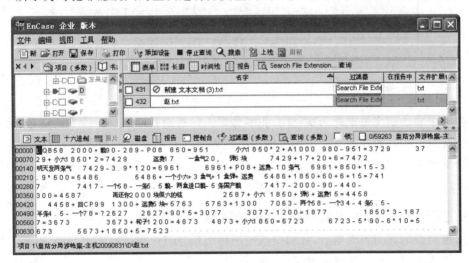

图 8-6　赵.txt 文档中发现的交易记录

（2）处理过的文件。

如对文件的类型作过处理，或是将文件进行了隐藏的文件需要通过 EnCase 软件查看文件的签名信息来明确文件的原本属性，从而进一步查看分析。如图 8-7 所示为通过 EnCase 软件的文件签名功能，检验出的有利用修改文件扩展名来隐藏掩饰文件的情况，该文件原本是一个.txt 的文本文件。

（3）删除文件的恢复。

有时，犯罪嫌疑人为了掩盖罪行，会将一些重要的文档信息删除，此时，我们需要利用

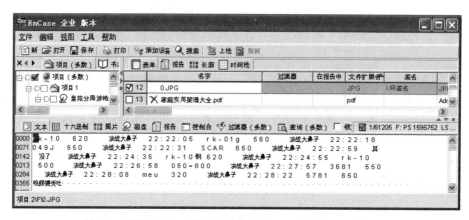

图 8-7　利用 EnCase 软件检验出的处理过文件扩展名的文件

Finaldata 这类的数据恢复软件将已删除的文档信息恢复出来。如图 8-8 所示是对犯罪嫌疑人的主机进行数据恢复发现的银行交易记录。

图 8-8　犯罪嫌疑人与买家的银行交易记录

3. 图片文件查找分析

在网上非法贩卖枪支弹药案件中，犯罪嫌疑人一般通过网络交涉枪支的型号、价钱及外观情况，所以，一般在涉案人员的机器内可能存有与案件有关的枪支图片信息，并从中获得涉案枪支的型号、价格、工艺情况等信息，如图 8-9 所示是检验出的枪支贩卖信息及价格。

4. 整理归纳、深入挖掘，明确查找的重点

通过前面的查阅和浏览后，我们应该把所得的信息进一步进行整理归纳，以期为后续的检验工作整理出一个明确的思路和检验方向。

例如，在某网上贩卖枪支弹药案的鉴定中，通过浏览文件和查阅文档后获得了 QQ 号码、银行账户信息、账目信息等相关内容，对这些信息进行归纳整理，可以为后续的检验工作明确查找信息的重点和关键字的设置。

5. 结合案情和检验要求深入分析，查找更多相关证据

（1）对于自己架设网站贩卖枪支嫌疑人的计算机，可以分析其网站后台数据库信息，以明确该网站的实际交易情况，如涉案金额、涉案人员、银行账号、物流信息等。如图 8-10 所示为检验出的犯罪嫌疑人机器后台数据中有关枪支买卖情况的部分数据库信息。

第8章 典型案例分析与检验

图8-9 从犯罪嫌疑人主机上检验出来的枪支贩卖信息及价格

图8-10 数据库中有关枪支买卖的部分信息

如图8-11所示是检验出的犯罪嫌疑人机器后台数据中有关物流快递的部分数据库信息。

（2）对采用即时聊天工具作为作案时主要联络工具的案件，一方面要对即时通信聊天记录的信息进行分析，发现犯罪事实，得到案件线索。同时，对该即时通信软件要进行分析或试验，利用软件的功能查找嫌疑人的注册信息，并运用技术手段和调查手段获取嫌疑人的真实IP。同样的方法也适用于在论坛或电子交易网站上交易案件的线索分析。网络即

action_id	order_id	action_user	order_statu	shipping_statu	pay_status	action_note	log_time
960	742	a	1	1	2	中通速运，单号-518003451219	1246073211
932	850	a	1	1	2	张涛 老西北货运 查货电话0739－2657865	1245735309
697	594	a	1	1	2	韵达快运，单号8000006326983，网站http://www.yundaex.com/www/index.html	1241501276
749	653	a	1	1	2	韵达快运，单号8000006326871 欠一个弹夹，没货	1242712461
673	575	a	1	1			1241065478
581	462	a	1	1	2	运单号0024643，查货电话0755-22314643	1238984589
1024	981	a	1	1	2	运单号0013072，查货电话0577-88633221	1246777081
346	238	a	1	1	2	运单号0004346 电话0755-22316963	1234649951
589	495	a	1	1	2	圆通快递 1227700732	1239168669
148	105	buyer	2	0	0	用户取消	1229142367
354	266	a	1	1	2	已付500	1234758895
46	66	a	1	0	2	已付，G17，一瓶气，一个腋套黑	1226885405
536	423	a	1	1	2	已发货，扣除快递费15元	1237865837
185	141	a	1	1	2	兴广发快运 单号0003506 电话0757-87819403	1230753862
521	430	a	1	0	0	无货	1237700133
414	336	a	1	1	2	天地华宇 货号94340098 品名：化妆品	1236140902
196	167	a	1	1	2	天成货运，货号0012239 查货电话024-24120786	1230948536
584	477	a	1	1	2	顺心货运，0754-88105331，货名:冰暖木鞘	1239077746
407	323	a	1	1	2	顺丰 024038323667	1236050730
668	554	a	1	1	2	淑兰货运，单号0073822，电话0451-87817818 87817817	1240985454
881	829	a	1	1	2	秦涛 老西北货运 0739－2657865	1245300466
42	55	a	1	0	2	枪一把国狙MP001 的，280 瞄准镜3-9x40一个 120 玻璃弹两合50 子弹一盒 100共550	1226707590
436	358	a	1	0	2	品 名　　　　　　　　数量　单价　合计 KJ Glock 32C瓦斯枪(金属滑架) 2　1000　2000 KJ P14.45瓦斯枪(全金属)　　1　1000　1000 KJ M9全金属瓦斯枪　　　　1　1000　1000 KJ Glock 27瓦斯枪(金属滑架)　1　1000　1000 金球BB弹(0.25G)　　20　22　440 猛将气　　　　　　35　33　1155 铝弹	1236476772

图 8-11　数据库中有关物流快递等方面的部分信息

时通信工具种类繁多，其中跟案件息息相关的信息如聊天记录所存储的位置、格式、加密方式均不相同，为了能及时有效地获得信息，如果有条件的话我们可以采用专业的取证软件来获取。下面是用取证大师 2008 对网络即时通信工具的取证过程，如图 8-12 所示。

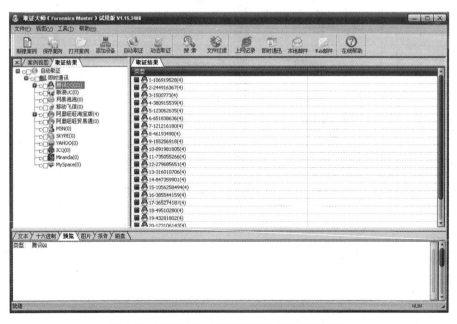

图 8-12　利用取证大师对即时通信工具的取证

但目前对于 QQ 2008 之后的版本取证大师和 QQView 这些可查看聊天记录的工具

都是不能导出聊天记录的,但此时我们可以利用 EnCase 设置欲调查人 QQ 的昵称作为关键字,来查找尚存于交换分区中的部分聊天记录。如图 8-13 所示是某案中查找到的 QQ 聊天记录。

图 8-13 利用 EnCase 获得的聊天记录信息

8.4.3 检验时需注意的问题

通常情况下,针对网上非法贩卖枪支、弹药案件的检验工作,主要是以获得证明其买卖双方真实的交易信息内容为目的。因此,主要从买卖双方通过货币交易平台进行交易的账号、转账记录、买卖的账目信息、即时通信记录中的议价信息以及快递的运单及送达记录等几个主要方面进行研究和检验。但由于送检涉案检材的拥有者身份和其在贩卖组织中的分工的不同,检验时搜索信息的重点和关键字也应结合具体情况进行设置。例如对于自设网站贩卖者的主机,我们还应关注其机器内有关网站设计的工具和数据库的相关信息。

8.5 非法制造假发票案件的检验

为了获得高额利益,很多无良商家会伪造发票来欺骗消费者,达到避税的目的。每年都会有多起类似的案件送检。

8.5.1 简要案情

犯罪嫌疑人刘某擅自制造"吉林省地税金融税控收款机"打印程序并购买设备,后连同 5000 张假空白"吉林省地税金融税控收款机专用发票"以 45000 元的价格卖给某餐饮娱乐公司。要求对送检的主机进行恢复、提取打印发票所形成的数据列表。

8.5.2 非法制造假发票案件的检验步骤及方法

1. 对存储介质进行常规检验

在对检材作具体检验操作前,先对检材上的信息进行初步的检验以明确下一步的检验工作是十分必要的。在浏览信息时一般主要关注以下几个内容。

（1）根据检验要求使用 FinalData 等数据恢复工具对检材进行数据恢复,并检验恢复后的文件,没有查到相关信息。

（2）利用取证大师,检验所有的上网痕迹和计算机使用痕迹,没有发现相关线索。

（3）利用电子数据取证软件如 EnCase 的过滤功能,过滤出所有的 Office 文件、图片文件、数据库文件,结果在检材的"D:\Program Files\QQ2009\NAP"路径下,发现2个与案情相关的文件,分别为 DATA.mdb、print.exe。

2. 对存储介质进行有针对性的检验

（1）print.exe 是"票据打印系统"的可执行文件,双击进入登录界面,登录用户名为"admin",密码为"bailaohui",进入系统后可以根据日期进行打印票据的查询、打印新票据以及登录密码的修改,其登录及执行界面如图 8-14～图 8-16 所示。

图 8-14 【票据打印系统】的登录界面

图 8-15 【票据打印系统】的操作界面

(2) DATA. mdb 是【票据打印系统】应用程序所对应的 Microsoft Access 数据库。通过 Access Fix 工具软件对数据库进行数据修复,得到 a23、OP、print、print1 共 4 个数据表。其中 a23s 和 print1 表为空白表,OP 表存放的是登录系统的用户名和密码,print 表存放的是打印过的票据记录,包括机器编号、机打号、收款人、税号、日期、付款人、项目、数量、价格、金额、金额大写、税控码、操作者、编号等记录项。OP 表和 print 表的部分内容如图 8-17 和图 8-18 所示。

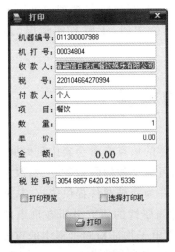

图 8-16　打印新票据的操作界面

	YH	MM
1	admin	bailaohui

图 8-17　表 OP 存放的内容

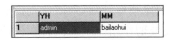

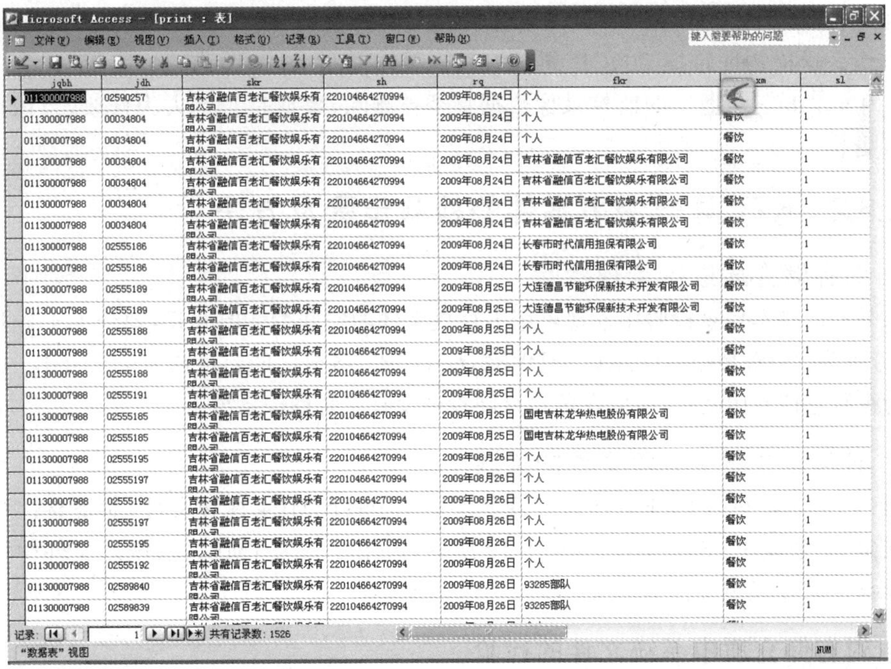

Microsoft Access - [print : 表]

jqbh	jdh	skr	sh	rq	fkr	xm	sl
011300007988	02590257	吉林省融信百老汇餐饮娱乐有	220104664270994	2009年08月24日	个人		1
011300007988	00034804	吉林省融信百老汇餐饮娱乐有	220104664270994	2009年08月24日	个人	餐饮	1
011300007988	00034804	吉林省融信百老汇餐饮娱乐有	220104664270994	2009年08月24日	个人	餐饮	1
011300007988	00034804	吉林省融信百老汇餐饮娱乐有	220104664270994	2009年08月24日	吉林省融信百老汇餐饮娱乐有限公司	餐饮	1
011300007988	00034804	吉林省融信百老汇餐饮娱乐有	220104664270994	2009年08月24日	吉林省融信百老汇餐饮娱乐有限公司	餐饮	1
011300007988	00034804	吉林省融信百老汇餐饮娱乐有	220104664270994	2009年08月24日	吉林省融信百老汇餐饮娱乐有限公司	餐饮	1
011300007988	00034804	吉林省融信百老汇餐饮娱乐有	220104664270994	2009年08月24日	吉林省融信百老汇餐饮娱乐有限公司	餐饮	1
011300007988	02555186	吉林省融信百老汇餐饮娱乐有	220104664270994	2009年08月24日	长春市时代信用担保有限公司	餐饮	1
011300007988	02555186	吉林省融信百老汇餐饮娱乐有	220104664270994	2009年08月24日	长春市时代信用担保有限公司	餐饮	1
011300007988	02555189	吉林省融信百老汇餐饮娱乐有	220104664270994	2009年08月25日	大连德昌节能环保新技术开发有限公司	餐饮	1
011300007988	02555189	吉林省融信百老汇餐饮娱乐有	220104664270994	2009年08月25日	大连德昌节能环保新技术开发有限公司	餐饮	1
011300007988	02555188	吉林省融信百老汇餐饮娱乐有	220104664270994	2009年08月25日	个人	餐饮	1
011300007988	02555191	吉林省融信百老汇餐饮娱乐有	220104664270994	2009年08月25日	个人	餐饮	1
011300007988	02555188	吉林省融信百老汇餐饮娱乐有	220104664270994	2009年08月25日	个人	餐饮	1
011300007988	02555191	吉林省融信百老汇餐饮娱乐有	220104664270994	2009年08月25日	个人	餐饮	1
011300007988	02555185	吉林省融信百老汇餐饮娱乐有	220104664270994	2009年08月25日	国电吉林龙华热电股份有限公司	餐饮	1
011300007988	02555185	吉林省融信百老汇餐饮娱乐有	220104664270994	2009年08月25日	国电吉林龙华热电股份有限公司	餐饮	1
011300007988	02555195	吉林省融信百老汇餐饮娱乐有	220104664270994	2009年08月26日	个人	餐饮	1
011300007988	02555197	吉林省融信百老汇餐饮娱乐有	220104664270994	2009年08月26日	个人	餐饮	1
011300007988	02555192	吉林省融信百老汇餐饮娱乐有	220104664270994	2009年08月26日	个人	餐饮	1
011300007988	02555197	吉林省融信百老汇餐饮娱乐有	220104664270994	2009年08月26日	个人	餐饮	1
011300007988	02555195	吉林省融信百老汇餐饮娱乐有	220104664270994	2009年08月26日	个人	餐饮	1
011300007988	02555192	吉林省融信百老汇餐饮娱乐有	220104664270994	2009年08月26日	个人	餐饮	1
011300007988	02589840	吉林省融信百老汇餐饮娱乐有	220104664270994	2009年08月26日	93285部队	餐饮	1
011300007988	02589839	吉林省融信百老汇餐饮娱乐有	220104664270994	2009年08月26日	93285部队	餐饮	1

记录：1　共有记录数：1526

"数据表"视图

图 8-18　表 print 存放的内容

8.5.3 检验时需注意的问题

以上案件的检验过程并不复杂。利用 FinalData、EnCase、Access-Fix 等相关工具就可以完成电子数据取证工作。但在本案检验过程中发现 exe 可执行文件和 mdb 数据库文件的创建日期和修改日期都在抓捕犯罪嫌疑人之后。导致该种情况的原因可能有两个,一是送检验主机系统时间设置不准确,导致文件的创建和修改时间与抓捕时间冲突;二是嫌疑人主机被扣留后被修改和使用过,导致文件的时间属性与抓捕时间不一致。所以在检验过程中一旦发现此问题要及时与送检验单位沟通,了解真实情况,避免出现问题。

8.6 KTV 寻衅滋事案件的检验

时间信息是计算机取证的基础检查部分,因为案件的焦点常常会集中到时间问题上,时间是连接现实世界的重要途径,通过时间可以确认可疑文件何时被建立、修改和最后访问。通过对文件时间属性的研究,可以收集犯罪证据并为侦破案件提供依据,从而确定侦查范围,制定侦查计划,采取侦查措施。因此,文件时间属性的研究分析在刑事侦查中具有极为重要的作用。本案例旨在说明文件时间属性在电子物证检验过程中的重要作用。

8.6.1 简要案情

2010 年 10 月 25 日,某市 KTV 发生一起寻衅滋事案,双方互殴,造成多人受伤,其中一人重伤。送检物证希捷 500GB 硬盘一块。要求检验在 2010 年 10 月 25 日 22:00 至 23:59 内 6、7、8 三个通道的监控录像数据是否被删除,数据是否有人为修改,录像机硬盘是否被更换。

8.6.2 KTV 寻衅滋事案件的检验步骤及方法

1. 对存储介质进行常规检验

在最初的基本信息检验中发现可用于存放文件的空间为 465.8GB,划分了 4 个 FAT32 分区,分别为 netDVR0、netDVR1、netDVR2、netDVR3,各分区的容量均为 116.4GB。因为该硬盘为视频监控专用硬盘,所以在该检材硬盘中没有安装操作系统。

2. 对存储介质中删除文件的检验

通过 EnCase 软件加载该检材发现其中有 3708 个 MP4 视频文件,对检材进行删除文件恢复,共恢复出 28 个文件,如图 8-19 所示,占用空间为 1MB。从恢复文件中可以看出在检材中未发现删除的视频文件。

3. 对存储介质中系统文件的检验

通过分析检材中的视频监控录像,发现该视频系统共分 16 路通道,每路通道每次记录时长约为 34 分钟,生成文件占用空间为 128MB,同时在该检材中发现了大量的 2010 年

图 8-19 被删除文件列表

10 月 14 日至 2010 年 10 月 20 日之间的视频监控录像信息,也发现了少量的 2010 年 10 月 22 日和 2010 年 10 月 26 日的视频监控录像信息,如图 8-20 所示。

图 8-20　2010 年 10 月 22 日和 26 日部分录像截图

在对检材文件系统的检验过程中也未能发现 2010 年 10 月 25 日 22:00 至 23:59 之间 6、7、8 三个通道的视频文件。

4. 对存储介质中视频监控录像文件时间属性的检验

在检材磁盘分区 netDVR1 中 927 个视频监控录像文件的创建时间、修改时间均为 2010 年 10 月 26 日 00 时 31 分,部分示例如图 8-21 所示。

在检材磁盘分区 netDVR2 中 927 个视频监控录像的创建时间、修改时间均为 2010 年 10 月 26 日 00 时 32 分,部分示例如图 8-22 所示。

在检材磁盘分区 netDVR3 中 927 个视频监控录像的创建时间、修改时间均为 2010 年

10月26日00时33分，部分示例如图8-23所示。

图 8-21 netDVR1 中视频文件时间属性

图 8-22 netDVR2 中视频文件时间属性

在检材磁盘分区 netDVR0 中 927 个视频监控录像的创建时间、修改时间均为 2010 年 10 月 26 日 00 时 30 分，部分示例如图 8-24 所示。

图 8-23 netDVR3 中视频文件时间属性

图 8-24 netDVR0 中视频文件时间属性

由图 8.21～图 8.24 可见，netDVR0、netDVR1、netDVR2、netDVR3 四个分区中，每个分区内的视频文件创建时间都一样，例如在 netDVR0 中视频文件的创建时间均为 2010 年 10 月 26 日 00 时 30 分，而在每个分区中的监控视频文件记录是在 2010 年 10 月 14 日至 2010 年 10 月 20 日时间段内，其中时长约 36 小时的监控视频录像信息。由于每个视频文件的时长为 34 分钟，因此同一通道内连续记录的监控视频录像，在文件的创建时间上至少相差 34 分钟，而在 netDVR1 中通道 6 连续记录的 2 个视频文件 hiv00058.mp4 和 hiv00061.mp4 两个文件的创建时间相同，如图 8-25 所示。

图 8-25 视频文件 hiv00058.mp4 和 hiv00061.mp4

由此看出，检材中视频监控文件的创建时间在逻辑上存在自相矛盾，因为监控视频系统不能在同一时间点,创建出两个同一通道记录的不同时间段的视频监控录像文件。所以可以说明检材中视频文件被人为进行过修改。

5. 检材视频监控录像水印时间的检验

在磁盘分区 netDVR0、netDVR1、netDVR2、netDVR3 中的 3708 个视频文件中任意选取一视频文件,提取其视频水印时间,发现水印时间与该文件在磁盘中的创建时间、修改时间不一致,以分区 netDVR1 中 hiv0000.mp4 为例,提取其水印时间如图 8-26 所示。即 2010 年 10 月 17 日 18 时 05 分 26 秒,而该文件的创建时间、修改时间均为 2010 年 10 月 26 日 00 时 31 分(如图 8-21 所示),两者不一致。

图 8-26　从视频文件 hiv0000.mp4 中提取的水印时间信息

由此得出,检材中的视频监控文件出现在该磁盘介质中的时间,即文件的创建时间与视频监控文件中嵌入的水印时间不一致,这种情况多数是由复制粘贴文件的操作所形成的。

8.6.3　检验时需注意的问题

(1) 如果修改时间等于创建时间,那么文件是原始文件,既没有被修改也没有被剪切。

(2) 如果修改时间早于创建时间,则文件被修改或移动过。

(3) 如果在硬盘上大量的文件具有很近的访问时间,这些文件极有可能被同一个工具软件扫描过,如杀毒软件。如果在一个文件夹中的一些图像和视频文件有很近的访问时间,并且没有其他的图像和视频文件具有相似的访问时间,则这些图像和视频文件极有可能被一个图像和视频预览工具访问或打开过,例如用 Windows 资源管理器以缩略图的方式查看。

(4) 在一个文件夹中,如果一些文件的修改时间等于创建时间,并且有很近的创建时间或者修改时间,那么这些文件有可能是从网上批量下载的。

(5) 文件复制的时候,文件创建时间为复制时间,文件修改时间与源文件一致。

(6) 文件下载的时候,文件创建时间为开始下载的时间,文件修改时间为下载结束时间。使用 IE 下载时是先下载到临时目录再复制。

(7) 压缩文件解压时,通常情况下 WinRAR、WinZIP 下文件的创建时间为解压时间,文件修改时间与压缩的文件一致。

8.7 赌博游戏代理服务器的检验

目前,由于计算机技术和网络技术的迅猛发展,一些不法分子为了非法谋取暴利,架设网络赌博代理服务器,使得游戏玩家通过网络赌博代理商架设的网站进行注册,开展非法的网络赌博活动。

8.7.1 简要案情

2012年3月,某市治安支队接到居民举报,2012年3月初在浏览互联网时发现一个可以用人民币赌博的网站(尊胜国际棋牌游戏)。在这个网站注册会员之后可以通过第三方支付平台把钱打到自己的账户上,赢钱之后这个网站也是通过第三方支付平台把钱打到赢家的账号里,从而实现真钱斗地主、百家乐、诈金花、五张等赌博游戏。要求对送检硬盘进行网络赌博相关内容的检验和数据恢复。

8.7.2 赌博游戏代理服务器的检验步骤及方法

1. 对存储介质进行常规检验

根据本案特点,进行了常规性的检验。主要包括硬盘基本信息检验、IP地址、用户、安装软件、文件内容浏览、数据恢复等。

(1) 硬盘基本信息的检验

硬盘容量为500GB,划分为3个分区,第一个分区为C盘,容量20GB,文件系统为NTFS,是系统盘,安装操作系统版本是Microsoft Windows Server 2003;第二个分区是D盘,容量250.4GB,文件系统为NTFS;第三个分区是E盘,容量是195.3GB,文件系统为NTFS。第二个和第三个分区是数据盘,主要内容为构建网站的工具软件、网络赌博相关的网站文件和网络赌博游戏的安装程序。

(2) 硬盘IP地址的检验

经检验,硬盘关机前的IP地址为121.12.117.77。与送检单位提供的情况说明一致,即深圳市某科技有限公司情况说明中所说的租给姜某服务器的IP地址。

(3) 硬盘用户的检验

经检验,硬盘中共有用户11个,其中登录过的用户有6个,分别是rosesys、ASPNET、rose、IUSR_DATA-FO77、5ljm.com、webdownload。

(4) 硬盘中安装软件的检验

经检验,C盘中安装有Microsoft SQL Server 2005、Microsoft .NET Framework 3.5、SQLXML 4、智创网站维护管理专家等软件,这些软件与构建、运行网站相关,具备构建、运行网站的条件。

(5) 常见文件类型的检验

经检验,硬盘中有大量与赌博相关的网站文件,其中包括html、asp、aspx等不同类型文件;网络赌博游戏的服务程序,包括中心服务器、登录服务器、游戏服务管理、信箱服务器、大厅服务器、机器绑定信息生成等;网络赌博游戏诈金花、港式五张、斗地主等执行程序;游戏充值出错日志文件;网络赌博游戏相关的网页文件。

(6) 数据恢复检验

通过数据恢复软件进行数据恢复,未检验出与案件相关的内容。

上述内容检验方法比较简单,使用电子数据取证工具如 EnCase、X-Ways 等工具中的过滤、浏览、注册表检验等方法即可实现。也可以通过取证大师中的自动取证功能设置相应的策略完成常规检验。而对于文件内容的浏览可以使用 Quick View Plus,快速直观。

2. 有针对性的检验

根据常规性的检验结果,发现大量与赌博相关的网站文件夹,其中"D:\360 云盘\home"文件夹结构如图 8-27 所示。其中每一个文件夹中均为与网络赌博相关的网站文件,其中包括"宝冠国际"、"名仕国际"、"尊胜国际"、"凯德国际"等。由于网站文件只有在运行以后才能直观反映其内容,所以在常规定性检验的基础上需要进一步搭建网站运行环境,运行网站文件,以直接反映网站内容。

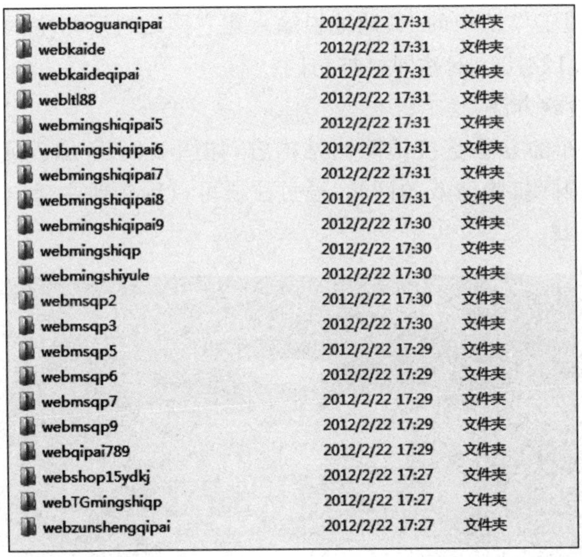

图 8-27 "D:\360 云盘\home"文件夹结构

(1) 搭建网站方法

① 搭建网站运行环境

在检验工作站上搭建网站运行环境。首先安装并启动虚拟机 VMware Workstation,在此虚拟机中安装 Windows 2003 Server。

② 建立网站

打开【Internet 信息服务(IIS)管理器】窗口,在【Internet 信息服务】窗格中右击【网站】选择【新建】→【网站】,打开【网站创建向导】,单击【下一步】按钮,输入网站描述,如 webTGmingshiqp,单击【下一步】按钮,指定网站的 IP 地址、端口、网站的主机头,如图 8-28

所示,设定后单击【下一步】按钮,选择网站文件所在的位置,设置网站访问权限即可。

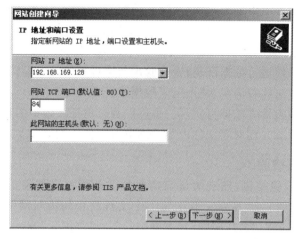

图 8-28　指定新建网站 IP 地址、端口和主机头的对话框

③ 访问网站

在虚拟机或检验工作站中的 IE 地址栏输入建立网站时所指定的网站 IP 地址及端口号,如 192.168.169.128:84,网站即可被访问。

(2) 网站文件检验方法

① 通过网站发布的方法直接访问网站内容,如图 8-29 所示。通过该网站内容可以看出这是一个凯德国际棋牌游戏的网站,通过注册可以玩斗地主、诈金花、港式五张牌、二人麻将、百家乐等游戏。

图 8-29　webkaide 网站经发布后的网页

② 被检验网站经过发布访问时出现连接远程服务器的检验。在本案中大多数网站经过发布后进行访问时出现了需要连接远程服务器,即通过 1982 端口连接 IP 地址为 121.10.133.154(域名为 webservice.zhaoqp.com)的目标机器,经查该 IP 地址属于广东省茂名市电信。因该机器拒绝链接,故不能正常打开网站,但通过此检验可以查出该服务

器的上一级连接 IP 地址及其所在城市,为侦查人员提供开展下一步侦查的思路。

③ 网站配置文件的检验

在检材中"d:\360 云盘\agent.rar"文件经解压后生成 wwwroot 文件夹,文件夹中的内容如图 8-30 所示。

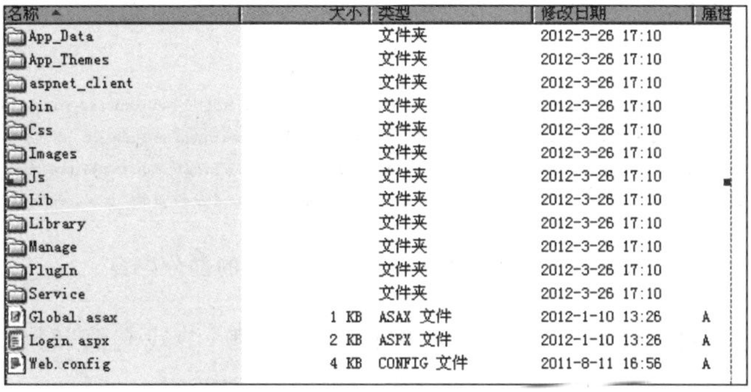

图 8-30 wwwroot 文件夹内容

该网站经发布后的网站信息如图 8-31 所示,该网站是一个棋牌代理后台。经过对其网站的配置文件分析,该棋牌代理后台通过 2578 端口与 IP 地址为 121.10.107.205 的服务器进行连接,访问服务器中的 4 个与游戏相关的数据库,分别是游戏账号数据库 LYGameUserDB、游戏金币数据库 LYGameDB、游戏服务器数据库 LYServerInfoDB、系统管理数据库 SystemManage。用户 id 为 mingshi,密码为 mingshi~!@0.0.,具体信息如图 8-32 所示。

图 8-31 棋牌代理后台登录界面

④ 日志文件的检验

在"D:\360 云盘\home\webshop15ydkj\wwwroot\Charge\App_Data\Log"文件夹中共有 15 个日志文件,占用磁盘空间 15MB。主要记录着 2011 年 10 月 27 日到 2011 年 11 月 8 日期间该网站游戏充值的出错信息。其中 20111027.html 文件的部分内容如图 8-33 所示。其中 2011 年 10 月 27 日 16 点 5 分 57 秒通过环迅银行充值的异常详细信

```xml
<?xml version="1.0"?>
<configuration>
    <configSections>
        <!--log4net配置节-->
        <section name="log4net" type="log4net.Config.Log4NetConfigurationSectionHandler,log4net"/>
    </configSections>
    <appSettings>
        <!--设置数据库连接字符串是否加密-->
        <add key="IsEncrypt" value="false"/>
        <!--是否记录登录日志-->
        <add key="RecordLoginLog" value="True"/>
        <!--是否记录操作日志-->
        <add key="RecordOperateLog" value="True"/>
        <!--允许开设的代理级别，0表示不限制-->
        <add key="AgentLevel" value="6"/>
    </appSettings>
    <connectionStrings>
        <!--游戏账号数据库-->
        <add name="GameUserDB" connectionString="server=121.10.107.205,2578;database=LYGameUserDB;uid=mingshi;pwd=mingshi~!@0.0.;"/>
        <!--游戏金币数据库-->
        <add name="GameDB" connectionString="server=121.10.107.205,2578;database=LYGameDB;uid=mingshi;pwd=mingshi~!@0.0.;"/>
        <!--游戏服务器数据库-->
        <add name="ServerInfoDB" connectionString="server=121.10.107.205,2578;database=LYServerInfoDB;uid=mingshi;pwd=mingshi~!@0.0.;"/>
        <!--系统管理数据库-->
        <add name="SystemManageDB" connectionString="server=121.10.107.205,2578;database=SystemManage;uid=mingshi;pwd=mingshi~!@0.0.;"/>
    </connectionStrings>
```

图 8-32　棋牌代理后网站配置文件的部分内容

息为"分析环迅银行列表失败"，该信息是由于"尊皇新版\游戏充值"时出现了索引超出了数组界限。

```
异常时间：2011-10-27 16:25:57,890 [5]
异常级别：ERROR
异常详细信息：分析环迅银行列表失败！
System.IndexOutOfRangeException: 索引超出了数组界限。 在 Lion.Charge.UI.Pay.IPS.PlayerChargeInWeb.GetBankList() 位置 D:\开发代码\branches\尊皇新版\诸戏充值
\Lion.Charge\Lion.Charge.UI\Pay\IPS\PlayerChargeInWeb.aspx.cs:行号 105

异常时间：2011-10-27 17:13:25,796 [8]
异常级别：INFO
异常详细信息：
MerchantID=10006896&MerchantOrderID=20111027001240&CardID=YC3000005468639&Result=3&SuccAmount=0&SuccMultiple=1&Reason=0&SignMD5=34a932ab12b9d12ac2388c87a137aa06&ALL_HTTP=HT
3a159%0d%0aHTTP_CONTENT_TYPE%3application%2fx-www-form-urlencoded%0d%0aHTTP_EXPECT%3a100-continue%0d%0aHTTP_HOST%3awww.36link.com%0d%0aHTTP_RAW=Content-Length%3a+159%0d%
0aContent-Type%3a+application%2fx-www-form-urlencoded%0d%0aExpect%3a+100-continue%0d%0aHost%3a+www.36link.com%0d%0a&APPL_ID_PATH=%2fLM%2fW3SVC%2f196830932%2fRoot%
2fcharge%2fAPPL_PHYSICAL_PATH=D%3a%5Cwww%5ccharge_36link.com%5ccharge.36link.com%5Ccharge_
5c&AUTH_TYPE=&AUTH_USER=&AUTH_PASSWORD=&LOGON_USER=&REMOTE_USER=&CERT_COOKIE=&CERT_FLAGS=&CERT_ISSUER=&CERT_KEYSIZE=&CERT_SECRETKEYSIZE=&CERT_SERIALNUMBER=&CERT_SERVER_ISS
2fx-www-form-urlencoded&GATEWAY_INTERFACE=CGI%
2f1.1&HTTPS=off&HTTPS_KEYSIZE=&HTTPS_SECRETKEYSIZE=&HTTPS_SERVER_ISSUER=&HTTPS_SERVER_SUBJECT=&INSTANCE_ID=196830932&INSTANCE_META_PATH=%2fLM%2fW3SVC%
2f196830932&LOCAL_ADDR=121.10.134.72&PATH_INFO=%2fcharge%2fPay%2fuPay%2fChargeInCallBack.ashx&PATH_TRANSLATED=D%3a%5Cwww%5Ccharge_36link%5cCharge%5cPay%5cEfuPay%
5cChargeInCallBack.ashx&QUERY_STRING=&REMOTE_ADDR=222.73.42.77&REMOTE_HOST=222.73.42.77&REMOTE_PORT=2778&REQUEST_METHOD=POST&SCRIPT_NAME=%2fcharge%2fPay%2fEfuPay%
2fChargeInCallBack.ashx&SERVER_NAME=www.36link.com&SERVER_PORT=80&SERVER_PORT_SECURE=0&SERVER_PROTOCOL=HTTP%2f1.1&SERVER_SOFTWARE=Microsoft-IIS%2f6.0&URL=%2fcharge%2fPay%
2fEfuPay%2fChargeInCallBack.ashx&HTTP_CONTENT_LENGTH=159&HTTP_CONTENT_TYPE=application%2fx-www-form-urlencoded&HTTP_EXPECT=100-continue&HTTP_HOST=www.36link.com
```

图 8-33　20111027.html 文件部分内容

其中 2011 年 10 月 27 日 17 点 13 分 25 出现的异常详细信息中包括本地 IP 地址为 121.10.134.72，充值网站的域名为 www.36link.com，远程 IP 地址为 222.73.42.77，应该是游戏充值时所使用的机器。

经查得知，IP 地址 121.10.134.72 所在地为广东省茂名市电信，经进一步查询得知在 IP 地址 121.10.134.72 中共有两个注册的域名，一个是 www.36link.com，另一个是 page.51jbt.com，其中 www.36link.com 网站是 2005 年 7 月 5 日进行注册的，备案/许可证号为"粤 ICP 备 05065322 号"，当初网站注册时用于连锁服饰，但在此案中涉及利用其中的网上支付功能给游戏充值。

8.7.3　检验时需注意的问题

（1）本案所涉及的是游戏代理服务器，内容大多数为代理网站的文件，只有经过发布才能直观反映其内容。

（2）在网站发布过程中，由于部分网站需要访问远程的服务器，而远程服务器关闭的情况下可以通过提取 IP 地址为侦查人员提供下一步侦查线索。

（3）网站配置文件中通常具有非常重要的信息，如连接服务器的 IP 地址、访问的数

据库文件名、用户名、密码等信息,为侦查人员下一步侦查提供线索。

(4) 网站相关数据库文件、网站连接文件可能加密,为此还需要解密技术完成检验。

(5) 日志文件也是此类案中的检验重点,通常日志文件是文本文件格式,为了对日志文件中大量的数据进行统计分析,还需要进行数据转换,使其导入到 Excel 或数据库中进行进一步的分析和检验。

8.8 非法入侵政府网站案件的检验

近年来,以非法牟利为目的的政府网站入侵案件多有发生。犯罪嫌疑人或是通过在政府网站中植入"黑"链接,从而提高目标网站的搜索排名及点击率;或是通过修改政府网站的内容,为特定需求者提供服务,实现非法获利。本节以一起真实的入侵政府网站案件为背景,重点通过 Windows 系统日志记录的调查分析,详细说明此类案件的取证步骤与方法。

8.8.1 简要案情

2012 年 5 月 6 日,某政府部门网站负责人周某报案称,其部门网站(http://www.XXXXX.com.cn,为保密起见部分信息用字符 X 代替,下同)及公共服务业务无法正常运行。侦查人员怀疑有人非法侵入该部门计算机系统并破坏其内数据资料,从而导致政务运行受到严重影响,于是将计算机硬盘送至电子物证实验室进行检验。

8.8.2 非法入侵政府网站案件的检验步骤及方法

(1) 针对送检介质进行常规检验

取证人员对该部门计算机系统进行了初步调查,发现该系统中的 C 盘安装有 Web 服务器和 MySQL 数据库,D 盘则已被格式化。针对 D 盘执行数据恢复操作后,恢复出大量网站文件、业务数据以及管理信息。上述信息由于格式化操作而遭到损坏,导致网站业务无法正常运营。同时根据 D 盘下 NTFS 文件系统元文件时间属性信息可判断,可知该分区于时间 05/05/2012 23:15:14 被格式化,如图 8-34 所示。

Name	File Ext	File Created	Last Accessed	Last Written	Entry Modified
$AttrDef		05/05/2012 23:15:14	05/05/2012 23:15:14	05/05/2012 23:15:14	05/05/2012 23:15:14
$BadClus		05/05/2012 23:15:14	05/05/2012 23:15:14	05/05/2012 23:15:14	05/05/2012 23:15:14
$BadClus·$Bad					
$Bitmap		05/05/2012 23:15:14	05/05/2012 23:15:14	05/05/2012 23:15:14	05/05/2012 23:15:14
$Boot		05/05/2012 23:15:14	05/05/2012 23:15:14	05/05/2012 23:15:14	05/05/2012 23:15:14
$Extend		05/05/2012 23:15:14	05/05/2012 23:15:14	05/05/2012 23:15:14	05/05/2012 23:15:14
$LogFile		05/05/2012 23:15:14	05/05/2012 23:15:14	05/05/2012 23:15:14	05/05/2012 23:15:14
$MFT		05/05/2012 23:15:14	05/05/2012 23:15:14	05/05/2012 23:15:14	05/05/2012 23:15:14
$MFTMirr		05/05/2012 23:15:14	05/05/2012 23:15:14	05/05/2012 23:15:14	05/05/2012 23:15:14
$Secure		05/05/2012 23:15:14	05/05/2012 23:15:14	05/05/2012 23:15:14	05/05/2012 23:15:14

图 8-34 依据 NTFS 文件系统元文件时间属性信息判断分区格式化时间

为获取更为全面详尽的犯罪行为信息,取证人员决定重点针对系统日志文件开展深入细致分析。在 C 盘下,取证人员发现一个 Windows Server 2003 系统安全日志(SecEvent.

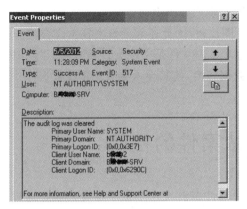

图 8-35　安全日志信息被恶意清除

Evt)文件。如图 8-35 所示为该安全日志中的第 1 条记录具体信息，表示 05/05/2012 23:28:09 有人使用系统账户"bXXXX2"登录了该部门计算机系统（计算机名称为"BXXXX-SRV"），并将该时间之前的安全日志记录清除（事件 ID517，日志描述为"The audit log was cleared"）。

之后该人于 05/05/2012 23:28:42 登出了计算机系统。在紧接下来的 05/05/2012 23:29:25，有人通过远程方式（"Logon Type:10"表示登录方式为 RemoteInteractive），使用系统账户"bXXXX2"再一次成功登录了该计算机系统（计算机名称为"BXXXX-SRV"），而调用方用户名为"BXXXX-SRV＄"，所对应的远程登录 IP 地址为 210.153.XXX.XXX，使用端口号 1263，如图 8-36 所示。

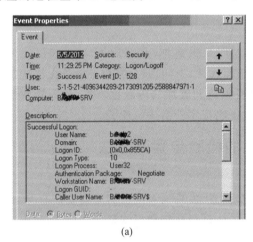

(a)

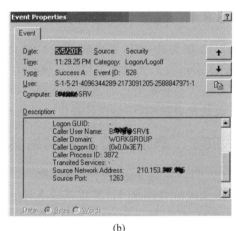

(b)

图 8-36　通过远程交互方式登录部门计算机系统

之后，该用户于时间 05/05/2012 23:30:05 从部门系统登出，如图 8-37 所示。事件 ID551 表示用户登出成功；S-1-5-21-4096344289-2173091205-2588847971-XXX 则为登录用户的 SID（安全标识符，Security Identifiers），表示标识符颁发机构和域内特定的账户及组等信息。

（2）针对被删除日志记录进行特定检验

由于部分关键日志信息已被删除，因此取证人员决定针对未分配空间利用关键字搜索技术找寻残余日志信息。依据微软公司官

图 8-37　用户 bXXXX2 从计算机系统登出

方网站提供的资料,可知 Windows XP/2003 系统日志记录采用如表 8-1 所示的结构格式。从记录头开始的 4 字节表示该日志记录的长度,后接日志记录特征标识"LfLe";记录号后则是日志记录的生成与写入时间信息,该信息采用"UNIX/C 日期+时间"方式表示,需解析后才能获知具体时间;再后便是和具体记录紧密相关的事件 ID、事件类型、事件描述等信息。

表 8-1　Windows XP/2003 系统日志记录格式

偏移(字节)	名　　称	长度(字节)	偏移(字节)	名　　称	长度(字节)
0	Length	4	28	Event Category	2
4	LfLe	4	30	Reserved Flags	2
8	Record Number	4	32	Closing Record Num	4
12	Time Generated	4	36	String Offset	4
16	Time Written	4	40	User Sid Length	4
20	Event ID	4	44	User Sid Offset	4
24	Event Type	2	48	Data Length	4
26	Num Strings	2	52	Data Offset	4

若要获知已被删除的日志记录信息,可利用特征标识"LfLe"(4C 66 4C 65)进行关键字搜索。为避免命中信息数量过多,还可配合已知线索作为组合关键字,如图 8-38 所示即为利用"LfLe"及已知的 IP 地址(210.153.XXX.XXX,Unicode 编码格式)命中的日志记录信息。根据表 8-1 所示的记录格式,可知该记录长度为 0x128 字节,日志记录的生成和写入时间均为"4F A5 3F 32",解析后可得 05/05/2012 22:54:42;事件 ID 为 540 (0x21C),事件类型为 8.38;String Offset 为 0x0000007C,表示该记录头部偏移 124 字节处为日志描述信息。从图 8-38 可以看出,除了已知的 IP 地址信息外,该记录还包含有用于远端控制的计算机名称信息"PC25"。

```
00 65 00 67 00 65 00 00  00 54 02 00 00 28 01 00   .e.g.e...T...(..
00 4C 66 4C 65 B7 77 07  00 32 3F A5 4F 32 3F A5   .LfLe·w..2?.O2?.
4F 1C 02 00 00 08 00 0F  00 02 00 00 00 00 00 00   O...............
00 7C 00 00 00 1C 00 00  00 60 00 00 00 00 00 00   .|.......`......
00 F8 02 00 00 53 00 65  00 63 00 75 00 72 00 69   .....S.e.c.u.r.i
00 74 00 79 00 00 00 42  00 41 00 4E 00 4E 00 59   .t.y...B.A.N.N.Y
00 2D 00 53 00 52 00 56  00 00 00 00 00 01 05 00   .-.S.R.V........
00 00 00 00 05 15 00 00  00 E1 40 29 F4 85 BD 86   .........@).....
81 63 AF 4E 9A FD 03 00  00 62 00 61 00 6E 00 64   .c.N.....b.a.n.d
00 79 00 32 00 00 00 42  00 41 00 4E 00 4E 00 59   .y.2...B.A.N.N.Y
00 2D 00 53 00 52 00 56  00 00 00 28 00 30 00 78   .-.S.R.V...(.0.x
00 30 00 2C 00 30 00 78  00 37 00 35 00 37 00 41   .0.,.0.x.7.5.7.A
00 39 00 43 00 30 00 29  00 00 00 33 00 00 00 4E   .9.C.0.)...3...N
00 74 00 4C 00 6D 00 53  00 73 00 70 00 20 00 00   .t.L.m.S.s.p. ..
00 4E 00 54 00 4C 00 4D  00 00 00 50 00 43 00 32   .N.T.L.M...P.C.2
00 35 00 00 00 2D 00 00  00 2D 00 00 00 2D 00 00   .5...-...-...-..
00 2D 00 00 00 2D 00 00  00 2D 00 00 00 32 00 31   .-...-...-...2.1
00 30 00 2E 00 31 00 35  00 33 00 2E 00 32 00 31   .0...1.5.3...2.1
00 37 00 2E 00 32 00 31  00 35 00 00 00 30 00 00   .7...2.1.5...0..
```

图 8-38　被删除日志中出现有用于远端控制的计算机名称信息

在其他的残余信息中,取证人员还发现有人于 05/05/2012 22:55:38 使用远程控制软件 WinVNC4 以匿名身份(anonymous)与该部门计算机系统建立连接,并于 05/05/2012 22:55:47 成功登录了该计算机系统,远程登录 IP 地址均为 210.153.XXX.XXX,如图 8-39 所示。

```
BC 00 00 00 08 01 00 00   4C 66 4C 65 CF F4 2D 00   ?......LfLe萧-.
6A 3F A5 4F 6A 3F A5 4F   01 00 00 00 04 00 02 00   j?．Oj?．O........
00 00 00 00 00 00 00 00   5C 00 00 00 00 00 00 00   ........\.......
5C 00 00 00 00 00 00 00   00 01 00 00 57 00 69 00   \...........W.i.
6E 00 56 00 4E 00 43 00   34 00 00 00 42 00 41 00   n.V.N.C.4...B.A.
4E 00 4E 00 59 00 2D 00   53 00 52 00 56 00 00 00   N.N.Y.-.S.R.V...
43 00 6F 00 6E 00 6E 00   65 00 63 00 74 00 69 00   C.o.n.n.e.c.t.i.
6F 00 6E 00 73 00 00 00   61 00 75 00 74 00 68 00   o.n.s...a.u.t.h.
65 00 6E 00 74 00 69 00   63 00 61 00 74 00 65 00   e.n.t.i.c.a.t.e.
64 00 3A 00 00 00 32 00   31 00 30 00 2E 00 31 00   d.:...2.1.0...1.
35 00 33 00 2E 00 32 00   31 00 37 00 2E 00 32 00   5.3...2.1.7...2.
31 00 35 00 3A 00 3A 00   31 00 30 00 30 00 31 00   1.5.:.:.1.0.0.1.
2C 00 20 00 61 00 73 00   20 00 28 00 61 00 6E 00   ,. .a.s. .(.a.n.
6F 00 6E 00 79 00 6D 00   6F 00 75 00 73 00 29 00   o.n.y.m.o.u.s.).
20 00 28 00 44 00 65 00   66 00 61 00 75 00 6C 00    .(.D.e.f.a.u.l.
74 00 20 00 61 00 63 00   63 00 65 00 73 00 73 00   t. .a.c.c.e.s.s.
29 00 00 00 00 00 00 00   08 01 00 00 88 01 00 00   )...............
00 00 00 00 D8 00 00 00   BC 00 00 00 4C 66 4C 65   ....?..?..LfLe
CE F4 2D 00 73 3F A5 4F   73 3F A5 4F 01 00 00 00   茸-.s?.Os?.O....
04 00 02 00 00 00 00 00   00 00 00 00 5C 00 00 00   ............\...
00 00 00 00 5C 00 00 00   00 00 00 00 B6 00 00 00   ....\...........
57 00 69 00 6E 00 56 00   4E 00 43 00 34 00 00 00   W.i.n.V.N.C.4...
42 00 41 00 4E 00 4E 00   59 00 2D 00 53 00 52 00   B.A.N.N.Y.-.S.R.
56 00 00 00 43 00 6F 00   6E 00 6E 00 65 00 63 00   V...C.o.n.n.e.c.
74 00 69 00 6F 00 6E 00   73 00 00 00 63 00 6F 00   t.i.o.n.s...c.o.
6E 00 6E 00 65 00 63 00   74 00 65 00 64 00 3A 00   n.n.e.c.t.e.d.:.
20 00 32 00 31 00 30 00   2E 00 31 00 35 00 33 00    .2.1.0...1.5.3.
2E 00 32 00 31 00 37 00   2E 00 32 00 31 00 35 00   .2.1.7...2.1.5.
3A 00 3A 00 31 00 30 00   36 00 31 00 00 00 00 00   :.:.1.0.6.1.....
```

图 8-39 被删除日志中的远程登录信息

经调查,日志中提取到的 IP 地址 210.153.XXX.XXX 为联通网苑 XXX 网吧所拥有。在网吧业主的协助下,侦查人员寻找到了名称为"PC25"的计算机(经确认,此网吧内只有该台计算机以此名称命名)。基于网吧上网历史记录,侦查人员确定家住沈阳市皇姑区的郝某某有重大作案嫌疑。通过对郝某某家中笔记本电脑的检验,发现该电脑 F 盘下有一名为"BXXXX"的 RAR 压缩文件,该文件的生成时间为 2012 年 5 月 7 日 09:55:51;对该压缩文件解压后,其内含有大量被入侵政府部门的政务文件与数据信息。在强大的证据链面前,郝某某供认了自己的犯罪事实。

8.8.3 检验时需注意的问题

Windows 系统日志能够记录系统中发生的各类事件,为涉网络犯罪案件的破获提供重要证据或线索。对于检材中完整的系统日志文件,可将其导入电子物证检验综合平台,利用系统自带的【事件查看器】进行解析。而对于已彻底删除的日志文件,则需要利用关键字搜索技术才能够发现残留的痕迹。Windows XP/2003 下可选择日志记录特征标识"LfLe"(4C 66 4C 65)作为关键字;Win7 下日志文件可通过关键字"ElfFile"(45 6C 66 46 69 6C 65)定位,日志记录则可利用"ElfChnk"(45 6C 66 43 68 6E 6B)搜寻。需要指出的是,Win7 系统日志采用 XML(Extensible Markup Language,可扩展标记语言)进行描述,需深入理解其格式规范才能正确解析记录内容。另外,实际操作时可将已获知的线索(如用户名称、时间信息、事件 ID、域名、IP 地址等,使用时需注意编码格式)与特征标识作为组合关键字一并搜索,以减少命中项数量。

8.9 侵犯知识产权案件的检验

侵犯知识产权罪是指违反知识产权保护法规,未经知识产权所有人许可,非法利用其知识产权,侵犯国家对知识产权的管理秩序和知识产权所有人的合法权益,违法所得数额较大或者情节严重的行为。近年来,随着民众知识产权意识的普遍增强,与此相关的电子物证检验案件逐年增多。本节以一起真实的知识产权侵害案件为背景,重点基于 Microsoft 复合文档结构和 Microsoft PowerPoint 记录格式的分析,说明追溯演示文稿残余编辑信息的步骤与方法。

8.9.1 简要案情

2012 年 3 月,某市发生一起知识产权侵害案件。B 公司涉嫌擅自使用 A 公司的 Microsoft PowerPoint 演示文稿进行商业宣传,令其多次投标成功,使 A 公司蒙受了巨额经济损失。因此,A 公司起诉 B 公司,状告其侵害了自身的知识产权。

8.9.2 侵犯知识产权案件检验步骤及方法

1. 针对送检介质的常规检查

取证人员针对 B 公司技术负责人的笔记本电脑进行了初查,在磁盘分区中发现一名为"公司介绍"的 Microsoft Office 2003 版本的 PPT 演示文稿,内容是 B 公司为申请民用核安全设备制造许可证所作的介绍说明。经检查,发现该演示文稿中的技术能力、质量保证能力、申请活动范围等内容与 A 公司相关文件中的对应内容较为类似,但该负责人声称编制文稿时并未借鉴 A 公司任何材料,完全是其智力劳动的成果。

当取证人员使用 Unicode 格式的 A 公司名称针对送检笔记本电脑进行数据搜索时,显示在"公司介绍"演示文稿中有命中记录,但是 EnCase 无法对其正常解码(命中记录为乱码信息)。为进一步验证该负责人所述情况的真伪,调查人员针对该演示文稿进行了更为深入的分析。

2. 针对"公司介绍"演示文稿的特定检验

调查人员决定首先通过 Microsoft 复合文档头部信息,解析出 PowerPoint Document 目录流地址信息,进而构建该目录流的扇区配置表与短扇区配置表。如图 8-40 所示为"公司介绍"演示文稿复合文档头部信息,分析可知该复合文档采用小字节序(偏移 1CH 处的 0xFEFF);复合文档扇区大小为 $2^9=512(200H)$ 字节(偏移 1EH 处的 0x0009),短扇区大小为 $2^6=64(40H)$ 字节(偏移 20H 处的 0x0006);扇区配置表所使用的扇区总数为 1(偏移 2CH 处的 0x00000001);由于存放主扇区配置表的第一个扇区 SID 为 FEFFFFFFH(偏移 0044 处的 0xFEFFFFFF),即表示主扇区配置表并未使用附加扇区进行存储,而是全部存放于复合文档头部中;偏移 4CH 处存放的 0x00000000 表示扇区配置表仅占用 SID 为 0 的扇区,所以扇区配置表的偏移为 200H+200H×00H = 200H 字节;用于存放短扇区配置表的第一个扇区 SID 为 16H(偏移 003C 处的 0x00000016),计算得出实际偏移为 2E00H (200H+200H×16H);用于存放短扇区配置表的扇区总数为 1(偏移 0040 处的 0x00000001);存放目录流第一个扇区的 SID 为 01H(偏移 30 处的 0x00000001),即十进制的 01,因此目录流第一个扇区距离该复合文件头的偏移为 512(复合文件头部长度,200H)+512(扇区大小)×01=1024(400H)字节。

```
00000000   D0 CF 11 E0 A1 B1 1A E1  00 00 00 00 00 00 00 00   邢.嘤??........
00000010   00 00 00 00 00 00 00 00  3E 00 03 00 FE FF 09 00   ........>...?..
00000020   06 00 00 00 00 00 00 00  00 00 00 00 01 00 00 00   ................
00000030   01 00 00 00 00 00 00 00  00 10 00 00 16 00 00 00   ................
00000040   01 00 00 00 FE FF FF FF  FF FF FF FF FF FF FF FF   ....?...........
00000050   FF FF FF FF FF FF FF FF  FF FF FF FF FF FF FF FF
```

图 8-40 "公司介绍"演示文稿复合文档头部信息

依据偏移 200H 处的扇区配置表 SID 数组信息,如图 8-41 所示。构建出如表 8-2 所示的扇区配置表;并根据偏移 2E00H(如图 8-42 所示)处所示信息构建出短扇区配置表(如表 8-3 所示)。

```
00000200   FD FF FF FF 23 00 00 00  03 00 00 00 04 00 00 00   ?...#...........
00000210   05 00 00 00 06 00 00 00  07 00 00 00 08 00 00 00   ................
00000220   09 00 00 00 0A 00 00 00  0B 00 00 00 0C 00 00 00   ................
00000230   0D 00 00 00 0E 00 00 00  0F 00 00 00 10 00 00 00   ................
00000240   11 00 00 00 12 00 00 00  13 00 00 00 14 00 00 00   ................
00000250   15 00 00 00 24 00 00 00  FE FF FF FF 22 00 00 00   ....$...?..."...
00000260   19 00 00 00 1A 00 00 00  1B 00 00 00 1C 00 00 00   ................
00000270   1D 00 00 00 1E 00 00 00  1F 00 00 00 20 00 00 00   ................
00000280   21 00 00 00 FE FF FF FF  FE FF FF FF FE FF FF FF   !...?   ?   ?
00000290   25 00 00 00 26 00 00 00  27 00 00 00 28 00 00 00   %...&...'...(...
000002A0   29 00 00 00 FE FF FF FF  FF FF FF FF FF FF FF FF   )...?
```

图 8-41 扇区配置表中的 SID 数组信息

表 8-2 扇区配置表

数组索引	00H	01H	02H	03H	…	14H	15H	16H	17H	18H	19H	…
SID	−3	23H	03H	04H	…	15H	24H	−2	22H	19H	1AH	…
数组索引	20H	21H	22H	23H	24H	25H	26H	27H	28H	29H	30H	31H
SID	21H	−2	−2	−2	25H	26H	27H	28H	29H	−2	−1	−1

```
00002E00   01 00 00 00 02 00 00 00  03 00 00 00 04 00 00 00   ................
00002E10   05 00 00 00 06 00 00 00  07 00 00 00 08 00 00 00   ................
00002E20   09 00 00 00 FE FF FF FF  FE FF FF FF FF FF FF FF   ....?   ?
00002E30   FF FF FF FF FF FF FF FF  FF FF FF FF FF FF FF FF
```

图 8-42 短扇区配置表中的 SSID 数组信息

表 8-3 短扇区配置表

数组索引	00H	01H	02H	03H	04H	05H	06H	07H	08H	09H	0AH	0BH
SSID	01H	02H	03H	04H	05H	06H	07H	08H	09H	−2	−2	−1

接下来转移至偏移 400H 处的目录流入口,解析 Root Entry、PowerPoint Document 目录流信息,如图 8-43 所示。从 Root Entry 入口中重点提取短扇区所占用的第一个扇区 SID 信息,获知其为 17H(偏移 0474H 处的 0x00000017),结合表 8-2 与表 8-3 可知短扇区内容实际占用 SID 为 17H 和 22H 的两个扇区。解析 PowerPoint Document 入口信息,可知该入口类型为 User Stream(偏移 04C2H 处的 0x02),目录流具体内容所处的第一个扇区 SID 为 02H(偏移 04F4H 处的 0x00000002),长度为 3288H(偏移 04F8H 处的 0x00003288),通过表 1 可知 PowerPoint Document 流内容实际存放于 SID 为 02H、03H、04H、05H、06H、07H、08H、09H、0AH、0BH、0CH、0DH、0EH、0FH、10H、11H、12H、13H、14H、15H、24H、25H、26H、27H、28H 和 29H 的扇区中。

```
00000400  52 00 6F 00 6F 00 74 00  20 00 45 00 6E 00 74 00  R.o.o.t. .E.n.t.
00000410  72 00 79 00 00 00 00 00  00 00 00 00 00 00 00 00  r.y.............
00000420  00 00 00 00 00 00 00 00  00 00 00 00 00 00 00 00  ................
00000430  00 00 00 00 00 00 00 00  00 00 00 00 00 00 00 00  ................
00000440  16 00 05 00 FF FF FF FF  FF FF FF FF 01 00 00 00  ................
00000450  10 8D 81 64 9B 4F CF 11  86 EA 00 AA 00 B9 29 E8  ...d.O?...??)..
00000460  00 00 00 00 00 00 00 00  00 00 00 00 00 06 63 D5  ..............c.
00000470  20 9A CD 01 17 00 00 00  C0 02 00 00 00 00 00 00  ........?.......
00000480  50 00 6F 00 77 00 65 00  72 00 50 00 6F 00 69 00  P.o.w.e.r.P.o.i.
00000490  6E 00 74 00 20 00 44 00  6F 00 63 00 75 00 6D 00  n.t. .D.o.c.u.m.
000004A0  65 00 6E 00 74 00 00 00  00 00 00 00 00 00 00 00  e.n.t...........
000004B0  00 00 00 00 00 00 00 00  00 00 00 00 00 00 00 00  ................
000004C0  28 00 02 01 02 00 00 00  03 00 00 00 FF FF FF FF  (...............
000004D0  00 00 00 00 00 00 00 00  00 00 00 00 00 00 00 00  ................
000004E0  00 00 00 00 00 00 00 00  00 00 00 00 00 00 00 00  ................
000004F0  00 00 00 00 02 00 00 00  88 32 00 00 00 00 00 00  .........2......
```

图 8-43 Root Entry 与 PowerPoint Document 目录流入口信息

继续转至 4800H 处解析 Current User 目录入口信息,该入口主要用于定位 CurrentUserAtom 记录所在的实际物理地址。从图 8-44 可以看出,CurrentUserAtom 第一个(短)扇区的 SID 为 0AH(偏移 4874 处的 0x0000000A),长度为 29H=41D(偏移 4878 处的 0x00000029)。因为 41 小于 512,故 CurrentUserAtom 记录内容采用短扇区存放,从表 8-3 可知该记录只占用了 1 个短扇区,因此该记录的虚拟偏移距离为 0AH×40H=280H。已知短扇区内容使用 17H 和 22H 两个扇区存放,依据计算所得偏移 280H,可知该记录存放在 22H 扇区中,偏移为 80H,因此 CurrentUserAtom 记录实际物理地址为 200H+22H×200H+80H=4680H。

```
00004800  43 00 75 00 72 00 72 00  65 00 6E 00 74 00 20 00  C.u.r.r.e.n.t. .
00004810  55 00 73 00 65 00 72 00  00 00 00 00 00 00 00 00  U.s.e.r.........
00004820  00 00 00 00 00 00 00 00  00 00 00 00 00 00 00 00  ................
00004830  00 00 00 00 00 00 00 00  00 00 00 00 00 00 00 00  ................
00004840  1A 00 02 00 FF FF FF FF  FF FF FF FF FF FF FF FF  ................
00004850  00 00 00 00 00 00 00 00  00 00 00 00 00 00 00 00  ................
00004860  00 00 00 00 00 00 00 00  00 00 00 00 00 00 00 00  ................
00004870  00 00 00 00 0A 00 00 00  29 00 00 00 00 00 00 00  ........).......
```

图 8-44 Current User 目录入口信息

转至 4680H 处,如图 8-45 所示即为 CurrentUserAtom 记录的内容信息。可得 offsetToCurrentEdit(UserEditAtom 记录距离 PowerPoint Document 的偏移)值为 3264H(偏移 4690 处的 0x00003264)。由于 3264H=200H×19H+64H,结合前文推导

出的 PowerPoint Document 流实际所占扇区,可知偏移 3264H 在 SID 为 29H 扇区的偏移 64 处,而 29H 号扇区的偏移为 200H+200H×29H=5400H。所以,UserEditAtom 记录实际距离文件头的物理偏移为 5400H+64H=5464H。

```
00004680  00 00 F6 0F 1B 00 00 00  14 00 00 00 5F C0 91 E3  ..?........_蛎|
00004690  64 32 00 00 03 00 F4 03  03 00 DA 30 4C 57 48 08  d2....?..?LWH.
000046A0  00 00 00 4C 00 57 00 48  00 6F 6E 00 02 00 00 00  ...L.W.H.on....
000046B0  A8 03 00 00 03 00 00 00  01 00 00 00 00 00 00 00  ?...............
000046C0  00 00 F6 0F 1B 00 00 00  14 00 00 00 5F C0 91 E3  ..?........_蛎|
000046D0  C3 26 00 00 03 00 F4 03  03 00 13 00 4C 57 48 08  ?&...?....LWH.
000046E0  00 00 00 4C 00 57 00 48  00 00 00 00 00 00 00 00  ...L.W.H.......
```

图 8-45 CurrentUserAtom 记录信息

从图 8-46 表示的 UserEditAtom 记录内容中可知,偏移 5474H 处的 offsetLastEdit 值为 0x000026C3,用于指向前一个 UserEditAtom 记录,换算可得实际物理偏移为 2CC3H(200H + 15H * 200H + C3H);而偏移 5478 处的 offsetPersistDirectory 值为 0x00003254,负责指向 PersistDirectoryAtom 记录。

```
00005460  E7 26 00 00 00 00 F5 0F  1C 00 00 00 03 01 00 00  ?&....?........
00005470  A4 19 00 03 C3 26 00 00  54 32 00 00 01 00 00 00  ?..?..T2.....
00005480  07 00 00 00 0F 00 C5 31  00 00 00 00 00 00 00 00  ......?.......
00005490  00 00 00 00 00 00 00 00  00 00 00 00 00 00 00 00  ................
000054A0  00 00 00 00 00 00 00 00  00 00 00 00 00 00 00 00  ................
```

图 8-46 UserEditAtom 记录信息

根据当前 UserEditAtom 记录中 offsetPersistDirectory 所指向的 PersistDirectoryAtom 信息,可查找到演示文稿最终保存的标题与文本信息,而并非残余编辑信息。因此需要依据 offset LastEdit 指向的前一个 UserEditAtom 记录才能追溯至隐藏于演示文稿中的残余编辑信息。从 2CC3H 处的 UserEditAtom 记录信息(如图 8-47 所示)可知,该记录偏移 2CD7H 处的 offsetPersistDirectory 值为 0x0000269B,指向 PersistDirectoryAtom 记录,换算得到物理地址 2C9BH(15H×200H+200H+9BH)。

```
00002CC0  24 00 00 00 00 F5 0F 1C  00 00 00 01 01 00 00 A4  $....?.........
00002CD0  19 00 03 00 00 00 00 9B  26 00 00 01 00 00 00 07  .......?&......
00002CE0  00 00 00 0F 00 C5 31 0F  00 E8 03 65 0B 00 00 01  .....?..?..e...
00002CF0  00 E9 03 28 00 00 00 80  16 00 00 E0 10 00 00 E0  .?(...€...?..|
00002D00  10 00 00 80 16 00 00 05  00 00 00 0A 00 00 00 00  ...|............
```

图 8-47 前一个 UserEditAtom 记录信息

如图 8-48 所示为 PersistDirectoryAtom 记录信息,0x00007217 为该记录的头部标识,从 2CA3H 开始为 PersistDirectoryEntry 记录。PersistDirectoryEntry 中含有 persistId、cPersist、rgPersistOffset 三项。其中 5 字节长度的 persistId 为该 PersistDirectoryEntry 记录所描述的 Object 的起始 ID,此处为 0x000001;3 字节长度的 cPersist 表示被描述的 Object 个数,此处为 0x007;rgPersistOffset 则为 4 字节长度的偏移指针(其个数由 cPersist 决定),表示具体 Object 距离 PowerPoint Document 流的偏移。在 PPT 演示文稿中,DocumentContainer 记录的 ObjectID 为 1,MainMasterContainer 记录的 ObjectID 为 2,其余 ObjectID 通常情况下会分配给 SlideContainer。因此可知 DocumentContainer 记录距离 PowerPoint Document 头部的偏移距离为 0x00000000(2CA7 处的 0x00000000),即

物理偏移 0x00000600。

```
00002C90  00 00 00 1F 9A CD 01 F0  1A B4 B7 00 00 72 17 20   ....甁.?捱..r.
00002CA0  00 00 00 01 00 70 00 00  00 00 00 BB 11 00 00 83   .....p.....?...
00002CB0  1B 00 00 BB 1D 00 00 F3  1F 00 00 2B 22 00 00 63   ...?..?..+"..c
00002CC0  24 00 00 00 F5 0F 1C 00  00 00 00 01 01 00 00 A4   $...?........|
```

图 8-48 PersistDirectoryAtom 记录信息

从图 8-49 可以看出，DocumentContainer 中 RecordHeader 项的头 4 字节固定为 0x0F00E803，后四字节为记录长度 11B3H；其后除了含有 48 字节的 documentAtom 外，其他所包含的记录长度都是可变或可选的，因此很难通过偏移距离定位记录选项。于是，调查人员在 DocumentContainer 记录范围内使用 SlideListWithTextContainer 的记录头标识"0F00F00F"作为关键字定位至该记录。

```
00000600  0F 00 E8 03 B3 11 00 00  01 00 E9 03 28 00 00 00   ..??....?(...
00000610  80 16 00 00 E0 10 00 00  E0 10 00 00 80 16 00 00   |...?..?..|...
00000620  05 00 00 00 0A 00 00 00  00 00 00 00 00 00 00 00   ................
```

图 8-49 DocumentContainer 记录信息

SlideListWithTextContainer 负责指定一组 SlideListWithTextSubContainerOrAtom 记录，其中每个记录包含有对演示文稿幻灯片及其所含文本的记录引用。SlideListWithTextContainer 所包含的 SlideListWithTextSubContainerOrAtom 记录主要分为三种类型：SlidePersistAtom、TextHeaderAtom 和 TextCharsAtom。SlidePersistAtom 头四字节为 0x0000F303，总长度为 1CH 字节，其偏移 14H 处的 slideId 用于指定被描述幻灯片的内部标识号；TextHeaderAtom 头四字节为 0x00009F0F 或 0x10009F0F，偏移 08H 处的 textType 表示数据类型；TextCharsAtom 头四字节为 0x0000A00F，偏移 04H 处的 recLen 用于说明该记录中数据内容的长度，偏移 08H 处的 textBytes 即为具体数据内容。从图 8-50 可知，SlideListWithTextSubContainerOrAtom 中第一条 TextHeaderAtom 记录偏移 08H 处的 textType 值为 0x00000000，说明对应 TextSpecailInfoAtom 记录中文本类型为 "Title placeholder shape text"；第一条 TextHeaderAtom 记录偏移 08H 处的 textType 值为 0x00000001，说明对应 TextCharsAtom 记录中文本类型为 "Body placeholder shape text"。调查人员经分析发现，该组 SlideListWithTextSubContainerOrAtom 记录所记载的内容即为现有 "公司介绍" 演示文稿的第一张幻灯片内容，于是将关注焦点移向第二组记录。

```
000009B0  C0 00 00 00 C0 00 00 0F  00 F0 0F F4 0D 00 00 00   ?..?...??...
000009C0  00 F3 03 14 00 00 00 03  00 00 00 00 00 00 00 02   .?............D
000009D0  00 00 00 00 01 00 00 00  00 00 00 00 00 9F 0F 04   .............?.
000009E0  00 00 00 00 00 00 00 00  00 AA 0F 0A 00 00 00 01   .........?..|
000009F0  00 00 00 01 00 00 00 A0  00 10 00 9F 0F 04 00 00   .......?...?
00000A00  00 01 00 00 00 00 A0  0F 72 01 00 00 33 00 2E   .......?r..3..
00000A10  00 33 00 2E 00 35 00 2E  00 31 00 E0 65 5F 63 C0   .3...5...1.都_c
00000A20  68 4B 6D BA 4E 58 54 84  76 D6 53 C1 8B 8C 54 44   hKm篓NXT剉訷玻睿D
```

图 8-50 第一组 SlideListWithTextSubContainerOrAtom 记录信息

第二组（如图 8-51 所示）记录中第一条 TextHeaderAtom 记录偏移 08H 处的 textType 值为 0x00000000，对应 TextCharsAtom 记录偏移 04H 处的 recLen 值为 0x00000026，表明标题内容长度为 38，偏移 08H 处的 textBytes 即为具体标题内容。而第二条 TextHeaderAtom

记录的 textType 选项值为 0x00000001，对应 TextCharsAtom 记录中的 recLen 值为 0x000001B2，表明文本内容长度为 434，textBytes 选项中即为具体文本内容。

```
00000C40  00 01 00 00 00 00 00 00  00 F3 03 14 00 00 00 04  .........?......v
00000C50  00 00 00 00 00 00 00 02  00 00 00 01 01 00 00 00  ................
00000C60  00 00 00 00 00 9F 0F 04  00 00 00 00 00 00 00 00  .....?..........
00000C70  00 A0 0F 26 00 00 00 89  5B BD 5F 94 5E 41 6D C6  ...&...塴绱撵Am|.
00000C80  96 E2 56 0D 97 71 5C F8  94 22 90 09 67 50 96 6C  夙V.椲\鳧 ?gP托
00000C90  51 F8 53 33 75 F7 8B 87  65 F6 4E 20 00 00 00 A1  Q魋3u鲥埳鍪鯪 ...l
00000CA0  0F 1E 00 00 00 14 00 00  00 00 00 00 00 00 00 12  ................
00000CB0  00 00 00 01 00 02 00 01  00 14 00 02 00 00 00 00  ................
00000CC0  00 00 00 00 AA 0F 0A 00  00 00 14 00 00 00 01 00  ....?...........
00000CD0  00 00 00 00 00 00 00 9F  00 00 14 00 00 00 00 00  .......?........
00000CE0  00 00 00 A0 0F B2 01 00  00 11 62 6C 51 F8 53 2F  ...??..b1Q魋/.
00000CF0  66 00 4E B6 5B E5 4E F8  94 F6 4E CA 53 76 51 A0  f.N禷[鍆鳥鯡蔏vQ
00000D00  52 E5 5D 3A 4E 3B 4E 81  89 A7 4E C1 54 84 76 08  R鍝]:N;N宁 覢N縏勑v.
00000D10  54 44 8D 01 4F 1A 4E 02  30 6C 51 F8 53 4D 4F 8E  TD?.O.N.0lQ魋MO.
```

图 8-51 第二组 SlideListWithTextSubContainerOrAtom 记录信息

由于 Winhex 无法正常显示 Unicode 编码，因此图 8-51 中标题与文本信息均为乱码。将其解码后，得出如图 8-52 所示的信息。其中标题为"安徽××集团××铸造有限公司申请文件"，而"安徽××集团××铸造有限公司"正是 A 公司；文本内容则为关于 A 公司技术人员与设备的介绍。依据此原理还可追溯至另一张已被删除的幻灯片的残余信息，内容为 A 公司核级铸钢件制造质量保证大纲。经上述分析可知，B 公司的"公司介绍"演示文稿中原有两张 A 公司技术与质量保证方面的幻灯片，均为申请民用核安全设备制造许可证资质不可或缺的内容，但在编辑过程中被删除了。该演示文稿中现有的 B 公司相应内容与被删除的 A 公司内容极其类似，只是个别数据有所不同，因此可以判定 B 公司技术负责人在编制该文稿时借鉴了 A 公司相关材料，并非像其所声称的完全是其智力劳动成果。

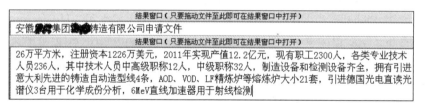

图 8-52 解码后的标题与文本内容

8.9.3 检验时需注意的问题

需要指出的是，Winhex 和 EnCase 均无法正常显示演示文稿中的中文残余编辑信息（EnCase 能够正常解码未被删除的幻灯片内容），因此即使在已经定位至 TextCharsAtom 记录的情况下，也无法立即获知具体内容。此时可以采用 Unicode 编码匹配等方法对残余编辑信息进行解析，从而获取重要证据或线索。依据本节所述方法，除可挖掘标题及大纲文本信息外，还可以分析出图片、图形、影音文件、表格、讲义、备注和母版内容，进而还原演示文稿完整的编辑过程。整个调查分析过程依赖于对 PowerPoint 演示文稿记录元素的深入了解，只有通过细致而全面的工作才能揭示隐藏其中的秘密。在 PPT 演示文稿已被彻底删除,并且无法恢复出完整文件的情况下,可使用本节所述关键字(必要时还需结合复合文档关键字)进行搜索,以期命中记录元素并实现碎片信息的关联。

8.10 有害信息传播案件的检验

互联网的快速发展使得人们可以很方便地获得各种信息,与此同时,反动、色情、迷信、谩骂等有害社会公德的信息也在网络上大肆传播,有害信息传播案件也日益多发。本节所介绍的案例取证对象与传统有所不同,并不针对常见的磁盘存储介质,而是现场勘查时制作的内存镜像文件。

电子数据的易失性决定了内存信息调查的重要性。特别是反取证技术的出现,使得针对磁盘介质的取证分析效果大打折扣。特定情况下,内存成为唯一可以寻找到证据与线索的区域。通常,内存取证可以分为在线调查与实验室分析两个方面。以获取网络传输电子证据信息为例,在线调查情况下可以使用 netstat、ifconfig、IceSword 等命令或软件查看网络连接状态,但是这些工具的最大缺陷在于只能显示正在进行的网络连接信息,而对于已经终止的连接则无能为力。而在实验室针对内存镜像文件进行取证分析,可利用的方法与工具较多,其取证效果大大优于在线调查。

虽然目前各种应用层协议层出不穷,其下层则基本基于 TCP/IP 协议族及其具体实现。实验发现,执行网络操作时,相关协议所涉及的数据结构会出现于内存中。即使在网络连接已经终止的情况下,结构信息依然会留存于内存(除非被新信息所覆盖)。此种情况下,归纳总结存在于相关数据结构中的特征标识,将其作为关键字在内存镜像中进行匹配搜索,对于发现网络操作信息,进而破获有害信息传播案件具有积极而重要的意义。

8.10.1 简要案情

2012 年年初,某市无业人员谭某涉嫌向某 FTP 网站上传含有攻击国家领导人信息的文件。侦查人员在谭某家中进行现场勘查时,使用内存镜像制作工具针对谭某电脑主机内存制作了内存镜像文件(扩展名为 DMP)。要求对该镜像文件进行检验,检验出谭某访问 FTP 网站上传有害信息的相关证据。

8.10.2 有害信息传播案件的检验步骤及方法

(1)针对内存镜像文件的常规检验

扩展名为 DMP 的内存镜像文件可以使用十六进制编辑工具(如 Winhex)进行数据搜索,还可以利用系统工具 WinDBG 进行调试分析。在进行数据搜索时,需要定义好可能的关键字,用于搜索的关键字不仅要能命中关键信息,还应尽可能地减少命中数量,以避免在海量命中信息中耗费大量的时间与精力。以该有害信息传播案件为例,为挖掘嫌疑人访问 FTP 网站的相关信息,首先需要归纳总结出用于定位网络传输结构的关键字。

IPv4 首部格式(如图 8-53 所示)众所周知,本节只对其中可能形成特征标识的字段予以说明。IP 协议的版本号占 4 位,由于协议版本号是 4,因此该字段值为 4。IP 首部长度占 4 位,指明首部包含 32 位 bit 的个数。IPv4 首部的最小长度为 20 字节,并且任选项很少被使用,因此普通 IP 数据报(没有任何选择项)中该字段值为 5。标志位占 3 位,目前只有两位有意义。最低位记为 MF(More Fragment),MF=1 表示还有"后续分片",MF=0 表示已为最后一个分片;中间的一位记为 DF(Don't Fragment),只有当 DF=0 时才允许分片。TCP 协议总是避免分片,一般只有 UDP 协议才会产生分片。广泛使用的应用层协议 SMTP(简单邮件传送协议)、FTP(文件传送协议)、Telnet(远程登录协议)、HTTP(超文本传送协议)、NNTP(网络新闻传送协议)均使用 TCP 协议进行数据传输,因此绝大多数情况下 MF 值为 0。片偏移占 13 位,表示该片偏移原始数据报开始处的位置(未分片情况下,该字段值为 0)。协议字段占 8 位,其中 0x06 表示 TCP 协议,0x11 则表示 UDP 协议。

0		15	16	31
4位版本	4位首部长度	8位服务类型	16位总长度(字节数)	
16位标识			3位标志	13位片偏移
8位生存时间		8位协议	16位首部校验和	
32位源IP地址				
32位目的IP地址				

图 8-53 IPv4 首部格式

综合以上分析,得到如图 8-54 所示的用于搜索 IPv4 首部结构的关键字。0x45 表示 IP 协议版本号及首部长度;0x00 表示允许分片,0x40 则代表不允许分片;0x06 与 0x11 则分别代表 TCP 协议及 UDP 协议。使用十六进制编辑器结合上述关键字针对内存镜像文件进行搜索,即有可能发现网络传输使用的源与目的 IP 地址。值得注意的是生存时间(Time To Live,TTL)字段,该字段设置有数据报可以经过的最多路由器数目,其初始值由源主机设置(Windows 系统 TTL 初值通常为 64 或 128),一旦经过一个处理它的路由器,其值就减去 1。虽然该字段不能作为有效关键字,但可以通过该字段判断命中的数据报是由该主机产生,还是来自于其他主机。特别需要指出的是,内存 IP 首部结构中存储的 IP 地址并不严格遵守"源地址在前,目的地址在后"的次序要求,实际工作时务必加以格外注意。

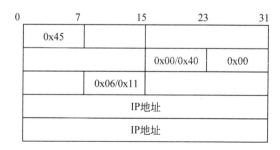

图 8-54 用于搜索 IPv4 首部结构的关键字

另外,实现 IP 协议的头文件之一 netinet/in. h(负责 Internet 地址定义)中定义有数据结构 sockaddr_in(见图 8-55),用于管理 Internet 环境下套接字的地址形式。其中 sin_family 指代协议族,通常取值为 0x0200;sin_port 表示16 位端口号;sin_addr 代表 IP 地址,紧跟其后的 sin_zero[8]则是为保证 sockaddr 与 sockaddr_in 两个数据结构大小相同而保留的空字节。

如图 8-56 所示为总结得出的能够用于搜索 sockaddr_in 结构的关键字。通过该关键字的搜索,在得到 IP 地址的同时,还可以获知所用端口信息。由于该关键字较为笼统,实际操作时命中数量可能较多,因此具体分析时要仔细甄别;也可在已获知 IP 地址情况下,将 IP 地址与其作为组合关键字搜索,以发现端口信息。另外,实验发现含有源 IP 地址与目标 IP 地址的 sockaddr_in 结构总是相邻出现,因此可以考虑使用该关键字的叠加结构进行搜索,以减少命中数量。

```
struct sockaddr_in{
        short int sin_family;
        short int sin_port;
        struct in_addr sin_addr;
        unsigned char sin_zero[8];
}
```

图 8-55　sockaddr_in 数据结构

0　　7　　15	23　　31
0x0200	16位端口号
IP地址	
0x00000000	
0x00000000	

图 8-56　用于搜索 sockaddr_in 结构的关键字

Windows 操作系统还使用_TCPT_OBJECT 结构描述 TCP 连接。该结构中含有丰富的网络连接信息(如图 8-57 所示),如目标 IP 地址、本地 IP 地址、远程端口号、本地端口号等。值得一提的是,该结构中还含有 TCP 连接对应的进程标识符(Pid),通过 Pid 可以挖掘出更多与网络连接相关的信息(如登录用户名与密码等)。

内存中的_TCPT_OBJECT 结构前会出现特征标识“TCPT”(0x54435054)(如图 8-58 所示),可利用其定位该数据结构。该关键字虽然简单,但却较为明确,目前广泛使用的内存信息实验室取证调查工具 Volatility 即通过搜索“TCPT”,定位_TCPT_OBJECT 结构,以检测 TCP 连接。

```
typedef struct _TCPT_OBJECT{
        struct _TCPT_OBJECT *Next;
        ULONG32 reserved1;
        ULONG32 reserved2;
        ULONG32 RemoteIpAddress;
        ULONG32 LocalIpAddress;
        USHORT RemotePort;
        USHORT LocalPort;
        ULONG32 Pid;
}
```

图 8-57　_TCPT_OBJECT 数据结构

0　　15	23	27	31
		TCPT	*Next
保留			
保留			
远程IP地址			
本地IP地址			
远程端口号	本地端口号		
进程ID			

图 8-58　利用关键字“TCPT”搜索_TCPT_OBJECT 结构

Ethernet V2 是最常见的以太网帧格式,也是当今以太网的事实标准。该标准的

MAC 帧较为简单,由五个字段组成(如图 8-59 所示)。前两个字段分别为 6 字节长的目的 MAC 地址和源 MAC 地址字段;第三个字段是 2 字节的类型字段,用来标志上一层使用协议的种类,以便把收到的 MAC 帧上交给上一层;第四个字段是数据字段,其长度为 46~1500 字节(最小长度 64 字节减去 18 字节的首尾部即得数据字段的最小长度 46 字节);最后一个字段是 4 字节的帧校验序列 FCS(使用 CRC 校验),该校验由网卡自动计算、自动生成、自动添加。

目标MAC地址	源MAC地址	类型	数据	FCS
6字节	6字节	2字节	46~1500字节	6字节

图 8-59 Ethernet V2 以太网帧格式

在 Ethernet V2 标准中,当类型字段值为 0x0800 时表示上层使用的是 IP 数据报,而 IP 协议版本号及首部长度通常值为 0x45,因此可利用关键字"0x080045"搜索 MAC 地址信息(如图 8-60 所示)。实际工作中,嫌疑人主机 MAC 地址的获取相对容易,因此可利用已知 MAC 地址信息配合关键字对命中项进行甄别。在获取到的 MAC 地址中,除了可以提取局域网适配器厂家信息外,还可利用其确定具体主机(相关主机使用私有 IP 地址情况下)。

```
0          17      23                          47
┌───────────────────────────────────────────────┐
│              目标MAC地址                       │
├───────────────────────────────────────────────┤
│              源MAC地址                         │
├──────────────────┬────────────────────────────┤
│      0x0800      │    0x45                    │
└──────────────────┴────────────────────────────┘
```

图 8-60 用于搜索 Ethernet V2 标准 MAC 帧结构的关键字

(2)针对该案件内存镜像文件的特定检验

取证人员利用前文所述关键字(如图 8-61 所示,方框中所示信息)搜索到含有 IP 地址的内存 IP 数据报。可知 0x8941EF0 处存放的"3D 99 16 86"(61.153.22.134)与 0x8941EF4 处存放的"C0 A8 01 66"(192.168.1.102)为所要寻找的 IP 地址。由于事先已获知嫌疑人主机使用私有 IP 地址 192.168.1.102,因此 61.153.22.134 即为嫌疑人试图连接的网络地址,查询得知该地址对应域名为 ftp.52samsung.com。另外,通过 TTL 字段的值 0x80(十进制 128)可进一步确知该数据报由嫌疑人主机生成。同时,也可看出该数据报存储的 IP 地址次序为"目的地址在前、源地址在后",与 IP 首部格式中的 IP 地址次序相反。

```
08941EE0  00 14 00 00 45 00 00 47  00 95 00 00 80 06 23 EF   ....E..G.?.€.#!
08941EF0  3D 99 16 86 C0 A8 01 66  00 15 09 6F 47 AB B6 BF   =?嘟?f...oG
08941F00  00 00 00 00 00 00 00 00  00 00 00 00 00 00 00 00   ................
```

图 8-61 内存 IP 数据报中含有 IP 地址信息

接下来使用所述关键字(如图 8-62 方框中所示信息)命中 sockaddr_in 结构。通过 IP 地址"3D 99 16 86"前的端口信息 0x0015(十进制 21),获知嫌疑人使用 FTP 协议访问 ftp.52samsung.com 网站,而自身使用的端口号则为 0x096F(十进制 2415)。

利用关键字"TCPT"定位 _TCPT_OBJECT 结构(如图 8-63 中阴影所示),除提取到

```
4FA47550  00 00 00 00 00 00 00 00  00 00 00 00 00 00 00 00   ................
4FA47560  02 00 09 6F C0 A8 01 66  00 00 00 00 00 00 00 00   ...o括.f........
4FA47570  02 00 00 15 3D 99 16 86  00 00 00 00 00 00 00 00   ....=??........
4FA47580  1C 00 1C 00 39 01 08 00  01 00 00 00 2C 07 00 00   ....9.......,...
```

图 8-62　内存 sockaddr_in 结构提供的端口信息

目标 IP 地址、本地 IP 地址、远程端口号、本地端口号外（与其他方法获取的信息互相验证），最重要的是从 0x0765BE80 处获得了该网络连接对应的进程 ID0xAF0（小字节序）。

```
0765BE60  03 00 34 0A 54 43 50 54  00 00 00 00 00 00 00 00   ..4.TCPT........
0765BE70  00 00 00 00 3D 99 16 86  C0 A8 01 66 00 15 09 6F   ....=?唧?f...o
0765BE80  F0 0A 00 00 04 00 00 00  B4 05 B4 05 DE B6 AB 47   ?......??薅獩
```

图 8-63　内存 _TCPT_OBJECT 结构中提供有对应进程 ID 信息

启动 WinDBG，在 WinDBG 命令区输入执行"! process 0 0"，获取进程基本信息。从图 8-64 中可以发现，进程 ftp.exe 的 ID 为 0af0（Cid 字段），即为该网络连接对应进程。基于 PROCESS(0x87b347d8)、DirBase(2e83d000) 等字段可深入挖掘出登录用户名及密码等相关信息。

```
PROCESS 87b347d8  SessionId: 0  Cid: 0af0    Peb: 7ffdd000  ParentCid: 0308
    DirBase: 2e83d000  ObjectTable: e10a85c0  HandleCount: 55.
    Image: ftp.exe
```

图 8-64　基于进程 ID 获取对应进程更多信息

通过关键字"0x080045"搜索到 Ethernet V2 标准 MAC 帧结构（如图 8-65 所示）。分析得出 MAC 地址"74-EA-3A-43-3A-94"与"00-26-9E-9A-0B-14"。由于已知嫌疑人主机 MAC 地址为"00-26-9E-9A-0B-14"，因此"74-EA-3A-43-3A-94"极有可能为其网关 MAC 地址，可借此拓展线索来源，确定相关可疑主机，开展进一步分析。

```
094E6FF0  01 00 02 04 02 00 00 00  FF FF FF FF FF FF FF FF   ........
094E7000  74 EA 3A 43 3A 94 00 26  9E 9A 0B 14 08 00 45 00   t?C:?&濺....E.
094E7010  04 3C 00 37 00 00 80 11  5E 5D C0 A8 01 66 71 6B   .<.7..€.^]括.fqk
```

图 8-65　内存 Ethernet V2 标准 MAC 帧结构中包含的 MAC 地址信息

8.10.3　检验时需注意的问题

笔者还使用内存实验室取证工具 Volatility（其中的 connections、connscan、connscan2 等命令可用于扫描网络连接）对案例镜像文件进行了检查，但是该工具并未检测出任何网络连接信息。可见实际工作中不可过分依赖工具的使用，特殊情况下需要在深入研究的基础上手动进行分析。另外，网络传输时往往使用 big endian 字节序，与其他取证情况下经常遇到的 little endian 字节序差异较大，具体操作时需格外注意。

8.11　窃取公司商业机密案件的检验

商业秘密主要包括技术秘密和经营秘密等。商业秘密一旦被窃取，公司会受到致命的打击，有的甚至破产。近年来，随着公司员工流动性的加大，此类案件也日益增多。根本上说,窃取公司商业机密行为仍属于侵犯知识产权范畴,但由于此类案件多是员工使用移动存储介质将机密信息携带出公司(涉密公司一般不允许员工上互联网),因此用户操作行为方面的取证分析往往会成为证明犯罪事实的关键。本节以一起真实的窃取公司商业机密案件为背景,重点说明 Recent 文件夹下快捷方式文件在描述用户操作行为方面的具体应用。

8.11.1 简要案情

2012 年 12 月,某科技公司负责人刘某报案称该公司员工路某在离职前将公司重要技术文件越权获取至移动存储介质中,并携带出公司,出售给公司重要竞争对手,导致该公司蒙受了巨大经济损失。侦查人员将路某曾使用的公司计算机硬盘送至电子物证实验室,要求检验是否有证据证明路某存在窃取公司商业机密行为。

8.11.2 窃取公司商业机密案件的检验步骤及方法

1. 针对送检介质的常规检验

取证人员在对路某曾使用的公司计算机进行调查时,发现原本应存放于 C 盘用户桌面文件夹下的"核电项目资格认证.doc"文件已不复存在。通过数据恢复操作,恢复出了"核电项目资格认证.doc"文件内容信息。同时,在该用户 Recent 文件夹下发现了名为"核电项目资格认证.doc.lnk"快捷方式文件。为进一步挖掘用户操作行为,取证人员对该快捷方式文件进行了重点分析。

2. 针对送检介质的特定检验

Recent 文件夹(Windows XP 下中文名称为"我最近的文档",Win 7 下为"最近使用的项目")是 Windows 操作系统为方便计算机用户快速查找最近使用过的文件而设置的,可以保存文件、文件夹和运行程序的使用记录。该文件夹默认存放路径为"\Documents and Settings\UserName\Recent"(Win 7 下则为"\Users\UserName\AppData\Roaming\Microsoft\Windows\Recent")。由于其为隐藏属性,需要在【我的电脑】(Win 7 下为【计算机】)→【工具】→【文件夹选项】→【查看】中取消【隐藏受保护的操作系统文件】选项并勾选【显示所有文件和文件夹】选项之后才能正常查看。Recent 文件夹下实际存放的是文件(或是文件夹及应用程序)的快捷方式文件(扩展名为 lnk),此类文件中包含有目标文件属性及用户操作信息,并会跟随用户行为产生改变。因此针对该文件夹下快捷方式文件的深入分析对于解析用户行为,挖掘与案情相关的证据或线索具有积极的实践意义。

与其他文件一样,Recent 文件夹下的快捷方式文件同样具有创建时间、修改时间和访问时间等标准时间属性(FAT32 文件系统下访问时间只精确到日期),这三种时间属性会随用户针对目标文件的操作发生改变。通常情况下,目标文件被打开,Recent 文件夹下即会生成对应快捷方式文件。如图 8-66 所示为 Recent 文件夹下"注册表图片.png.lnk"文件的时间属性信息,其创建时间、修改时间、访问时间均为"2013 年 1 月 2 日,15:23:38"。

除标准时间属性之外,快捷方式文件头部中也含有时间属性信息。如表 8-4 所示为

图 8-66　Rencent 文件夹下"注册表图片.png.lnk"文件的标准时间属性

快捷方式文件头部结构格式，从中可以看出文件头偏移 1CH、24H、2CH 处分别保存着创建时间、修改时间和访问时间。快捷方式文件生成时，系统会自动提取目标文件的标准时间属性，将其嵌入对应快捷方式文件的文件头部中。

表 8-4　快捷方式文件头部格式

偏移（字节）	长度（字节）	描　　　述
0H	4 H	常为 0000004CH，即字符"L"
4 H	10 H	GUID
14 H	4 H	Flags，用来标识可选属性
18 H	4 H	目标文件属性
1C H	8 H	目标文件文件创建时间
24 H	8 H	目标文件文件修改时间
2C H	8 H	目标文件文件最后一次访问时间
34 H	4 H	目标文件长度
38 H	4 H	自定义图标个数
3C H	4 H	目标文件执行时窗口显示方式
40 H	4 H	热键

基于快捷方式文件的标准时间属性及文件头部中的时间信息，再比对目标文件的标准时间属性，可以梳理出用户文件操作的时间链信息。针对目标文件执行特定操作后，快捷方式文件的标准时间属性也会随之发生变化。如图 8-67 所示为再次浏览"注册表图片.png"文件后，"注册表图片.png.lnk"文件时间属性的变化情况。修改时间与访问时间均更新为浏览操作的发生时间，但创建时间保持不变。而当执行编辑操作后，创建时间依然不变，修改时间与访问时间则更新为编辑操作的发生时间。因此，如果特定快捷方式文件的标准时间属性完全一致的话，则说明对应目标文件未再被访问过。如图 8-66 所示的信息即说明目标文件"注册表图片.png"开启的时间为"2013 年 1 月 2 日，15:23:38"，

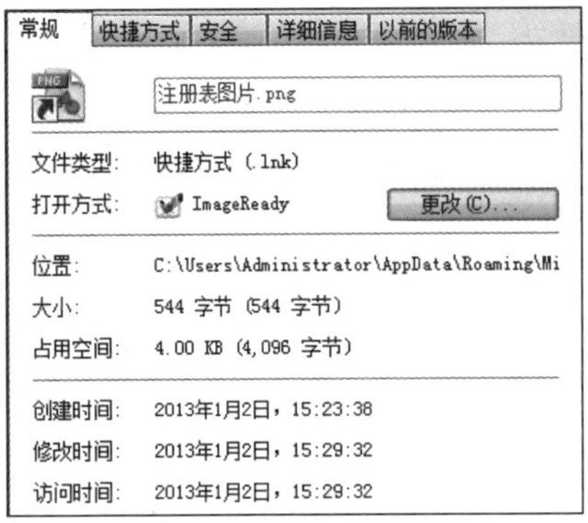

图 8-67 变化后的快捷方式文件标准时间属性

并未再被打开过。无论是浏览还是编辑操作,文件头部中的时间信息会始终与目标文件的变化情况保持一致。需要指出的是,非 Recent 文件夹下的快捷方式文件并不完全具备上述特性。

另外,还有一些特定操作也会引发时间信息的变化。如当在网页上通过单击右键【另存为】方式下载图片时,Recent 文件夹下会有对应的快捷方式文件产生,但文件头部中不会包含时间信息(Win7 环境下则包含)。但是当该图片下载之后被浏览时,标准时间属性便会随之嵌入。访问其他存储位置的同名文件也会导致对应快捷方式文件相关属性的变化。

从表 8-4 可以看出,快捷方式文件头部中除了含有时间信息外,还包括目标文件的其他属性信息,用以说明目标文件是否具有只读或隐藏属性,是否为系统文件、卷标或是文件夹,是否为压缩、加密或是稀疏文件。文件头部之后还会含有目标文件位置、附加段(只在 NTFS 文件系统下含有)等相关信息。如图 8-68 所示为"激活方法.txt"在 Recent 文件夹下对应快捷方式文件"激活方法.txt.lnk"的十六进制格式,偏移 1CH、24H、2CH 处分别保存有创建时间、修改时间和访问时间,时间信息采用 Windows FILETIME 格式,解析后才能获知正确的时间;偏移 010CH 处为文件的存储位置与名称"D:\激活方法.txt"(乱码出现原因为 Winhex 无法正常解析 Unicode 编码),偏移 0168H 开始即为附加段信息,此处信息可以划分为 4 个部分,每部分 16 字节,分别为 New VolumeID、New

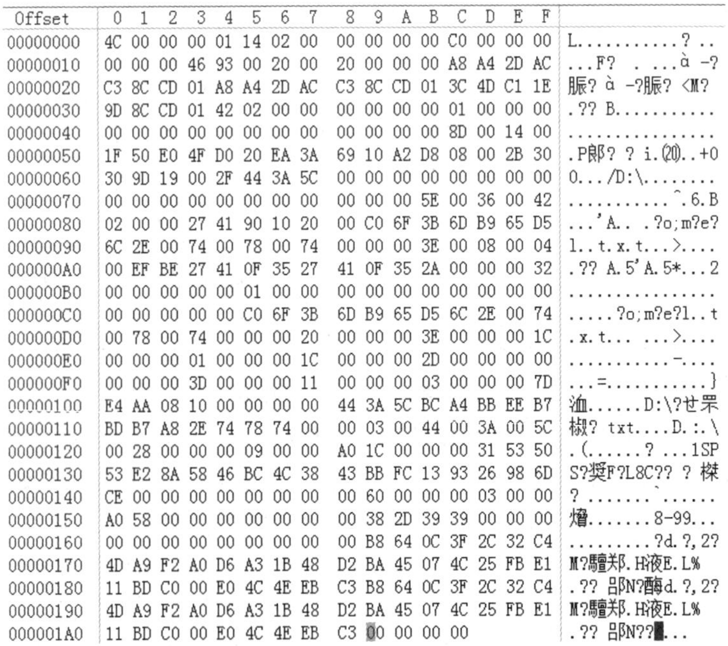

图 8-68 附加段中出现有 ObjectId 与 VolumeID 信息

ObjectId、Birth VolumeID、Birth ObjectId，可以看出该文件 New VolumeID 和 Birth VolumeID 均为"B8 64 0C 3F 2C 32 C4 4D A9 F2 A0 D6 A3 1B 48 D2"，New ObjectId 和 Birth ObjectId 均为"BA 45 07 4C 25 FB E1 11 BD C0 00 E0 4C 4E EB C3"。

所谓 VolumeID 是指保存在 NTFS 分区元文件 $ Volume 中的卷序列号。从图 8-69 可以看出，文件 $ Volume 的 0x40 属性处，"00 00 00 28"（小字节序，下同）表示该属性长度为 40 字节，"00 00 00 10"表示常驻数据长度为 16 字节，"00 00 00 18"表示常驻数据距离该属性头的偏移为 24 字节，0x00C0000D00 处即为该常驻属性"B8 64 0C 3F 2C 32 C4 4D A9 F2 A0 D6 A3 1B 48 D2"（卷序列号）。

```
00C0000CC0  00 00 00 00 00 00 00 00  00 00 00 00 00 00 00 00  ................
00C0000CD0  06 00 00 00 00 00 00 00  07 03 24 00 56 00 6F 00  ..........$.V.o.
00C0000CE0  6C 00 75 00 6D 00 65 00  40 00 00 00 28 00 00 00  l.u.m.e.@...(...
00C0000CF0  00 00 00 00 00 06 00 00  10 00 00 00 18 00 00 00  ................
00C0000D00  B8 64 0C 3F 2C 32 C4 4D  A9 F2 A0 D6 A3 1B 48 D2  ?d.?,2脾  犦?H?
00C0000D10  50 00 00 00 80 00 00 00  00 00 00 18 00 00 02 00  P...I...........
```

图 8-69　NTFS 分区元文件 $ Volume 中的卷序列号信息

ObjectId 则是从 Windows 2000 开始引入的属性，用于跟踪文件和目录等对象。每一个 MFT 记录都被指定一个唯一的 GUID（全局 ID，Windows 为所有对象分配的一个全局唯一数字标识，长度 16 字节 128 位）。如图 8-70 所示的信息，依据前文所述规则，可知文件"激活方法.txt"的对应 ObjectId 为"BA 45 07 4C 25 FB E1 11 BD C0 00 E0 4C 4E EB C3"。

```
Offset     0  1  2  3  4  5  6  7   8  9  A  B  C  D  E  F
00C000C7F0 00 00 00 00 00 00 00 00  00 00 00 00 00 00 05 00  ................
00C000C800 46 49 4C 45 30 00 03 00  79 52 01 02 00 00 00 00  FILE0...yR......
00C000C810 01 00 01 00 38 00 01 00  98 03 00 00 00 04 00 00  ....8...?.......
00C000C820 00 00 00 00 00 00 00 00  04 00 00 00 32 00 00 00  ............2...
00C000C830 05 00 BC FE 00 00 00 00  10 00 00 00 60 00 00 00  ..件........`...
00C000C840 00 00 00 00 00 00 00 00  48 00 00 00 18 00 00 00  ........H.......
00C000C850 A8 A4 2D AC C3 8C CD 01  3C 4D C1 1E 9D 8C CD 01  ?-?脈? <M? .??
00C000C860 25 E8 4B FF 35 8F CD 01  A8 A4 2D AC C3 8C CD 01  %?K 5.? ?-?脈?
00C000C870 20 00 00 00 00 00 00 00  00 00 00 00 00 00 00 00   ...............
00C000C880 00 00 00 00 06 01 00 00  00 00 00 00 00 00 00 00  ................
00C000C890 00 00 00 00 00 00 00 00  30 00 00 00 70 00 00 00  ........0...p...
00C000C8A0 00 00 00 00 00 02 00 00  52 00 00 00 18 00 01 00  ........R.......
00C000C8B0 05 00 00 00 00 00 05 00  A8 A4 2D AC C3 8C CD 01  ........?-?脈?
00C000C8C0 A8 A4 2D AC C3 8C CD 01  A8 A4 2D AC C3 8C CD 01  ?-?脈? ?-?脈?
00C000C8D0 A8 A4 2D AC C3 8C CD 01  00 00 00 00 00 00 00 00  ?-?脈?..........
00C000C8E0 00 00 00 00 00 00 00 00  20 00 00 00 00 00 00 00  ........ .......
00C000C8F0 08 03 C0 6F 3B 6D B9 65  D5 6C 2E 00 74 00 78 00  ..纖;m筒誰..t.x.
00C000C900 74 00 00 00 00 00 00 00  40 00 00 00 28 00 00 00  t.......@...(...
00C000C910 00 00 00 00 00 00 03 00  10 00 00 00 18 00 00 00  ................
00C000C920 BA 45 07 4C 25 FB E1 11  BD C0 00 E0 4C 4E EB C3  簌.L%?? 嘞.?LN脱
```

图 8-70　NTFS 分区元文件 $ MFT 文件记录中的文件引用号信息

在该窃取公司商业机密案件送检介质的"核电项目资格认证.doc.lnk"快捷方式文件中，基于偏移 1CH、24H、2CH 处所存储信息（如图 8-71 所示）解析可知"核电项目资格认证.doc"的创建时间、修改时间和访问时间分别为 2011 年月 11 日 11:10:41、2011 年月 11 日 11:17:28 和 2012 年 12 月 24 日 23:48:53（已考虑时区因素），其创建时间与公司下发该文件的时间一致，访问时间也发生在路某离职的前一天。偏移 102H 处出现有"G:\核电项目资格认证.doc"字样（Unicode 解码获知），但是该计算机并无 G 分区，因此判断其曾挂载过移动存储介质,并被分配盘符 G。偏移 143 处出现的信息尤其值得关注,依据前文论述可知,该处可分解为 New VolumeID、New ObjectId、Birth VolumeID、Birth ObjectId 四组信息,其中 New ObjectId 与 Birth ObjectId 均为"14 1B 57 DE 9C 5B E2 11 A7 36 00 01 80 76 19 3B",New VolumeID 与 Birth VolumeID 却不同,说明该文件被执行过移动操作(文件位置变化,但全局唯一数字标识不变)。

```
Offset    0  1  2  3  4  5  6  7   8  9  A  B  C  D  E  F
00000000  4C 00 00 00 01 14 02 00  00 00 00 00 C0 00 00 00   L...........?..
00000010  00 00 00 46 93 00 00 00  20 00 00 00 DA F0 AD 3C   ...F?... ...陴?
00000020  A9 EF CD 01 E0 44 B5 2F  AA EF CD 01 00 64 96 2C   +?邢?  ?.d?
00000030  EE E1 CD 01 00 F4 01 00  00 00 00 00 01 00 00 00   钺.?.?........
00000040  00 00 00 00 00 00 00 00  00 00 00 81 00 14 00      ..............?..
00000050  1F 50 E0 4F D0 20 EA 3A  69 10 A2 D8 08 00 2B 30   .P郎??i.⑽..+0
00000060  30 9D 19 00 2F 47 3A 5C  00 00 00 00 00 00 00 00   0?./G:\.........
00000070  00 00 00 00 00 00 00 00  00 00 52 00 36 00 00 00   ..........R.6...
00000080  F4 01 00 96 3C 40 3C 20  00 38 68 35 75 79 98 EE   ?.?@< .8h5uy鞣
00000090  76 44 8D 3C 68 A4 8B C1  8B 2E 00 64 00 30 00 03   vD?h  胲..d.0..
000000A0  00 04 00 EF BE 42 55     19 2B 42 2E 1A 14 00 00   ...餼+BU.+B......
000000B0  00 38 68 35 75 79 98 EE  76 44 8D 3C 68 A4 8B C1   .8h5uy鞣vD?h 
000000C0  8B 2E 00 64 00 6F 00 63  00 00 22 00 00 00 00 4C   ?.d.o.c.."...L
000000D0  00 00 00 1C 00 00 00 01  00 00 1C 00 00 00 00 33   ...............3
000000E0  00 00 00 00 00 00 00 4B  00 00 17 00 00 00 00 03   .......K........
000000F0  00 00 00 00 89 17 53 94  10 00 00 4E 45 57 53 4D   ......?..NEWSM
00000100  59 00 47 3A 5C BA CB B5  E7 CF EE C4 BF D7 CA B8   Y.G:\核电项目资
00000110  F1 C8 CF D6 A4 2E 64 6F  63 00 00 03 00 47 00 3A   祥现?doc....G.:
00000120  00 5C 00 60 00 00 00 03  00 00 A0 58 00 00 00 00   .\.`.....爥....
00000130  00 00 00 61 73 64 61 73  64 00 00 00 00 00 00 00   ...asdasd.......
00000140  00 00 00 E2 9D 52 57 C6  5D FA 40 A8 EA 32 54 52   铍RW苯鹋  2TR
00000150  B7 47 46 14 1B 57 DE 9C  5B E2 11 A7 36 00 01 80   穄F..W迶[??..€
00000160  76 19 3B EA 23 2E A4 4C  87 09 4F A3 B9 D5 55 AD   v.;?.  ?O 9 諘
00000170  F4 52 CB 14 1B 57 DE 9C  5B E2 11 A7 36 00 01 80   髇?.W迶[??..€
00000180  76 19 3B 00 00 00 00                                v.;....
```

图 8-71 快捷方式文件"核电项目资格认证.doc.lnk"信息

另外,Birth VolumeID 为"EA 23 2E A4 4C 87 09 4F A3 B9 D5 55 AD F4 52 CB",与公司计算机 C 盘 VolumeID 完全一致;New VolumeID 则为"E2 9D 52 57 C6 5D FA 40 A8 EA 32 54 52 B7 47 46",怀疑其为所挂载的移动存储介质的 VolumeID。基于注册表分析还可获知,公司计算机于 2012 年 12 月 24 日 23:45:17(Created Date 和 Last Plug/Unplug Date)通过 USB 接口(Device Name 为 USB Storage)外接过移动硬盘(Device Type 为 Mass Storage),如图 8-72 所示。

Device Name:	USB Storage
Description:	SAMSUNG HM500LI USB Device
Device Type:	Mass Storage
Connected:	
Safe To Unplug:	No
Drive Letter:	
Serial Number:	000000000033
Created Date:	2012-12-24 23:45:17
Last Plug/Unplug Date:	2012-12-24 23:45:17
VendorID:	05e3
ProductID:	0718
USB Class:	08
USB SubClass:	06
USB Protocol:	50

图 8-72 公司硬盘挂载移动存储设备信息

通过搜查路某住所,取证人员寻找到一块 SAMSUNG 移动硬盘。经检验,该硬盘只有一个分区,文件系统为 NTFS,并且 VolumeID 为"E2 9D 52 57 C6 5D FA 40 A8 EA 32 54 52 B7 47 46",如图 8-73 所示,与快捷方式文件中的 New VolumeID 完全一致,证明了路某曾使用私人硬盘连接公司计算机,并非法获取重要技术文件。在强有力的证据链面前,路某也对自己的犯罪事实供认不讳。

```
0000004C00  46 49 4C 45 2A 00 03 00  C2 22 00 0E 00 00 00 00  FILE*...?.......
0000004C10  03 00 01 00 30 00 01 00  F8 00 00 00 04 00 00 00  ....0...?.......
0000004C20  00 00 00 00 00 00 00 00  07 00 49 01 00 00 00 00  ..........I.....
0000004C30  10 00 00 00 48 00 00 00  00 00 18 00 00 00 00 00  ....H...........
0000004C40  30 00 00 00 18 00 00 00  16 02 37 4D 40 A8 C9 01  0.........7M@ヵ.
0000004C50  16 02 37 4D 40 A8 C9 01  16 02 37 4D 40 A8 C9 01  ..7M@ヵ...7M@ヵ.
0000004C60  16 02 37 4D 40 A8 C9 01  06 00 00 00 00 00 00 00  ..7M@ヵ..........
0000004C70  00 00 00 00 00 00 00 00  30 00 00 00 68 00 00 00  ........0...h...
0000004C80  00 00 18 00 00 00 01 00  50 00 00 00 18 00 01 00  ........P.......
0000004C90  05 00 00 00 00 00 05 00  16 02 37 4D 40 A8 C9 01  ..........7M@ヵ.
0000004CA0  16 02 37 4D 40 A8 C9 01  16 02 37 4D 40 A8 C9 01  ..7M@ヵ...7M@ヵ.
0000004CB0  16 02 37 4D 40 A8 C9 01  00 00 00 00 00 00 00 00  ..7M@ヵ..........
0000004CC0  00 00 00 00 00 00 00 00  06 00 00 00 00 00 00 00  ................
0000004CD0  07 03 24 00 56 00 6F 00  6C 00 75 00 6D 00 65 00  ..$.V.o.l.u.m.e.
0000004CE0  40 00 00 00 28 00 00 00  01 00 00 00 00 00 06 00  @...(...........
0000004CF0  10 00 00 00 18 00 00 00  E2 9D 52 57 C6 5D FA 40  ........鉉RW苶鶺
0000004D00  A8 EA 32 54 52 B7 47 46  50 00 00 00 80 00 00 00  2TR楔FP...€...
```

图 8-73　搜查到的 SAMSUNG 移动硬盘的 VolumeID 信息

8.11.3　检验时需注意的问题

Recent 文件夹下的快捷方式文件不同于其他存放位置的同类文件,其内部与外部属性信息会随用户行为发生改变,因此能够提供更为深入丰富的案情信息。如再结合系统日志、注册表中的关联数据,往往可以形成强有力的证据链,从而证明罪犯的犯罪事实。特别是在目标文件已不存在的情况下,针对此类文件的分析可以起到事半功倍的作用。另外,在 Recent 文件夹下快捷方式文件数量较多的情况下,可以通过运行脚本自动实现关键信息的提取(如 Encase 即自带此类脚本)。需要指出的是,实验发现,基于移动硬盘进行操作的文件,其对应的 Recent 文件夹下的快捷方式文件会保留有 VolumeID 信息,基于 U 盘的却并不保留。

习题 8

1. 简述网络赌博类型案件的检验步骤及方法。
2. 简述网络敲诈案件的检验步骤及方法。
3. 简述伪造证件、印章类案件的检验步骤及方法。
4. 简述网上非法贩卖枪支弹药案件的检验步骤及方法。
5. 简述非法制造假发票案件的检验步骤及方法。
6. 简述 KTV 寻衅滋事案件的检验步骤及方法。
7. 简述赌博游戏代理服务器的检验步骤及方法。
8. 简述非法入侵政府网站案件的检验步骤及方法。
9. 简述侵犯知识产权案件的检验步骤及方法。

参 考 文 献

[1] 汤艳君 编著.计算机司法检验学.北京:中国人民公安大学出版社,2010.
[2] 汤艳君 编著.常见操作系统分析.北京:群众出版社,2008.
[3] 徐立根,李学军,刘晓丹 编著.物证技术学.北京:群众出版社,2006.
[4] 蒋平,杨莉莉 编著.电子证据.北京:清华大学出版社,中国人民公安大学出版社,2007.
[5] 戴士剑,涂彦辉 编著.数据恢复技术.北京:电子工业出版社,2007.4.
[6] Kevin Mandia,Chris Prosis,Matt PePe 编著.应急响应:计算机司法鉴定.北京:清华大学出版社,2004.
[7] 陈龙,麦永浩,黄传河 编著.计算机取证技术.武汉:武汉大学出版社,2007.
[8] 彭国军,陶芬译 编著.恶意代码取证.北京:科学出版社,2009.
[9] 包怀忠.Ext2文件系统分析.计算机工程与设计,2005,26(4).
[10] 曹辉,刘建辉.基于UNIX系统的计算机取证研究.计算机安全,2005(6).
[11] 何家弘 编著.电子证据法研究.北京:法律出版社,2002.5.
[12] 蒋平,黄淑华,杨莉莉 编著.数字取证.北京:清华大学出版社,中国人民公安大学出版社,2007.
[13] 米佳,刘浩阳 编著.计算机取证技术.北京:群众出版社,2007.
[14] 蒋静,徐志伟 编著.操作系统——原理、技术与编程.北京:机械工业出版社,2008.
[15] 陈向阳,方汉 编著.Linux实用大全.北京:科学出版社,2005.
[16] 宋群生,宋亚琼 编著.硬盘扇区读写技术.北京:机械工业出版社,2004.
[17] 汤子瀛,哲凤屏,汤小丹 编著.计算机操作系统.西安:西安电子科技大学出版社,2001.
[18] 赵小敏.手机取证概述.网络安全技术与应用,2005(12):77-80.
[19] 王即墨,计超豪.手机信息提取的论述.中国校外教育.2009.
[20] 戴吉明.手机取证及其电子证据获取研究.计算机与现代化,2007.
[21] 李贵林,陈朝晖.UNIX系统被删文件的恢复策略.(2001-01).http//www.lslnet.com/linux/docs/linux-3334.html.
[22] Remy Card,Theodore Ts'o,Stephen Tweedie. Design and implementation of the Second Extended Filesystem.(2006-07-25).http://web.mit.Edu/tytso/www.
[23] Thhsieh.Ext2文件系统下恢复误删除的文件.(2002-09).http://www.linuxeden.com/edu/doctext.php?docid=2109.htm.
[24] Warren G. Kruse,Jay G. Heiser.计算机取证:应急响应精要.北京:人民邮电出版社,2005.
[25] See Michael Chissick,Electronic Commerce:Law and Practice,Sweet & Kelman 1999,143-144.
[26] www.sleuthkit.org.